被低估的短命王朝

隋朝37年

覃宜明 ◎ 著

新世界出版社

图书在版编目（CIP）数据

被低估的短命王朝：隋朝37年 / 覃宜明著.
北京：新世界出版社，2025. 5. -- ISBN 978-7-5104
-8100-0
Ⅰ．K241.09
中国国家版本馆CIP数据核字第2025QQ0917号

被低估的短命王朝：隋朝37年

作　　者：覃宜明
责任编辑：王君红
责任校对：宣　慧　张杰楠
责任印制：王宝根
出　　版：新世界出版社
网　　址：http://www.nwp.com.cn
社　　址：北京西城区百万庄大街24号（100037）
发 行 部：(010)6899 5968（电话）　(010)6899 0635（电话）
总 编 室：(010)6899 5424（电话）　(010)6832 6679（传真）
版 权 部：+8610 6899 6306（电话）　nwpcd@sina.com（电邮）
印　　刷：嘉业印刷（天津）有限公司
经　　销：新华书店
开　　本：710mm×1000mm　1/16　尺寸：170mm×240mm
字　　数：297千字　　　　　　　　　印张：21
版　　次：2025年5月第1版　　2025年5月第1次印刷
书　　号：ISBN 978-7-5104-8100-0
定　　价：69.00元

版权所有，侵权必究
凡购本社图书，如有缺页、倒页、脱页等印装错误，可随时退换。
客服电话：(010)6899 8638

编者的话

公元581年，北周天子禅让。41岁的杨坚接过代表皇权的玉玺，正式登基称帝，隋朝就此建立。

公元588年，杨坚派兵南下。不出两个月，隋军攻入陈朝都城建康，南朝的最后一个政权灭亡，华夏大地自西晋末年以来近300年的分裂局面终于结束了。

开国者隋文帝杨坚励精图治，继任者隋炀帝杨广更有壮志雄心，在他们的带领下，隋朝本应向着繁盛的方向前进。然而，距攻灭陈朝仅仅过去30年，隋王朝便灰飞烟灭了。

其兴也勃焉，其亡也忽焉。在漫长的历史岁月中，隋朝仿若一颗流星转瞬即逝，短短37年的国祚与紧随其后、享国近300年的唐朝相比显得极为短促。因为短命，隋朝常被视为历史洪流涌入波澜壮阔的唐朝时段前的一个小小波折，这个"流星王朝"自身的光芒却被大大低估了。

事实上，隋朝是一个极具创造性和前瞻性的朝代，影响深远的三省六部制和科举制的诞生便充分展现了这一点。不仅如此，隋朝还在其他方面完成许多耀眼举措：重新打通已封闭数百年的河西走廊，再次连通西域；开凿大运河，促进南北经济交流；营建大兴城与洛阳城，为后来长安、洛阳的繁荣打下基础……

一个仅存37年的王朝，留下的遗产竟能光耀千年，从这个角度看，中华文明的辉煌一定程度上也得益于隋朝的这些开创性成就。

本书著者多年来专注研究隋唐史，对隋朝的历史价值格外关注。为了让被低估的隋朝重新被认识，他对大量史学材料进行辩证分析、交叉验证，最终选取隋朝时期具有代表性的历史人物和事件详细书写，将皇室人物的权力斗争、隋唐两朝的历史演进与制度革新、工程建设、文化发展等相结合，全方位地展现隋朝由兴到亡的过程。

为了能还原一段相对真实的隋朝历史，本书参考大量资料，包括《隋书》《陈书》《资治通鉴》《旧唐书》《新唐书》等古籍文献，也包括《隋史新探》《隋史十二讲》《隋唐五代经济概论》等学者研究论著。为使本书更易于大众读者理解和阅读，本书著者对古文史料进行了通俗化处理，引述古人的话语在尊重原意的前提下大多改为现代汉语表达。编辑对著者的这种写作风格予以尊重，仅按照国家出版相关规定和要求做了必要处理，对一些事实错误和表述不当的内容进行了核改。同时，为更方便读者理解书中内容，编者对书中人名、地名、时间等添加了必要注释。

对于同样一段历史，不同人看待它的角度不同，得到的结论和认知也会不同，而本书反映的是作者个人对隋朝历史的研究与观点，读者如有不同见解和看法，实属正常。书中内容与编校若有不妥之处，敬请读者朋友予以指正。

目录

一　大隋立国

蹉跎岁月的政治新星　　003

独孤伽罗　　009

北周的辉煌　　013

熬到最后的才是赢家　　020

逆我者死　　027

尉迟迥叛乱　　035

一战定乾坤　　042

二　开皇之治

加强中央集权　　051

出道即巅峰的突厥　　056

灭陈之战　　062

江南与岭南之乱　　073

"圣人可汗"杨坚　　078

盛世到来　　083

一代明君的阴暗面　　088

三　兄弟阋墙

太子难为　097

晋王杨广的谋划　104

杨勇被废　112

枪打出头鸟　119

仁寿宫变局　125

四　盛世帝王

汉王杨谅造反　133

营建东都　140

大运河工程　146

南巡扬州　150

北巡草原　155

安抚西域　162

安定南方　170

五　战争泥潭

一征高句丽　177

陷入泥潭　184

第一波起义高潮　191

二征高句丽　195

杨素家族浮沉　199

杨玄感谋反　204

一场闹剧	211
叛乱余响	216
三征高句丽	221

六　大厦将倾

天下暴乱	227
王世充的"风口"	232
杨广的昏着儿	237
雁门之围	240
心灰意冷	248
鸵鸟天子	255
骁果卫	259
宇文家族介入	266
江都宫兵变	271
政变余波	277

七　亡国悲歌

烽烟四起	285
瓦岗军崛起	291
李密的逆袭	297
洛阳保卫战	304
瓦岗鸿门宴	313
大隋消亡	320

一 大隋立国

一 大隋立国

蹉跎岁月的政治新星

北魏皇始三年（398年），开国皇帝道武帝拓跋珪（886—409年在位）将国都迁往平城（今山西大同市东北）。为了对抗北方的草原政权柔然，从皇始三年到太武帝在位（423—452年）时，北魏又在平城的北边设立了六个军镇，分别是武川镇（今内蒙古呼和浩特市武川县）、怀朔镇（今内蒙古包头市固阳县）、沃野镇（今内蒙古巴彦淖尔市五原县）、抚冥镇（今内蒙古乌兰察布市四子王旗）、柔玄镇（今内蒙古乌兰察布市兴和县）和怀荒镇（今河北张家口市张北县）。六大军镇实行军户制，当地的家庭基本以军人为职业，世代相传。六大军镇作为北魏的军事重镇，戍防当地的军人包括鲜卑、汉、匈奴、柔然等民族，大家混居在一起，互相通婚，但上层将领依旧是由鲜卑贵族和少数民族首领担任。

北魏孝文帝继位后，于太和十八年（494年）将都城迁到了洛阳，实施全面的政治改革与汉化政策。这样一来，传统六镇就从一国的核心变成了边境苦寒之地，很多人都无法接受这个事实。这也就罢了，朝廷还将中原的罪犯发配到六镇，再次降低了六镇的军事地位。

朝廷政治黑暗，贵族骄奢淫逸，丝毫不顾六镇百姓的死活，加上北边的柔然时常入侵，六镇军户最终爆发起义，战火波及了今山西、内蒙古、河北等地。

大混战中，于怀朔镇起家的贺拔岳率军占据了关陇地区，其部下的核心成员包括宇文泰、李虎、赵贵、于谨、寇洛、王雄、侯莫陈崇、赫连达、达奚武、若干惠。北魏永熙三年（534年），贺拔岳被刺杀后，军队群龙无首，众人经过一番博弈，最终推举宇文泰为新首领。在他的带领下，这支崛起于北魏六镇、壮大于关陇地区的军事力量，发展成为威名赫赫的关陇军事集团，并影响了西魏、北周、大隋、大唐四个朝代。

同年，权臣高欢与北魏孝武帝元修决裂，最终拥立元善见为帝，在邺城建立了北齐政权。元修逃到关中，投奔了宇文泰，可宇文泰嫌弃元修曾经和三个堂姐妹乱伦，认为其伤风败俗，不愿亲近他。元修素无城府，直接和宇文泰翻脸，后被宇文泰毒杀。宇文泰拥立他的堂兄元宝炬为帝，在长安建立了西魏政权，宇文泰领导的关陇军事集团控制着皇权。

为了发展自身力量，宇文泰开创了府兵制度，而为了进一步统领全国的军队，他又设置了八柱国和十二大将军的编制，这些职位均由贵族担任，他们共同构成了国家的军事精英。

隋朝的开国皇帝叫杨坚，杨坚的父亲叫杨忠。此时，杨忠还是宇文泰的同乡故交独孤信的手下，后来他跟着独孤信前往长安，见到了宇文泰，得到了宇文泰的赏识。西魏时期，杨忠靠着军功晋升为大将军。到了宇文家当皇帝的北周时期，杨忠晋升为柱国大将军、随国公，成功跻身于关陇军事集团的权力金字塔顶端。

杨忠虽然身份尊贵，他的结发妻子吕苦桃却出身贫寒。吕苦桃的老家在山东泰山附近，六镇起义的时候，少年杨忠流落到此，和吕苦桃相识后结为夫妻。后来，杨忠成了南陈的俘虏，过了五年流浪生活，直到遇见他的贵人独孤信。

杨忠是弘农郡华阴（今陕西华阴市）人，汉族背景，和鲜卑族为核心的关陇军事集团本来是八竿子打不着的关系。可独孤信的老板贺拔胜即贺拔岳的哥哥，贺拔岳被刺杀后，贺拔胜让独孤信去关中安抚弟弟贺拔岳的旧部，独孤信由此结识了老乡宇文泰，成为其亲信，而杨忠也凭借独孤信的关系渐渐走进了关陇军事集团的圈子。

杨忠身材魁梧，容貌俊秀，武艺超群，一双眼睛炯炯有神，虽然是汉人，却有六镇军人的雄壮气质，令宇文泰极为欣赏。西魏恭帝元年（554年），宇文泰给杨忠赐了个鲜卑族的姓氏"普六茹"，接纳他为关陇军事集团的一员。

在杨忠流浪和未发迹时，吕苦桃誓死追随，不离不弃，夫妻两个相濡以沫，互相扶持，感情极深。后来隋文帝杨坚和独孤皇后深情恩爱，也并不是因为杨坚惧内，在这一点上，杨坚恐怕深受原生家庭的影响，深知"夫妻同心，其利断金"的道理。

西魏大统七年（541年），吕苦桃在冯翊郡的般若寺生下了杨坚。

据《隋书·高祖本纪》记载，杨坚出生的时候"紫气充庭"，"头上角出，遍体鳞起"，"额上有五柱入顶，目光外射，有文在手曰'王'"。当然，作为现代人我们都知道，这些都是专门用来渲染杨坚神圣光环的，并不可信。

杨坚出生后，一个叫智仙的神尼来到了般若寺。

据唐代道宣《续高僧传》卷三十五记载，智仙经常预测吉凶成败之事，非常灵验。她看到杨坚，当即觉得这孩子天生异相，有神佛护佑，建议杨忠把孩子交给她来抚养，并且单独找个地方给他们居住。智仙还给杨坚取了个小名叫"那罗延"，希望他能茁壮成长。

让一个素不相识的尼姑把自己刚出生的孩子抱走，杨忠夫妇自然不愿意，可智仙神尼声名在外，她的话杨忠不敢全信，又不敢完全不信。于是，杨坚决定把杨府的部分房子腾出来建为庵堂，让智仙住了下来。就这样，智仙把杨坚从襁褓婴儿抚养到十三岁。

有一次，吕苦桃抱着杨坚玩耍，杨坚的头上突然长出两个角，身上的鳞片若隐若现，没一会儿就幻化成一条小飞龙，吓得吕苦桃把杨坚扔在了地上。智仙刚好从屋外进来，惊道："已惊我儿，致令晚得天下！"意思是说，哎呀，你这一摔可把孩子吓到了，这娃得天下的时间得往后推迟了！

这个故事仿若神话，基本可以说是穿凿附会的，但智仙确实存在，而且确实抚养了杨坚。如果结合时代背景猜测一下，可能是因为北朝的"灭佛论""末世论"非常流行，所以智仙才想通过达官贵人来宣传和保护佛教，在机缘巧合下认识杨忠夫妇后，便主动留下来接近他们一家人。智仙曾经对杨坚说过："儿当大贵，从东国来；佛法当灭，由儿兴之。"这么看来，她的动机还是非常明显的。

杨坚跟着智仙生活了十三年，几乎与社会脱轨，这深深影响了他的性格：他吃斋静心，清贫节俭，对物质的欲望非常低；他不苟言笑，沉稳少言，即便是亲人也不敢和他开玩笑；他信奉佛法，后来致力于复兴佛教，登基后推出了一系列复兴佛教的措施。

童年时期受佛教熏染而养成的性格几乎伴随了杨坚一生，对他影响极其深远，但对杨坚的成长来说，佛其实没起什么护佑作用，对他而言最有用的无疑是他的父亲杨忠。

关陇军事集团虽然以军事为重，但宇文泰是个有战略眼光的雄主，他极力推广中原的礼仪文化教育，还兴办了国家的最高学府——太学。杨坚从十三岁开始就在太学接受儒家知识的熏陶，结交了长安的贵族子弟。

十四岁那年，京兆尹薛善征辟杨坚为京兆府功曹。也就是说，不用经过任何考试，没有走选拔流程，杨坚靠着家族荫庇成为一名京畿地区行政管理人员。十五岁那年，朝廷直接授予他散骑常侍、车骑大将军、仪同三司、成纪县公等官职爵位。这是普通人奋斗几辈子也不一定能得到的，可杨坚凭借父亲的荫庇，轻而易举就得到了。在古代封建社会，拥有一个良好的出身，对为官从政的道路有着至关重要的影响。

第二年，关陇集团的领袖宇文泰去世，其三子即嫡子宇文觉年仅十五岁。

宇文泰担心关陇集团的兄弟们夺权，最后选择让年富力强的侄子宇文护接管了权力。

557年，宇文护废黜西魏恭帝拓跋廓，拥立宇文觉为帝（即北周孝闵帝），建立了北周王朝。政权换了，宰相也换了，连皇帝都换了，关陇军事集团的二十个家族有的赚得盆满钵满，有的却颗粒无收。利益分配无法平衡，权力斗争难免如火如荼。

就在当年，宇文护联合掌管禁军的尉迟纲发动政变，废黜了皇帝宇文觉。太傅赵贵想以宇文护擅行废立为由发动军事政变，找太保独孤信商议而被其阻止。不久事泄，赵贵被杀，独孤信在被罢官不久后被逼自尽。

宇文护成了最后的赢家，代价是引发了朝局的动荡。为了安抚军事贵族，宇文护开始用官职和爵位拉拢这些家族的后代们，杨坚就是他的目标之一。北周明帝武成元年（559年），杨坚被任命为右小宫伯，进封大兴郡公。

小宫伯是宫廷里的侍卫长，经常在皇帝跟前露脸，随时有被提拔的机会，但从另一个角度看，天天出现在皇帝身边，也意味着可以密切关注皇帝的一举一动。北周以左为尊，右小宫伯只能算副职。宇文护作为实权宰相，给了杨坚一个副职，表面上是在提拔杨坚，本质却是在逼杨坚站队，如果杨坚选择了他，他可以再授予杨坚正职。前途如何，就看杨坚怎么选了。杨坚左右为难，于是请教父亲杨忠。杨忠的回答就一句话："两姑之间难为妇，汝其勿往。"意思就是，宇文护和皇帝搞内斗，你怎么做都是错，别搅和。

这可不是随口一说，这话背后是杨忠的深远考虑：

第一，杨忠的老上司是独孤信，而独孤信死在宇文护的手中。如果投靠了宇文护，杨家会背上叛主求荣的骂名，估计会被关陇军事集团的口水淹死。

第二，这一年，杨坚刚刚娶了独孤信的女儿独孤伽罗。

第三，杨忠认为宇文护有宇文泰的权势，却没有宇文泰的心胸和眼界，行事作风过于霸道。

第四，关陇集团是靠联姻、裙带、上下级关系编织起来的政治网络，内部错综复杂，牵一发而动全身，皇族对他们颇有忌惮。所以只要不谋反，皇族可以打压他们，但不会下杀手。

权衡了种种因素，杨忠决定放弃短期的利益，赌长期的家运。于是他让杨坚低调做人，在夹缝中求生存，等待时机。

557—565年，杨坚在右小宫伯的岗位上蹉跎了八年。在所有人都觉得杨坚是政治新星的时候，他的仕途却突然停滞不前。这种巨大的落差不是每个人都能接受的，甚至可能会一蹶不振、自暴自弃，但对于杨坚来说，生活的逆境反而让他变得隐忍和坚韧，这种品质伴随了他一生。

独孤伽罗

如果说杨坚黑暗的生活中有一束光,那一定是他的妻子独孤伽罗。

独孤伽罗是独孤信的第七女。

独孤信的大女儿嫁给了宇文泰的长子宇文毓,宇文毓后来做了北周明帝;他的四女儿嫁给了李渊的父亲李昞,而李昞在唐朝开国后被追赠为元皇帝,庙号世祖;他的七女儿嫁给了老部下杨忠的儿子杨坚,而杨坚就是隋朝的开国皇帝隋文帝。身为三位皇帝的老丈人,独孤信在中国历史上算得上独一份。

独孤信戎马一生,兼具自信果决、刚毅坚韧的领袖气质。不仅如此,独孤信还是北朝风流倜傥的大帅哥,其样貌人人称羡。

有一次,独孤信出城打猎,因兴致高昂而忘了时间。天色渐黑,他必须在宵禁前赶回家,因此纵马狂奔,导致帽子被风吹歪了。没想到的是,他的歪帽造型被百姓看到了,第二天城中就流行起歪戴帽子的风尚。这就是《北史·独孤信传》记载的"咸慕(独孤)信而侧帽焉"的佳话,留下了"侧帽风流"的典故。

独孤伽罗有这样英俊潇洒的父亲,外貌想必也是极其出色的。她的母亲则出身郑州崔氏,属于顶级门阀清河崔氏的一支,家族最重视儒教知识和文化礼仪。在母亲的谆谆教诲下，独孤伽罗的学识和品德同样出类拔萃。

北朝社会以鲜卑族为主，社会文化与汉地不同。鲜卑族妇女可以随意出门，不受封建制度约束；家里要打官司，妇女可以抛头露面；妇女甚至可以为了给丈夫和儿子求官，跑到上司家里送礼。宽松的社会氛围给了女性自由成长的机会，独孤伽罗便是在这样的环境中长大，身上没有一点后世女子的柔弱。

在遗传因素、家庭和社会的多重影响下，独孤伽罗骨子里张扬自信，做事情独断果决，却遵守传统礼法。这是一种非常复杂的性格，可以说，独孤伽罗是鲜卑精英贵族和汉族顶级门阀家族的完美结合体。

北周孝闵帝元年（557年），独孤伽罗十四岁，正值豆蔻年华，到了该出阁的时候。

长安的豪门贵族都想争取这门亲事，可独孤信很礼貌地拒绝了他们，因为在他眼里，杨忠的儿子杨坚才是最完美的女婿人选。一来杨忠是独孤信的老部下，独孤信对杨家知根知底；二来杨坚虽然只有十六岁，可性格沉稳，喜怒不形于色，加上双眼精光暴射，气场很强大，一看就是个能依靠的俊才。这样一个人，不管是在纷繁复杂的长安乱局中，还是在波谲云诡的官场上，前途都不可限量。

杨坚青春年少，意气风发，而独孤伽罗光彩照人，温柔贤惠，在家人的安排下，两人正式步入婚姻的殿堂。

刚结婚的那段时间，杨坚被上司猜忌打压，工作很不顺心，独孤伽罗无怨无悔地陪在他身边。独孤伽罗博览群书，从小在父亲独孤信的身边耳濡目染，很有自己的政治见解，能给杨坚提供很多仕途上的建议，这种并肩作战，互相扶持的感觉，让杨坚对她视若珍宝。在二人新婚燕尔感情甚笃之际，杨坚向独孤伽罗承诺只和她一人生孩子。此时的杨坚并没有想到自己日后会做皇帝，他的这一决定也影响了隋朝后续的发展。

话又说回来，杨坚在长安的贵族圈子里算不上顶级的官二代，可独孤信偏偏拒绝了高门大户，把掌上明珠嫁给了他，于是大家都在猜测，独孤信这么做可能是因为杨坚生有异相，他是看中了杨坚的政治潜力，才会促成这门亲事。

北周明帝宇文毓也听说了此事，因此派相士赵昭去给杨坚看相。赵昭看了杨坚一眼，只觉他目光如炬、气宇轩昂，同时又心思深沉、老成持重，总之气场十分强大——这小伙儿绝非凡品，不可小觑！

赵昭有两个选择，一是据实回报，二是隐瞒此事。前者可以讨好皇帝，但不一定有收益，风险是得罪杨家；后者没有风险，却可以结个善缘。赵昭选择了后者，他告诉宇文毓，杨坚没什么特殊的，以后最多做到柱国大将军。

宇文毓听闻此言，立马就放心了。可赵昭随后找到杨坚，说道："公当为天下君，必大诛杀而后定。善记鄙言。"意思就是，你杨坚是帝王的命，但上位之前一定会经历血腥的政治风波，希望你记得我今天说的话。

算命这种事，第一次听会觉得是个玩笑，第二次听会觉得是溜须拍马，可到了第三次，心理暗示就发挥作用了，人们会慢慢接受算命人说的话，朝着算命人说的方向去努力。

不久，北周明帝宇文毓被权臣宁文护毒杀，临终前立四弟宇文邕为帝。武成二年（560年）四月北周武帝宇文邕登基后，杨坚外放为随州刺史。杨坚于赴任途中路过襄阳，襄州总管宇文直派幕僚庞晃前来结交。庞晃第一次看到杨坚就觉得他和别人大不一样，因此极力亲近，成了杨坚的好朋友。

有一次，庞晃对杨坚说道："我一直觉得您相貌非常，希望您当皇帝的那天不要忘了我。"杨坚笑着说道："你怎么乱说话呢？"

过了一会儿，有只公鸡在庭院里鸣叫，杨坚让庞晃拿箭射它，还说："射中有赏，等我富贵，拿这事作为应验。"庞晃轻松命中公鸡，杨坚抚掌大笑道："这都是天意啊，你是感应天意而射中的！"兴奋之余，杨坚还赏给庞晃两个婢女。

看得出来，杨坚慢慢接受了自己不平凡的事实，而且恐怕心里还在暗爽得意。可算命的只说他有帝王相，却没说他啥时候能称帝，这就很让人痛苦了。

做了一段时间地方官，回长安之后的杨坚发现朝中权臣还是那些权臣，自己的日子依旧过得苦哈哈的，看不到任何希望。恰逢母亲生病，杨坚索性递交辞呈，在家里蹲了三年。

然而，躲是躲不过的。外人找晦气也就罢了，连家里人也嫌弃杨坚。

杨坚有两个亲兄弟：二弟杨整，妻子是北周吴国公、柱国大将军尉迟纲的女儿；三弟杨瓒，妻子是北周武帝宇文邕的妹妹顺阳公主。杨家是政治家族，想在北周立足，兄弟之间本应该和睦相处，抱团取暖，可杨整、杨瓒偏偏看到杨坚就嫌弃，甚至想除之而后快。

有一次，一个叫边隐的医者为了讨好杨整，居然传言杨坚得了精神疾病。杨整听闻此话，兴冲冲地跑到杨忠跟前大谈此事。杨整如此兴奋，是因为杨坚是嫡长子，他一旦得病，杨整就可以顺理成章地成为家族资源的继承人。

杨整、杨瓒兄弟对杨坚有不满的情绪，可能出于两个原因。第一，独孤伽罗是独孤信的女儿，而独孤信死于关陇高层的政治内斗，独孤家族有谋反的政治污点，杨氏兄弟觉得杨坚夫妇会拖累他们。第二，杨氏兄弟各有自己的靠山、自己的前途，不太重视家族的帮助，尤其是老三杨瓒深得北周武帝宇文邕的宠信，一切都是以皇帝的利益为重。

北周武帝宇文邕天和三年（568年），杨忠去世，杨坚失去了父亲的庇护，日子过得更加艰难，一直被二弟、三弟夫妇明里暗里地嫌弃，每次回家心里都觉得很郁闷，感觉像进了地狱一样。为了避开兄弟，他以闭门静养为由，断绝了和他们的所有往来。

杨坚后来回忆起这段痛苦的经历，评价道："当时实不可耐，羡人无兄弟。世间贫家兄弟多相爱，由相假藉；达官兄弟多相憎，争名利故也。"

原生家庭带来的伤害，多少给杨坚的性格又添了些淡薄和寡情。好在生活虽然内忧外患，但杨坚的意志没有消沉下去，而生活也总是会善待那些奋力拼搏、向阳而生的人。

转机就要来了。

一　大隋立国

北周的辉煌

在杨坚过得最艰难的时候，北周皇族内部发生了一件轰动性的大事——权臣宇文护被皇帝宇文邕杀死了。

早在西魏恭帝三年（556年），权臣宁文泰就在临终前将十五岁的儿子宇文觉托孤给自己的侄子宇文护。次年，掌握军政大权的宇文护迫使西魏恭帝禅位，拥立宇文觉为帝，即北周孝闵帝。此后，宇文护独揽朝政，排斥异己，成为北周王朝的实际掌权者。北周孝闵帝宇文觉想拿回属于自己的权力，平日里和宇文护针锋相对，还想趁机杀掉宇文护，但最终计划泄露，被宇文护毒杀。

宇文护又立宇文泰的长子即宇文觉的大哥宇文毓为帝，即北周明帝。宇文毓是个有理想有主见的皇帝，他想带领北周王朝走向繁荣昌盛。宇文护向宇文毓归还了部分行政权，自己则仍保留军权，可宇文毓没意识到这是宇文护的政治试探，拿到权力后就把宇文护扔在了一边。宇文护察觉到宇文毓不是个愿意受控制的皇帝，于是设计毒杀了宇文毓。宇文毓临死前传诏，传位于四弟宇文邕，即北周武帝。

宇文邕是宇文护的堂弟，也是宇文护拥立的第三位皇帝，他看起来傻乎乎的，头脑却清醒得很。谁不喜欢权力呢？可想要得到这东西，必然要付出代价。宇文邕的两位兄长付出了生命，而宇文邕则选择付出时间和耐心。

武成二年（560年）四月宇文邕上台后，刻意向宇文护示弱，表示自己对权力没有任何兴趣，还专门下了一道诏书，要求官方文书以"晋国公"代替宇文护的名字，并给予他拜见时赞礼官不直呼其名的礼遇。

宇文护的母亲曾经做过北齐的俘虏，过了三十几年苦日子，宇文护为了弥补母亲，极尽孝顺之能事。宇文邕对此看在眼里也记在心里，只要是逢年过节，他都会像对待自己的母亲一样给他的这位伯母跪拜祝福，好吃好喝好玩的也必定会给伯母准备一份。就这样，宇文护对宇文邕慢慢放松了警惕。

宇文邕在长达十二年的时间里，一直韬光养晦，等待时机。他的六弟宇文直是个精致的利己主义者，因为觉得宇文护是朝廷里说一不二的主宰，竟抛弃了哥哥，投靠了宇文护。天和二年（567年），宇文直打了败仗，被宇文护无情罢官，宇文直气不过，就想重新回到哥哥的阵营，还提议帮哥哥除掉宇文护。

天和七年（572年）三月，时机终于到来。当时，宇文护正好从同州返回长安，宇文邕陪着他去拜见皇太后。一路上，宇文邕边走边念叨："太后年纪大了，却喜欢饮酒，我劝了好多次她都不听，你这次回来，一定要好好劝劝。"说着说着，宇文邕从怀里掏出一篇《酒诰》，说这是给宇文护准备的，到时候宇文护照着稿子念一遍，太后兴许高兴之下就戒酒了。

走一遍流程的事，宇文护自然没有拒绝。给太后行礼完毕，宇文护就坐在地上，拿起《酒诰》专心读了起来。宇文邕趁其不备，拿起锤子就朝宇文护的脑袋砸了过去，虽然宇文护倒地未死，但已无力反抗。宇文邕赶紧让心腹宦官何泉拿刀去结果了宇文护，可宇文护平日里作威作福，威严太甚，以至于何泉看到晕倒的宇文护都不敢下手，只勉勉强强砍了几刀，全部避开了要害。关键时刻，宇文直冲了出来，一刀将宇文护杀死。随后，宇文邕将宇文护的儿子、兄弟和亲信尽数抓捕。

至此，北周的皇帝终于摆脱了权臣的阴影，实现了亲政。随后他大赦天下，改元建德。

宇文泰曾经说过，诸子之中，真正能继承他志向的只有宇文邕。只不过宇文邕是庶子，在皇权继承的秩序中，除非嫡长子和庶长子全部挂掉，才轮得到其他庶子做皇帝。没想到宇文邕居然真的等到了千载难逢的机会。

宇文邕亲政后，开始向世人展示他的雄才伟略。

在北周，大冢宰是凌驾在所有官职之上的职位，为了实现中央集权，宇文邕着手分散大冢宰的权力，任命蜀国公尉迟迥为太师、邓国公窦炽为太傅、申国公李穆为太保、五弟齐国公宇文宪为大冢宰、六弟卫国公宇文直为大司徒、七弟赵国公宇文招为大司空、枹罕郡公辛威为大司寇、绥德郡公陆通为大司马。这些重臣共同参与政务，宇文邕站在权力金字塔的顶端。

随后，宇文邕开始改革军制。以前府兵将士直接听命于大将军，等同于将军的私人军队，宇文邕则下诏收回了府兵的统一指挥权，规定所有军士都从属于皇帝，削弱了过去将军和军队之间的从属关系。以前只有鲜卑人才能做军人，汉人没资格从军，而宇文邕的新政鼓励招募汉人入军，且规定一人从军全家都属军籍，可以拥有军人的尊严，享受军队的福利。仅此一招，宇文邕就解决了长期以来将鲜卑族和汉族割裂开的制度难题，既得到了汉族百姓的拥护，还扩充了兵源，可谓一举两得。

在国内政务上，宇文邕大刀阔斧地推行新政。他兴建水利工程，促进农业的发展；整顿吏治，使政治清明；厉行节约，关心百姓疾苦。可以说，所有明君该做的事，他大都做了。在对外关系上，宇文邕则实行远交近攻的策略。他迎娶了突厥的公主，又与南朝交好，北周的周边局势得到稳定。

搞定了内政外交，宇文邕就开始搞钱了，他将目光投向了佛教。

杜牧曾写过一句诗："南朝四百八十寺，多少楼台烟雨中。"所以大家都知道江南百姓信奉佛教，寺庙众多。但是在南北朝时期，其实真正全民信佛、狂热追捧佛教的是北周和北齐。据唐代道宣《广弘明集》卷二十四记载，"今大周大国，僧尼未几，寺舍列然，有盈万数"，也就是说北周有一万多座寺庙。据隋费长房《历代三宝纪》卷九，北齐王朝"沙门二百余万、寺塔出三十千",即有三万座寺庙、两百多万僧尼。又据唐道宣《续高僧传》卷十,仅北齐的首都邺城就有"大寺略计四千,见住僧尼仅将八万",即四千座寺庙、八万僧尼,因此邺城成了全国的佛教文化中心,走到哪儿都能看到佛教信徒。

在北周,僧人、尼姑不用交税,也不用服役,还可以占据农田,雇佣百姓为寺院耕种土地,经营自己的私产——这么看来,寺院就是活脱脱的独立王国。宇文邕的终极政治理想是统一华夏,而他第一个要消灭的就是北齐政权。为了实现目标,他需要军队,需要财富,佛教就成了他统一路上的绊脚石。

之前的北魏太武帝面临同样的问题,他的选择是摧毁佛寺、屠杀僧尼,最终引起国家动荡。和他相比,宇文邕就显得聪明多了。

宇文邕在动手之前,先将儒、道和佛三家的大师组织起来,让他们进行思想大碰撞,讨论三家的起源,谁是老大,该怎么融合。这样的活动延续了十多年,举办了多次。建德三年(574年)五月,宇文邕下了一道诏书,废除了境内大部分寺院,并令僧尼和道士还俗。宇文邕不想让大家觉得他在灭佛,因此又设立了通道观,选了一百二十名有名望的大师研究道教和佛教的前途。灭北齐后,他又将之推行于原齐境。

同样是灭佛,别人都靠暴力机器,宇文邕却靠和平演化。他的举措不仅没有引起社会动荡,强制还俗了三百万僧尼,还促进了外来的佛教与本土的儒、道融合,促成了佛教在中原的传播。

就在北周王朝蒸蒸日上的时候,北齐后主高纬正在把他的国家推向深渊。

高纬是个著名的昏君,简直全身是恶,自卑懦弱、残暴好色、亡国之君都是他的标签。

皇帝高高在上,应该是天底下最自信的人,可高纬呢?他连别人的眼睛都不敢直视,更讨厌别人盯着他看,甚至大臣奏事的时候只要多看他一眼,他就会暴怒。为了少挨骂,北齐的大臣们都是几句话讲完政事,然后迅速溜走。

人总是在寻求生理或心理的平衡。一个人的内心如果自卑懦弱,性格就容易暴躁，也喜欢想方设法去证明自己的强大。

高纬的弟弟高绰镇守晋阳，凶狠残暴，随意杀人。高纬不仅不以为意，还问高绰："你在地方任上都干了些什么好玩的事？"高绰告诉他，可以养一盆蝎子，再把猴子放进去，看蝎子咬猴子很有意思。高纬受到启发，找来澡盆，放入一堆蝎子，然后把人脱光衣服扔进去，看人被蝎子活活蜇死来取乐。

除了靠折磨人彰显强大，高纬还肆意滥封官职。别的皇帝都是给人封官，高纬却喜欢给动物封官。他宫里的波斯狗、战马、大公鸡、猎鹰都有官职。

这些动物享受着诸多福利，可北齐的官员却命运多舛。

斛律光是高纬的岳丈，皇亲国戚，也是北齐最牛的将军之一，曾多次打退北周的军队，但高纬听信北周的离间计，以谋反罪将他处死。宇文邕得知敌方的这一消息后兴奋不已，下诏赦免了北周的罪犯，来了个普天同庆。

北齐内部乱成了一锅粥，外敌自然会趁虚而入。

建德四年（575年），南陈发起战争，想要夺回被北齐侵占的淮南，北齐军队不得不前往淮南布防。趁此机会，北周武帝宇文邕征调了十八万大军出潼关，直扑北齐辖下的洛阳。

此时，在北周政坛上沉寂已久的杨坚似乎熬出了头，他因女儿杨丽华嫁给了太子宇文赟而成为皇亲国戚，并受命率领三万水师在黄河附近支援主力。

北周的计划原本是打一场闪电突袭战，可北齐很快就抽调军队赶到洛阳，北周的第一次进攻宣告失败。

第二年，北周征调十五万大军再次出征，杨坚担任右军第三路主帅，直扑北齐的军事重镇平阳（今山西临汾市），目标是夺取北齐的陪都晋阳（今山西太原市）。

大兵压境的时候，高纬和宠妃冯小怜正在晋阳城西北百余里的祁连池打猎。信使一天之内送来三封告急文书，都被佞臣高阿那肱拦下了。到了傍晚，平阳陷落，朝臣不敢继续隐瞒消息，这才把真相告诉给高纬。高纬本来打算去平叛，结果冯小怜提出再围猎一次，他竟然就答应了。一直到打猎完毕，高纬才腾出手来征调了十万主力军队，之后亲自赶赴平阳战场。

宇文邕自知从正面打不过北齐，赶紧率领主力退军，留下将军梁士彦率领一万大军镇守平阳。在十万北齐大军的轮番攻击下，平阳的城墙都快被夷平了，可梁士彦擅长鼓舞士兵，硬生生带着北周军队扛住并击退了高纬。

硬攻不成，高纬决定在城墙下面挖地道，拆毁墙基。眼看就要成功，高纬却突然按下了暂停键，原来他想要请冯小怜来现场，让她见证一下他夺回平阳的光辉时刻。冯小怜则要先化妆再出去，而高纬就这么等着。在攻击停下的这段时间，梁士彦已经修好了平阳的城墙。

小小的平阳城让高纬耽误了一个月的时间，北齐军队消耗极大。宇文邕看到时机已到，带着八万大军杀了回来。

开战前，宇文邕搞了次大阅兵。他走到每支军队的前面，念出将军的名字，鼓励他们奋勇杀敌。此番作为极大鼓舞了北周将士的士气，让他们觉得好像已经打了胜仗似的。

士气是没问题，可平阳城城墙坚厚，深沟高垒，北周军队没长翅膀，怎么飞过几米深的护城河？就在犯愁的时候，北齐方面送来了"助攻"。

一位无名宦官告诉高纬，宇文邕是皇帝，他高纬也是皇帝，两军对决，北齐军队躲在壕沟后面就是向敌军示弱，很跌份儿，不如主动出击。于是，高纬命人填平壕沟，与北周军展开了决战。

两军交战之际，高纬和冯小怜在一旁骑马观战。见东翼的北齐军队稍微有点退却，冯小怜便以为北齐军要溃败了，于是高声喊了出来。身边的人劝高纬和冯小怜赶紧离开，高纬就这样逃回了国都邺城。

北周大军势如破竹，最终包围了邺城。危机当前，高纬禅位于年仅八岁的皇太子高恒。然而，高恒也很快逃离了邺城。宇文邕围攻邺城，焚烧西门，高纬从东边逃走，北周军队攻入邺城。高恒在济州遣人持玺绂至瀛州，禅位于任城王高湝，高纬则逃往青州。宇文邕派尉迟勤追击高纬和高恒。高纬、高恒率十余骑仓促南逃，想要投奔南陈，结果被北周俘获。之后北周攻下信都，俘获了北齐的任成王高湝、广宁王高孝珩等。这一年是建德六年（577年），北齐就此亡国，宇文邕统一了北方。

宇文邕赐死了高纬，又把冯小怜赐给了十一弟代王宇文达。冯小怜深得宇文达的宠爱，和正妃李氏因争宠发生矛盾，差点致其死亡。杨坚夺权后，故意把冯小怜赐给李氏的哥哥李询。李询的母亲为女儿打抱不平，冯小怜最终被迫自杀。

被低估的短命王朝：隋朝37年

熬到最后的才是赢家

灭北齐的战争中，杨坚一直在打酱油，可见他并不被宇文邕重视，原因如下：

第一，对于皇族和朝臣，宇文邕是更加信任皇族的。早在建德三年（574年），宇文邕就把五弟齐国公宇文宪、六弟卫国公宇文直、七弟赵国公宇文招、十弟越国公宇文盛、十三弟滕国公宇文逌全部晋升为王爵，让他们在朝廷担任要职。

第二，朝中关于杨坚的负面传闻太多了。齐王宇文宪告诉宇文邕，杨坚这人相貌异常，每次看到杨坚，他的心里都在打鼓。他觉得杨坚不是寻常之人，劝宇文邕早点除掉杨坚。内史中大夫王轨也提醒过宇文邕，皇太子恐怕撑不起北周的江山社稷，杨坚相貌异常，需要早点防范。

这些话都快让宇文邕的耳朵出茧子了。北周明帝宇文毓继位后，曾派善于相面的赵昭为杨坚看相，赵昭说杨坚最多就是个柱国大将军。宇文邕本来对此深信不疑，可宇文宪和王轨也是宇文邕最信任的人。为了解除心中的疑虑，宇文邕找来了顶级的相面大师来和，让他给个准话。

宇文邕可能没想到，来和早就见过杨坚。据史料记载，他当时就对杨坚说了一句话："公眼如曙星，无所不照，当王有天下，愿忍诛杀。"

来和相信杨坚会做皇帝，自然不会得罪他，而且他之前算出了杨坚的命数，却对皇帝隐瞒了此事，现在再改口就有欺君的嫌疑，于是来和紧咬牙关，声称杨坚是个厚道人，可帮助大周镇守地方，若担任将领则可战无不胜。

听了来和的话，宇文邕放下了一点戒备心，但单是如此还不足以让杨坚免遭杀身之祸。

历朝历代的帝王都很警惕这些以种种面貌出现的政治预言。如后世隋炀帝杨广就因为"李氏"预言杀了李敏，唐太宗李世民也因为"武氏"预言杀了李君羡。相比之下，杨坚的相貌异常直接在明处，加上他又活在人人可以当皇帝的南北朝时期，如果本着"宁可错杀，不可放过"的原则，他的坟头草早就应该几尺高了。可宇文邕自视甚高，觉得自己可以镇住杨坚，这才一直没有痛下杀手。

灭了北齐后，宇文邕先是让杨坚做了十个月的定州总管，之后又把他调到兖州做总管。

宣政元年（578年），年仅三十六岁的宇文邕积劳成疾，在长安病逝。二十岁的皇太子宇文赟登基称帝，史称北周宣帝。太子妃杨丽华晋升为皇后，杨坚凭着皇帝岳父的身份晋升为柱国大将军、大司马，重回长安。

宇文邕过于耀眼霸气，杨坚斗不过他，只能伏低做小，可他的儿子就没这么能干。面对自己这位混账透顶的女婿，杨坚的心态就两个字——轻松。

为什么说宇文赟混账呢？因为所有人都觉得他不适合做皇帝。

古代的明君都会治国，但不一定会教育孩子。宇文邕是个明君，自然希望儿子宇文赟能继承他的优点，做个好皇帝，可宇文赟资质平庸，宇文邕就选择了高压教育。不管寒冬酷暑，宇文赟都必须跟上父亲的节奏，一日不落地参加朝会。宇文赟喜欢喝酒，宇文邕为了控制他，规定不允许往东宫送任何酒，还派官员监视宇文赟的一举一动，让他们随时向自己报告。宇文赟每次犯错，宇文邕都用棍棒、鞭子予以痛打。宇文邕还告诉宇文赟，前朝被废的太子有很多，他可以随时废黜宇文赟，立其他皇子为太子。

在父亲的高压教育下，宇文赟的少年天性被彻底泯灭。他不能选择自己喜欢的东西，无法主宰自己的命运，连人身自由也没有。他感受不到父亲的爱意，自然也不懂爱人，心里充满了仇恨、厌世的情绪，最终性格彻底扭曲。为此，不少朝臣都劝宇文邕换个太子，可宇文邕认为其他皇子也不行。宇文邕没学过心理学，如果他知道一个孩子年少时缺失了某些东西，一定会在以后疯狂地找补回来，恐怕他拼死也会把宇文赟换掉的。

宇文邕驾崩后，宇文赟毫无悲痛之情，连样子都懒得装。他指着身上被打出来的伤痕，对宇文邕大骂道："你死得太晚了！"

按照礼制，父亲去世，儿子要守孝二十七个月，帝王可以以日替月，即至少要守孝二十七天，可宇文赟只过了十天就把先皇下葬，脱掉孝服，为自己登基庆祝。

没了父亲压在头上，宇文赟开始为所欲为。他规定，朝廷中仪同三司以上官员的女儿必须等他选过之后才能嫁人。别的皇帝都是一个皇后、一堆嫔妃，宇文赟直接立了五个皇后，其中尉迟炽繁还曾是他的侄媳妇，因被他酒后强奸而招揽入宫。

此外，宇文赟还做了许多荒唐事，只为找回少年时期丢失的自尊。

宇文邕灭佛，宇文赟偏偏支持佛教。他专门制作了一座佛像和一座道教的天尊像，自己坐在两座铜像的中间，接受群臣的朝拜。

这还不够。宇文赟觉得自己是天下最尊贵的人，像"高""大""上""天"这些字只有他有资格用，于是让天下姓"高"的人全部改为"姜"姓，连宇文邕的庙号也从"高祖"改为"长祖"。

大成元年（579年）二月，宇文赟突然宣布退位，七岁的太子宇文阐登基，并改元大象。宇文赟厌倦了皇帝的生活吗？当然不是，他就是觉得皇帝已经不符合他的神圣身份了，他想做太上皇。此后，他自称"天元皇帝"，对臣子也不再自称"朕"，而是改称"天"，发布的文书称为"天制""天诏""天救"。大臣们如果想见他，必须先吃三天的斋饭，再沐浴清洁身体后等一天。

北周建国以来，皇帝最怕权臣独揽大权。当时朝中最有威望的是齐王宇文宪，宇文赟害怕宇文宪的存在威胁到自己的位置，竟然对另一位重臣宇文孝伯说，如果他能除掉宇文宪，就把宇文宪的官职、爵位都赏给他。被宇文孝伯拒绝之后，宇文赟又找到于智、郑译，最终设计将宇文宪缢杀。

遭殃的王爷不止这一个。之前，北周武帝宇文邕的政策是提拔宗室，让他们辅佐朝政，宇文赟却和父亲反着来，逼着赵王宇文招、陈王宇文纯、越王宇文盛、代王宇文达、滕王宇文逌离开长安，到封地就藩。没了宗室王爷的制约，以杨坚为首的朝臣再也没有任何忌惮。

宇文赟为政期间，根据《周礼》设置了天子四官，即大前疑、大右弼、大左辅、大后丞。他以越王宇文盛为大前疑，蜀国公尉迟迥为大右弼，申国公李穆为大左辅，随国公杨坚为大后丞，而这四个人成了当时北周最有权势的人。没过多久，宇文盛就藩，杨坚晋升为大前疑，成为北周第一重臣。

杨坚虽然升官了，但日子还是过得苦哈哈的，而他痛苦的根源就是他的女婿宇文赟。这孩子从小就没安全感，自己没本事，看谁都是威胁，杀了叔叔宇文宪和一批不听话的朝臣，把王爷们发配到地方，随后就把矛头对准了潜伏在朝堂上的危险分子，比如生具异相的杨坚。

面对杨坚，宇文赟的心情其实十分矛盾。一方面，杨坚的相貌过于异常，似有人主之风，让他不能不忌惮；可另一方面，杨坚是他的岳父，两人打断骨头连着筋不说，这些年杨坚还一直在朝中低调做人，大家都说他的好。

杨坚没有犯啥大罪，宇文赟实在找不到下手的理由，最后只能把怒火转移到皇后杨丽华的身上，扬言要赐死她。如果杨丽华被杀，皇室和杨家就算是结了仇，到时候只要杨坚有异动，收拾他就有理由了。危急时刻，独孤伽罗独自一人跑进宫，跪在宇文赟的面前苦苦哀求，甚至脑袋都磕破了，才最终保住了杨丽华的性命。

宇文赟不甘心就此罢手，又单独召见杨坚，这一次他暗中布置了刀斧手，如果杨坚表现异常，立即就会被剁为肉泥。没想到，杨坚犹如坐定的老僧，言不闪烁，面不改色，成功躲过了一劫。

经此一事，杨坚决定离开长安，先到外面避避风头。为此杨坚想起了沛国公、内史上大夫郑译，此人既是皇帝宠臣，也是杨坚的太学同窗好友。

杨坚去找郑译。他摸不透郑译的心思，所以话说得非常委婉："你我相识多年，你也知道我不是贪恋权位的人，早就想到地方上享清福了，你能不能找机会替我向皇帝讨个地方官做？"

宇文赟是郑译的靠山，可他昏庸残暴，不拿江山社稷当回事，郑译对大周的未来也充满忧虑。郑译觉得，大周的江山社稷大概率会落到某位权臣的手里，而满朝文武大臣里，杨坚最不像是平庸之徒，所以他早就生了巴结的心思。见杨坚找来，郑译正好借着这个机会向杨坚表达了心意："以随国公您的名望，天下都可归心，我还想跟着您求富贵呢，哪能拒绝您的要求呢？您就放心吧，这事我会替您办的。"

当时宇文赟打算发动灭陈战争，让郑译做主帅，郑译趁机给宇文赟洗脑，说前线需要一位贵戚重臣坐镇，就这样推荐杨坚做了扬州总管。

把杨坚赶到外地，眼不见心不烦，宇文赟的心里美滋滋的。杨坚拿到了心心念念的任命书后，却陷入了深思。他的心里犯起嘀咕，开始后悔了。

这个世界上，所有事情都是有利有弊的，取不一定是得，舍不一定是失，在任何情况下，一个人都别指望能霸占所有的好处。对杨坚来说，做地方官确实可以远离是非旋涡，可一旦远离了权力的中心圈子，他就连争权夺利的机会都没有了，长远看是得不偿失。更何况，杨坚认为宇文赟贪酒放纵、沉湎女色，说不定哪天就驾崩了，到时候他如果不在长安，被别的权臣捷足先登，就悔之莫及了。

杨坚思来想去，最终决定暂不离京，只是不再上朝，对外的说辞是患了"足疾"。

不出杨坚所料，宇文赟只用三年就掏空了身体。大象二年（580年）五月，宇文赟巡幸天兴宫，游玩过程中突感不适，急忙返回皇宫。他知道自己的大限已到，于是让刘昉、郑译、颜之仪等文臣进入卧室，准备让他们起草诏书，安排后事。

此时宇文阐已经登基称帝，不存在皇位之争，可宇文阐只有八岁，无法亲政，宇文赟还需要给儿子指定一位辅政大臣。御榻之前，大臣们眼巴巴地等着宇文赟的最后指示，可宇文赟偏偏已经说不出话来。这个时候，奉命起草诏书的大臣就拥有了特权，他们的笔头将决定一切。

郑译是杨坚的好朋友，自然首推杨坚做辅政大臣。

刘昉是博陵望都人（今河北保定市望都县），大司农刘孟良的儿子，不属于关陇军事集团，在朝中没有政治根基。他早前因为父亲的缘故进入太子宫，成了宇文赟的随侍大臣，得其信任全靠投机取巧、曲意逢迎，如今最大的靠山要倒，他不得不为自己的将来考虑。

北周建国以来，真正控制朝堂的是宗室的王爷，这已经形成了惯例，可这样的惯例不符合刘昉的政治利益。说白了，推举宗室王爷上位，他们不一定会感恩，可推举此时正处于低谷期的杨坚上位，厚道的杨坚一定会感恩戴德，投桃报李。于是刘昉同意郑译的意见，提出随国公杨坚既是皇后的父亲，又是大前疑，在朝野素有威名，由他辅政最合适。在场的御饰大夫（宇文赟首创的掌御饰之职）柳裘、内史大夫韦謩、御正下大夫皇甫绩均表赞同。

一切顺利推进，没想到杨坚这个时候却固辞不受。刘昉看穿了杨坚的虚伪，说道："你杨坚想干就立马进宫，不想干我刘昉就亲自做辅政大臣！"吓得杨坚立马进宫。就在当天，北周宣帝宇文赟驾崩，年仅二十二岁。

这一年，杨坚刚好四十岁。

早在西魏时期，杨坚就被加封公爵，做了骠骑大将军，可在随后的二十九年里，他一直被皇室打压，被兄弟嫌弃，活得战战兢兢。

人在低谷的时候，上进心会是最大的折磨，而杨坚完美诠释了低谷时期最好的生活方式：接受自己处在低谷的现实，隐藏自己的欲望，修炼自己的心性。只要熬过去，熬死所有对手，熬到老天爷都看不过去，翻盘的机会就来了。

这样的例子有很多，如在杨坚之前有司马懿，在杨坚之后有李渊。事实证明，吃得苦中苦，方为人上人。

一 大隋立国

逆我者死

北周朝臣没想到，权柄会落到原本连自身都难保的杨坚手上，对这个结果表示不服的人有很多。杨坚虽然有了辅政大臣的身份，可要控制朝局，还要处理这些对手，第一位就是奉命起草诏书的文臣颜之仪。

颜之仪是琅琊临沂（今山东临沂市）人，出身书香世家，三岁时就能熟读《孝经》，可谓天才少年。颜之仪从小接受儒家传统思想教育，以忠君爱国为己任，所以即便知道宇文赟是个昏君，也毫不退缩，坚持直言劝谏。宇文赟虽然暴虐残忍，可他偏偏喜欢颜之仪，因为他才华横溢，又是被俘至长安任职的南朝士族子弟，在朝中没有根基，无法威胁到皇权，于是颜之仪越是死谏，宇文赟越是嘉奖。

颜之仪很清楚，宇文赟一直在防着杨坚，让杨坚做辅政大臣，等于把大周送给杨坚。本着忠君的思想，颜之仪死活不肯在任命杨坚的遗诏上签字。

颜之仪咆哮道："先帝驾崩，辅佐幼主的应该是宗室王爷，赵王宇文招年富力强，素有威望，应该由他监国。你们这帮人深受先帝恩惠，应该图报君恩，怎能把大周交到一个外姓之人手里。我就算一死，也决不能背叛先帝！"

按照流程，没有颜之仪的署名，遗诏是不能生效的。就算找个人代替他，如果不堵住他的嘴，杨坚也是名不正言不顺，诏书公布后会引起不必要的麻烦。

这个时候，群臣想到了一个人——皇后杨丽华。

从私情上来说，杨丽华是杨坚的女儿，女儿维护父亲是情理之中的事；从利益上来说，现任皇帝宇文阐是天大皇后朱满月的儿子，杨丽华只是他法理上的嫡母，如果让朱满月的家人或者其他北周宗室掌权，以后杨丽华的日子也不会好过。于是正当两帮人互不退让的时候，杨丽华出面了，她提议让杨坚总管军国大事。杨丽华是宇文赟的家人，家人都表态了，颜之仪也无话可说。

刘昉赶紧找人来，模仿颜之仪的笔迹署了名，走完了流程。随后杨坚找颜之仪索要传国玉玺，颜之仪毫不客气地道："传国玉玺是天子的东西，自有天子保管，辅政大臣有什么资格索要？"杨坚几乎快气晕了，他命人将颜之仪引出，准备干掉他，可想到颜之仪在百姓中有很大的威望，他又控制住了自己的杀心，只是将其贬到了外地。

搞定诏书就是搞定舆论，接下来就是确定名分了。

刘昉、郑译认为，杨坚应该担任大冢宰。这个提议本身没有问题，权臣宇文护就做过大冢宰，总管天下一切军政要务，这很符合杨坚的政治利益，但问题是他们各自打着小算盘：郑译想给自己求个大司马的职位，而刘昉想做小冢宰。大司马掌管兵权，小冢宰是副宰相，势必会分掉一部分大冢宰的行政权，真要这样操作，杨坚就等于被架空了。

杨坚当然不答应，但刘昉和郑译是帮他上位的恩人，现在大局没定，他还不敢和他们撕破脸皮。关键时刻，杨坚想到了另外一个人——李德林。

李德林出身赵郡李氏，因为才华横溢，入仕北齐后负责为皇帝起草诏书，是北齐赫赫有名的文臣。北周武帝宇文邕灭齐后，特地征召李德林到长安做官，还说平北齐最大的收获就是得到了他，夸他是"天上人"。

宇文邕雄才大略，聪慧仁德，李德林以为自己遇到了伯乐，正打算有一番作为，不料没过多久宇文邕就驾崩了，继位的是一位喜欢佞臣的昏君。因此，李德林刚起步的仕途戛然而止，这让他感到非常难受。

杨坚知道李德林的心思，派邗国公杨惠前去拜会："随国公奉命主持朝政，可治理国家任重道远，因此想邀请您一起共事，希望您不要推辞。"杨坚的品德操守李德林是知道的，他找不到拒绝的理由。

杨坚拿刘昉、郑译的提议询问李德林，李德林回答道："随国公，您应该做大丞相、都督中外诸军事，假黄钺。否则，您是镇不住朝中局面的。"

这个计策可太妙了。首先，如果杨坚和刘昉、郑译继续掰扯大冢宰的职权问题，搞不好要得罪同盟，得不偿失，而设个新的官职比如大丞相，就能绕开这个问题，没必要再纠结原有的官职名称了。其次，军权是绝不能旁落的，这一条不容讨价还价，兼任都督中外诸军事就是为了保障这一点。最后，杨坚的地位必须超越群臣，而"黄钺"是黄金斧头，是皇帝的象征，"假黄钺"是皇帝把斧头借给重臣，允许他行使部分皇帝的权力，既然能代行皇权，杨坚自然就是一人之下万人之上了。

杨坚本就是杀伐果断的人，再加上李德林的支持，便直接宣布自己担任左大丞相，假黄钺，而汉王宇文赞担任右大丞相——北周以左为尊，文武百官实际上听命于左大丞相。刘昉、郑译斗不过杨坚，只能哑巴吃黄连，接受这个安排。

按道理来说，杨坚是大臣，宇文阐是皇帝，国家的最高统治者应该是宇文阐。可小皇帝只有八岁，没有宗室王爷撑腰，文武官员没人敢替他出头，他只能被杨坚掌控。

多年来，杨坚一直在请人给自己算命，得到的答案都一样：他就是皇帝命。如今机会摆在面前，杨坚心态稳不住了，想要直接奔着皇位而去。

为了成功上位，杨坚还需要试探朝臣是否有抵触情绪，他的第一招便是让宇文阐搬到天台。天台是宇文赟做太上皇时居住的地方，让宇文阐搬过去，等于让宇文阐提前进了养老院。随后杨坚使出第二招，将正阳宫改为丞相府。正阳宫是北周储君的府邸，杨坚故意搬到这里，无非是给大家传达一个信号——

他想做皇帝了。

杨坚的资历、地位摆在这，由他做辅政大臣，朝臣可以接受，再过个几年他顺理成章地窃取大周江山，大家也许也能接受。问题在于杨坚才刚刚站稳脚跟，就把对权力的欲望赤裸裸地展示给大家，这也太着急了！部分朝臣开始有些不满，对杨坚产生了质疑。

为了稳住局面，杨坚找了一位有实权的帮手——卢贲。卢贲是燕郡公卢光的儿子，历任鲁阳太守、仪同三司等，袭封燕郡公。杨坚担任大司武的时候，卢贲刚好是他的下属，两人有过频繁接触。卢贲认定杨坚是一棵难得的可靠大树，因此主动结交，对杨坚极为忠诚。

迁居正阳宫的那天，杨坚让卢贲暗中调动兵马，随后强行召集文武大臣前往正阳宫为自己祝贺。官员们心存疑虑，都不愿前往。卢贲见状呵斥道："你们这帮人，想求取富贵的，就跟着丞相一起去！"有些人想趁机溜走，但在卢贲的威逼利诱下还是不得不顺从。

一行人到了正阳宫的大门口，可守门卫士只认小皇帝宇文阐，拒绝放杨坚入内。卢贲连哄带骗都没用，最后急得没办法，只好对卫士怒目而视。一个是底层的小人物，一个是自带杀气的国公爷，当对峙双方地位不平等时，一般都是小人物先妥协。就这样，杨坚搬进了正阳宫，成功窃取了北周的最高权力。

别看北周的朝臣好像很坚定地反对杨坚上位，其实这都是假象。真正忠于旧主的文臣一定有豁出性命的勇气和行动，可北周的文臣并没有。因为这是关陇军事集团执政的特殊年代，本来就是谁都有资格造反，谁都有可能做皇帝；也因为这是个崇尚政治利益和家族利益的年代，大家不怎么在乎个人的荣辱，谁能给大家饭吃，大家就拥护谁，能进行无声反抗就已经是对旧有皇权的最大支持了。

杨坚洞察了文臣们的心思，所以步子才敢迈这么大，不怕因为他们而跌倒。而真正让杨坚忌惮的，是北周的宗室成员。

北周的宗室分为两批，第一批是北周武帝宇文邕的儿子们，也就是北周静帝宇文阐的叔叔辈，主要有汉王宇文赞、秦王宇文贽、曹王宇文允、道王宇文充、蔡王宇文兑、荆王宇文元。这些王爷都是十几岁的孩子，没经历过世事，思想跟白纸一样简单。杨坚对他们以安抚拉拢为主，先让他们掉以轻心，再找机会干掉他们。

封官之际，杨坚担任左大丞相，让汉王宇文赞做了右大丞相。宇文赞上任之后天天进宫和杨坚、宇文阐商议政务，搞得有模有样，可杨坚早就说了，军国政务由左大丞相决策，宇文赞只是个摆设，更何况宇文赞没有实际的政务经验，遇到事只能干瞪眼，所以等新鲜感一过就只觉疲倦了。就在这时，刘昉给宇文赞送了一批美女，于是宇文赞就彻底不管政务，只顾声色犬马了。刘昉又找了个机会劝宇文赞道："大王乃先帝（指宇文赟）之弟，人皆信服。陛下年幼，恐怕担不起什么大事。如今朝廷动荡不安，局势难以捉摸，大王可以先回府中，等事态稳定之后再入宫继承天子之位。"宇文赞年少无知，听信了刘昉的鬼话。就这样，杨坚轻轻松松架空了这些宇文阐叔叔辈的宗室王爷。

杨坚最忌惮的是第二批宗室王爷，即赵王宇文招、陈王宇文纯、越王宇文盛、代王宇文达、滕王宇文逌。这五位王爷是关陇军事集团创始人宇文泰的儿子，北周静帝宇文阐的爷爷辈。他们资历深厚、年富力强，之前北周宣帝宇文赟害怕他们威胁自己的地位，把他们赶出了长安，如今他们都在封地就藩。

宇文赟驾崩后，杨坚秘不发丧，矫诏称千金公主马上要下嫁突厥，邀请五位王爷入朝观礼。千金公主是赵王宇文招的女儿，和亲的事早就商量好了，而且突厥的使者这一年的二月就到长安来迎亲了，所以这样的理由很难让大家产生怀疑。

大象二年（580年）六月初四，五位王爷抵达长安，却发现北周的江山成了杨坚的囊中之物。五位王爷恨得牙痒痒，可他们没有军权，在朝中也没有信得过的朝臣，只能躲在家里诅咒杨坚。

干等下去不是办法，五个王爷一商量，决定先找毕王宇文贤一起谋划。

宇文贤是北周明帝宇文毓的长子，个性刚强，行事干练，素有威名。几个王爷围坐在一起，细数杨坚的恶行，还扬言要杀掉他。他们也不想想，杨坚是要称帝的，能不在他们周围安排间谍吗？很快，丞相府的官员杨雄就拿到了证据，告了他们一状。

六位王爷一起谋划起事，按道理肯定是共同承担罪责，可杨坚不这么想。目前杨坚还没有坐稳左大丞相的位置，朝臣态度摇摆不定，外地的将军也在观察局势，所以他选择了很政治化的处理手段，手起刀落干掉了宇文贤及其子宇文弘义、宇文恭道、宇文树娘，随后赦免了其他五位王爷，还让北周静帝宇文阐下诏，授予他们"入朝不趋，剑履上殿"的特权。

杨坚杀宇文贤是为了杀鸡儆猴，赦免其他王爷是想展示自己的宽厚仁德，这些王爷经历过宦海浮沉，岂能不知道杨坚的坏心思？所以哪怕杨坚主动示好，赵王宇文招还是不忘初衷。他邀请杨坚到府中喝酒，打算趁机干掉杨坚。

杨坚心里苦啊，这坑是他自己给自己挖的。如果不去赵王府，显得他很虚伪，去的话又要担很大的风险，思来想去，杨坚决定自备酒肉前往赵王府。

宇文招呵呵一笑，对此并不介意，照规矩把杨坚迎了进去。宴会上，宇文招的儿子宇文员、宇文贯和王妃的弟弟鲁封带着佩刀在旁边伺候，帷帐后、座位下都藏了不少兵刃，房屋后面还有大批武装人员。这是一场妥妥的鸿门宴，而杨坚只带了堂弟杨弘和心腹元胄，他们坐在靠门的位置，离杨坚都很远。

席间宾主相谈甚欢，到了吃水果的环节，宇文招一连好几次拿刀挑着瓜亲自送到杨坚的嘴边。事实上，宇文招是想趁机杀掉杨坚，只要直接一刀捅过去，杨坚就可以一命归西了。可宇文招害怕杨坚的虎威，更害怕自己失手被杨坚反杀，所以表现出很纠结的模样，而这一切都被细心的元胄发现了。

元胄告诉杨坚，相府有事，需要他赶紧回去。宇文招怒斥道："我与丞相在说话，你为何多嘴？赶紧退下！"元胄毫不畏惧，直接提着刀跑过去，怒视宇文招。

只要有鸿门宴，就必有为主冲锋的樊哙，宇文招自然懂这个套路。他赶紧给元胄赐酒，安抚他道："我没有什么恶意，元胄将军无需紧张。"

宴席办到这里，局面已经很尴尬了，宇文招决定孤注一掷，于是假装呕吐，想离席而去，可他没想到，元胄的警惕心已经被他此前的举动全部激活。元胄似乎猜到宇文招离开后埋伏在一旁的武士就会对杨坚下手，所以赶紧把宇文招按在帷席之上。一计不成，宇文招又说自己喉咙干涩，让元胄到后厨帮忙取酒，元胄假装听不见。

双方僵持之际，滕王宇文逌来了，杨坚立马起身相迎。元胄找了个机会，对杨坚附耳说道："事情不对劲，丞相赶紧离开吧。"杨坚问："他们没有兵马，又能怎么样呢？"元胄急吼吼地说道："府中都是他们的人，如果他们先动手，大势去矣！我不怕死，就是觉得死在这里太冤枉。"话说到这份上，没想到杨坚依然不听劝告，又一屁股坐到帷席上。

元胄听到房屋后面有铠甲摩擦的声音，顾不得再劝，急忙对宇文招道："丞相府有急事，随国公怎么能在此耽搁呢？"说完话就拖着杨坚离开了宴席。宇文招见事情败露，下令追杀，元胄用自己的身体挡住房门，为杨坚争取了逃跑的时间。宇文招痛失良机，恨得牙痒痒，但也无可奈何。第二天，杨坚诬告赵王宇文招和越王宇文盛谋反，将他们和他们的儿子全部诛杀。

《资治通鉴》记录了这场冲突的详细过程，但没有展现当事人的真实心理和动机，所以不免有些矛盾之处。

首先，宇文招和杨坚是你死我活的关系，如果这是宇文招做的局，他必然已经下定了杀心。可当时匕首都捅到杨坚嘴边了，只要用力一刺就能送杨坚归西，屋后又埋伏了刀斧手，宇文招为何犹豫摇摆，迟迟不敢下手呢？

其次，杨坚可是比猴子还精的人，连大老粗元胄都看出情况有些不对，屡屡催促杨坚离开，杨坚居然还敢留在赵王府周旋，有这个道理吗？

再次，滕王宇文逌是宇文招的政治盟友，如果这是提前安排的刺杀行动，宇文逌就应该是知道的，为什么《资治通鉴》里把他的到来描述成毫不知情的突然造访？

最后，对于杨坚来说，最该死的是宴会上的赵王宇文招和滕王宇文逌，为何事后越王宇文盛莫名其妙成了牺牲品？杨坚究竟在打什么算盘呢？

对于这件事，《隋书·高祖纪》的记载就不一样："五王阴谋滋甚，高祖赍酒肴以造赵王第，欲观所为。"也就是说，是杨坚突然造访赵王府，想试试对方的深浅。

如果这场宴会是杨坚主动发起的，宇文招是被动接招的一方，很多事情就能说得过去了：宇文招没有任何准备，因此不敢轻易对杨坚下手，而杨坚心知宇文招不敢杀他，就大着胆子留在赵王府，还因此遇到了突然来访的滕王宇文逌。杨坚混了个酒足饭饱，心里有了底，便离席而去，并在第二天找了个理由干掉了宇文招。

不管过程是怎样的，宇文招、宇文盛都死了，这是杨坚对北周宗室的精准打击。在宗室王爷中，宇文招和宇文盛的资历最深、军功最多、权力最大，对杨坚也最有威胁，所以赵王府的"鸿门宴"恐怕只是个借口，铲除他们两位才是杨坚的目标。至于史书上的记载，成王败寇的道理大家都懂，谁会在乎他们是不是真的谋反呢？

历史是由胜利者书写的。在这场"鸿门宴"中，杨坚必须被定义成受害者，属于被迫还击的一方，于是史书只能通过各种细节描述，把杨坚塑造成了一位孤胆英雄。

尉迟迥叛乱

在杨坚眼里，宇文招和宇文盛才是真正的对手，其他人都不值一提，后来陈王宇文纯、代王宇文达、滕王宇文逌也用缩头乌龟式的表现证实了杨坚的判断。杨坚之所以留着他们的性命，是因为他正忙着收拾地方势力，一时腾不出手来。

杨坚能窃取北周的最高权力，主要靠几个优势：一是皇太后杨丽华的力挺；二是身在长安，近水楼台先得月；三是多年积攒的政治资本。可杨坚也有自己的劣势——他因长期受到皇帝的猜忌，手里没有实打实的兵权。

北周从武帝时开始，就没有停止过战争，大批的军事贵族外出征战，立下了汗马功劳，唯独杨坚在长安熬资历，凭着家族根基和政治联姻成为一时重臣，因此很多人都看不起杨坚。

第一个跳出来反对杨坚的是相州总管、蜀国公尉迟迥。尉迟迥的身份很显赫，他是宇文泰的外甥，他的孙女尉迟炽繁是北周宣帝宇文赟的皇后之一，要说裙带关系，他可比杨坚硬太多了。

在军事成就上，尉迟迥也更胜一筹。杨坚还在长安蹉跎岁月的时候，尉迟迥就已经做了大军主帅，单是平定蜀地这一份功劳，他就可以拿出来吹一辈子。北周消灭北齐后，尉迟迥奉命担任相州总管，镇守曾经的北齐都城邺城。在一众北周的地方总管中，尉迟迥是地位最显赫、实力最强大的那个。

北周宣帝驾崩，天下举丧，一个叫杨尚希的官员在相州参加了尉迟迥主持的丧礼仪式。仪式刚刚结束，杨尚希就连夜跑回了长安，他告诉杨坚，蜀国公尉迟迥不像好人。杨坚寻问原因，杨尚希答道："蜀国公虽然在哭，眼珠子却贼溜溜的，并无哀痛之情。我害怕他图谋不轨，担心受牵连，所以提前逃了出来。"

杨坚和尉迟迥其实是同一类人，尉迟迥在想什么，杨坚心知肚明。既然结局是撕破脸，杨坚决定主动出击，试探一下尉迟迥的实力。

杨坚派使者前去相州，召尉迟迥回长安参加先帝的葬礼，并派上柱国、郧国公韦孝宽接替尉迟迥的职务。如果尉迟迥接受杨坚的安排，一切都好说；如果尉迟迥推脱耍赖，拒绝交出兵权，就会落人口实，韦孝宽可以对付他。

韦孝宽此时虽然已七十二岁了，可他经历了北魏、西魏、北周三朝，斗过东魏，灭过北齐，打过南梁，一辈子南征北战，在朝中资历比尉迟迥还要深，军事能力也比尉迟迥强。在北周朝廷，别人只能算军人，而韦孝宽称得上是军事家，出类拔萃。

尉迟迥听说韦孝宽来了，赶紧派心腹贺兰贵前去迎接。两人在朝歌（今河南淇县）地界相遇，简单聊了几句话，韦孝宽就知道尉迟迥可能要造反。别看尉迟迥现在的态度和善，只要到了相州，韦孝宽就会成为第一个牺牲品。为了化被动为主动，韦孝宽一边称病，故意放慢赶路的速度，一边以寻医问药为名，派人到相州刺探军情。

一行人到了汤阴（今河南安阳市汤阴县）地界。尉迟迥又派来一位使者，此人是韦孝宽的侄子韦艺，效忠于尉迟迥。韦孝宽想从侄子的口中打探尉迟迥的意图，可韦艺的口风太严，半句真话都不讲，韦孝宽大怒之下决定将其斩首。韦艺被叔父的虎威吓得魂飞魄散，只得讲出了实情。

事情闹到现在，韦孝宽再去相州就是明摆着送死，他立即调转马头，打算返回长安。跑路的时候韦孝宽还做了安排，每路过一个驿站，他都要吩咐管事的把驿马藏好，还让他们准备好美酒佳肴。

尉迟迥听说韦孝宽跑路，派了几百名骑兵前去追捕。将士们到了驿站，发现没有可以更换的马匹，又贪图美酒佳肴，最终放走了韦孝宽。

杨坚确定尉迟迥要准备造反了，于是开始安排他的最后一步棋。他派了一位使者赶赴邺城，以皇帝的名义召尉迟迥入京参加先帝葬礼，想先稳住尉迟迥，暗中却让使者把一封密信交给相州总管府长史晋昶，让他替朝廷诛杀尉迟迥。

这种瞒天过海的手段如何能瞒得住尉迟迥？尉迟迥控制着相、卫、黎、洺、贝、赵、冀、瀛、沧等州，他的弟弟尉迟勤控制着青、齐、胶、光、莒等州，兄弟俩拥兵数十万，根本不怕与杨坚一战。尉迟迥准备起兵了。

六月十日，尉迟迥杀了晋昶和朝廷使者，并召集属下进行了战争总动员。据史料记载，他是这么说的："杨坚以凡庸之才，藉后父之势，挟幼主而令天下，威福自己，赏罚无章，不臣之迹，暴于行路。吾居将相，与国舅甥，同休共戚，义由一体。先帝处吾于此，本欲寄以安危。今欲与卿等纠合义勇，匡国庇人，进可以享荣名，退可以终臣节。卿等以为何如？"

相州是旧北齐国都所在地，尉迟迥又管理着大片北齐旧地。虽然北周灭了北齐，可北齐百姓对北周的认同度并不高，所以尉迟迥一煽风点火，百姓的情绪立马就被点燃了。

令尉迟迥欣慰的是，他不是孤军作战。七月二十五日，郧州（今湖北安陆市）总管司马消难起兵，八月七日，益州（今四川成都市）总管王谦起兵，他们同样旗帜鲜明地反对杨坚。

司马消难是北齐太尉司马子如的儿子，他的妻子是北齐神武帝高欢的女儿，可说是北齐顶级的权贵，有足够的实力起兵造反。这也就罢了，司马消难的女儿司马令姬还是北周静帝宇文阐的皇后。杨坚只是先帝的岳父，而司马消难可是现任皇帝的岳父，如今宇文阐被杨坚压制，他哪有不帮自家人的道理？

至于王谦，他没有显赫的背景，起兵不是为了别的，纯粹是因为忠于北周。

各路大军来势汹汹，相继攻陷山东、河南、湖北、四川、江苏、安徽等地的官员也跟风造反。这是杨坚波澜壮阔的一生中最危急的一次挑战，成败在此一举。

杨坚反应迅速，很快便命韦孝宽为行动元帅讨伐尉迟迥，蒋国公梁睿讨伐王谦，郑州总管王谊讨伐司马消难。不过他也明白，这三路只是应对正面战场，还没起兵的骑墙派才是自己最大的威胁。

在那个年代，各地军事贵族权柄很大，他们的选择和偏好将影响杨坚和尉迟迥的博弈，进而决定天下的归属。为了增加自己一方的筹码，杨坚决定派出使者联系李穆。军事贵族的重要性尉迟迥也很懂，而他起兵后第一个拉拢的人也是李穆。

李穆为什么是香饽饽？因为他就是关陇集团的一面旗帜。

早在宇文泰创业的时候，李穆就是他的心腹，两人有过命的交情。邙山之战，西魏和东魏打得天昏地暗，宇文泰丢失战马，只能徒步作战。就在东魏士兵要活捉宇文泰之际，李穆拿着马鞭抽打宇文泰的后背，怒吼道："你这个下作的军士，你的主公在哪里，你为何一个人在这里？"东魏士兵以为宇文泰只是普通的士兵，没有活捉的价值，最后放他离开了。

宇文泰说过，真正让他成就大业的是李穆一人，为此他赐给李穆一面铁券，意思是给他十次免死的机会，其他的赏赐更是数不胜数。杨坚辅政的时候，李穆担任太尉、大左辅、柱国大将军、并州总管，位极人臣。

并州就是如今的太原，河东地区的军事重镇。从并州渡过黄河可以威胁关中，越过太行山则可以威慑河北，这就意味着谁获得李穆的支持，谁就能占据主动权。

尉迟迥的使者来得很快，但李穆扣押了使者，还打算把尉迟迥的书信交给朝廷。李穆的儿子不赞同父亲的做法，他认为李家坐拥精兵，与尉迟迥联手的收益更大。

就在李穆犹豫不决之际，杨坚派内史中大夫柳裘赶到了并州，向他抛出了橄榄枝。柳裘的口才不错，但因初任南梁，又历任西魏、北周，身份过于低微，无法表达杨坚的诚意。随后，杨坚的另一位使者也赶赴并州，此人分量十足，正是李穆第十子李浑，之前在长安担任侍卫。

别的政治家为了威胁对手，通常都会扣押他们的儿子，杨坚却把李浑还给了李穆，如此胸襟让李穆深为震撼。对李穆来说，杨坚挟天子以令诸侯，有文臣的支持，又占据长安，优势颇多，而尉迟迥并不得民心，几路大军又不能协同作战，没啥前途。李穆不想做皇帝，不管是跟着杨坚还是跟着尉迟迥，他都只是臣子，既然如此，不如以家族的繁荣昌盛为重，而很明显，跟着厚道的杨坚，利益受保障的程度会更大。

李穆想清楚了这些，就让李浑返回了长安，还让他顺路带去一柄熨烫衣物的熨斗，希望杨坚像拿着熨斗的手柄熨平褶皱、针线痕迹一样，手执权柄安定天下（"愿执威柄以熨安天下也"）。他还给杨坚进献了只有皇帝才配使用的十三环金腰带，这不仅是在支持杨坚辅政，还是在暗示杨坚有机会可以称帝。

顶级贵族李穆既已投靠，其他北周贵族也纷纷选择了杨坚。杨坚感念李穆的恩德，在隋朝建国后对他大加封赏，给予他拜见时赞礼官不直呼其名的礼遇不说，还规定只要他没有谋逆之举，就算犯了死罪，朝廷也不许审问。如果翻开《隋书》，列传里排在第一位的就是李穆，可见其地位之重。后来，李家在隋朝为官的子弟多达一百人，说李穆的家族是隋朝第一家族也不为过。

形势虽然对杨坚有利，但在两军交锋时，他还是遇到了不小的麻烦。

七月，韦孝宽率领大军来到怀县（今河南焦作市武陟县）永城桥，尉迟迥早就派他的儿子在此防备。诸位将领纷纷请战，但韦孝宽认为永城桥虽小，可城池坚固，一旦攻不下，势必影响大军的气势，而朝廷和尉迟迥的决战才是关键，不用在意一城一池的得失。就这样，双方在沁水附近开始了对峙。

就在此时，韦孝宽的行军元帅府长史李询写了封密信，状告担任军总管的郕国公梁士彦、化政郡公宇文忻和武乡郡公崔弘度三位将领私下接受尉迟迥的金银。杨坚收到消息一下慌了神，因为韦孝宽是平叛的主力，如果他的军队在前线叛变，那杨坚真就必败无疑。情急之下，杨坚决定换掉三位将领。

关键时刻，李德林拦住了杨坚。他劝道："你与诸将都是朝廷大臣，他们没有忠诚于你的义务，你这样发号施令不太合适。而且你怎么能断定他们一定背叛了朝廷，而新派去的人一定会忠于朝廷呢？临阵换将是兵家大忌，千万别重蹈前朝的覆辙。"杨坚听了恍然大悟。

李德林建议派一位心腹到前线监军，那样将领们自然不敢有异动。杨坚第一个想到的是出身博陵崔氏的少内史崔仲方，此人曾劝杨坚做皇帝，深得杨坚的信任。可崔仲方以其父亲崔猷还在尉迟迥控制的地区，自己需要避嫌为由，拒绝了这个差事。

杨坚不想逼崔仲方，又提议让刘昉、郑译挑起这副担子，没想到他们一个说自己没做过将军怕耽误事儿，一个说母亲年迈需要自己照顾，相继撂了挑子。

政治家可以投机取巧，但过于精明地盘算有时候也会伤害到自己的利益。就像刘昉和郑译，明明有拥立之功，被杨坚视为心腹，却在关键时刻选择明哲保身，一副事不关己高高挂起的样子，这让杨坚大失所望。隋朝立国后，杨坚封赏了大批官员，唯独他俩在仕途上原地踏步，和这件事其实有很大的关系。所谓"富贵险中求"，高风险才有高收益，这个世界永远属于冒险家。

其实，韦孝宽吃的盐比别人吃的饭还多，控场能力极强，只要他忠于朝廷，在他麾下做监军不仅没风险，还有大把功劳可赚，这可是个肥差。放眼朝廷，不是每个人都有做监军的机会，原本杨坚把机会给了最信任的人，可他们抓不住，那就只能便宜别人。

给杨坚雪中送炭的人叫高颎，官居丞相府司录。高颎的父亲高宾是独孤信的幕僚，因此杨坚早就知道高颎这号人，做了丞相后就把他揽到了麾下。高颎投靠杨坚的时候这样剖白自己："我愿意接受丞相的驱使，就算事情没有成功，我也不怕有灭族风险。"

根据史书记载："颍受命亟发，遣人辞母而已。"接到任命后，高颎即刻出发，日夜兼程到了前线，唯恐杨坚反悔，找人把他给换了。高颎到了前线啥事也没做，只安心跟在韦孝宽的身边，坐等泼天的富贵降临。

翻开记录隋朝历史的史书，随便找一位开国功臣，他的父亲都是国公爷、柱国大将军这种级别的，就算父亲不够格，爷爷也得是这个身份。这是一个看重出身的时代，不是有才华、有政治智慧就一定能做上高官。在权贵子弟多如牛毛的大环境中，想脱颖而出实在是太难了，而高颎靠这次做监军的机会正式成为杨坚的亲信，之后又凭着过硬的政治素养一步步做到了隋朝的宰相。

一战定乾坤

内部的隐患解决了，可杨坚面临的外部祸患还有一堆——尉迟迥起兵后，派人联络了北方的突厥、江南的南陈、江陵的西梁，希望他们出兵相助。

这三大势力和尉迟迥是有共同利益的，可以一起对付杨坚，问题在于尉迟迥联络他们的时机不对。此时的尉迟迥就是一个据守邺城的地方长官，虽过往功勋显赫，但离打败杨坚、控制北周全境还早，大家凭什么帮他冲锋？各方势力要考虑现实，趋利避害、权衡利弊，不见兔子不撒鹰才是常态。如果尉迟迥和杨坚交手了，而且胜利了，三大势力可能会毫不犹豫地站队尉迟迥，但现在为时过早，所以面对尉迟迥的邀约，他们都一边说好，一边继续观察局势。

杨坚很聪明，看透了突厥等方的心思，于是，他选择各个击破。

北周和突厥早就有姻亲关系，突厥曾派人来求娶千金公主。这一次，杨坚果断将千金公主打发上路，因为知道突厥人一心求财，他还给了公主一笔丰厚的嫁妆，并给突厥的佗钵可汗送了一堆金银珠宝。突厥被稳住了。

西梁是南梁皇室后裔在今湖北一带建立的政权，一心想着复国，所以有西梁官员建议和尉迟迥联合，趁机浑水摸鱼。刚好西梁使者柳庄在长安，杨坚软硬兼施，让柳庄回朝后告诉西梁明帝萧岿，说他愿意和萧岿结盟。萧岿认真研判了局势，断定杨坚得到了北周官僚集团的支持，迟早会改朝换代，最终选择了站在杨坚一边。

对待南陈别无他法，就是硬碰硬。只不过南陈暂时没有过江决战的勇气，虽然有心和尉迟迥联合，最终还是偃旗息鼓了，没有构成实质性的威胁。

没了第三方掺和，杨坚大军和尉迟迥大军的对战在沁水附近展开。

沁水是黄河的支流，发源于今山西省平遥县，由北向南，在今河南省武陟县白马泉（左岸）流入黄河。当时北周大将韦孝宽正驻扎在沁水南岸，而尉迟迥的儿子尉迟惇率领十万大军驻扎在沁水北岸的武德郡，双方已经对峙了一段时间。

北周一边，监军高颎认为不能再拖下去，提议在沁水之上搭建一座桥梁，渡河决战。这个提议风险很大，因为尉迟惇以逸待劳，只要在河边埋伏大军就可以围歼韦孝宽的军队。可尉迟惇是个书呆子，兵书告诉他"兵半渡而击之"，他就真的要等一半的北周军队渡河，为此还特意下令退军，给韦孝宽的军队让路。韦孝宽打了一辈子仗，没遇到过这种给敌人送分的对手。他传令擂鼓，命北周将士迅速渡河。高颎更狠，直接命人焚毁桥梁，告诉将士们这是背水一战。

一个在退却，一个在前进，两军的士气完全相反。遭到一番屠杀后，尉迟惇的大军彻底溃败，尉迟惇逃回相州。

大象二年（580年）八月，邺城之下，双方展开了决战。

尉迟迥有十三万大军，还有五万援军在来邺城的路上。别看尉迟迥已六十多岁了，可他身穿铠甲，虎虎生威。邺城的百姓仰慕尉迟迥的风采，也想看看北周内乱的热闹，最后竟然聚集了几万人在旁边观战。

尉迟迥麾下有一支"黄龙兵"，因士兵们头戴绿巾、身穿黄袄，队伍远远望去就像一条黄色的巨龙而得名。"黄龙兵"都是关中人，作战勇猛，韦孝宽越打越吃力。照这样下去，等尉迟迥的五万援军一到，韦孝宽就只能落荒而逃了，就在这时，一个叫宇文忻的将军逆转了邺城之战的走势。

宇文忻出身关陇集团，是后来设计建造大兴城、隋文帝陵寝、隋长城的建筑大师宇文恺的哥哥。他从小就很机灵，经常和小伙伴们一起玩模仿打仗的游戏，每次他都是指挥者。长大后的宇文忻在军事上展露才华，他曾经放出豪言：虽然韩信、白起、卫青、霍去病这几位都很厉害，可要是和他生在一个时代，他不会让他们独擅高名。

邺城之战情况危急，关键时刻，宇文忻突然下令让弓弩手瞄准在旁边看戏的邺城百姓。这下老百姓傻眼了，他们只想看戏，并不想卷入战争无辜送命，看到羽箭朝人堆飞过来，他们赶紧往家里跑，邺城方面的军阵一下子被冲得乱糟糟的。见效果达成，宇文忻大声喊道："叛贼失败了，叛贼失败了！"这个军事决策虽然缺德，却能逆转局势，足以让宇文忻名垂千古。

古代的战争，大多数胜者都是以多打少、以强凌弱，但弱势的一方反败为胜的例子也很多，惯用的手段就是"假装活捉敌军主将""砍断敌方的帅旗""扯着嗓子喊敌军败了"，效果奇好无比，如后来建立唐朝的李渊和李世民就靠这个套路干掉了不少劲敌。

敌军自己乱了手脚，韦孝宽抓住战机，发动冲锋，将尉迟迥逼入邺城。北周军继续进攻，很快就攻陷了邺城。

尉迟迥拿着弓箭负隅顽抗。他看到一个人冲了过来，正准备将其射杀，却见来人脱掉兜鍪，高喊道："尉迟将军，你还认得我吗？"

此人正是崔弘度，他的妹妹嫁给了尉迟迥的儿子，两人算是姻亲。崔弘度说道："今日是为了公事，无法顾念私情。我过来找你，是怕你落到别人手里受到侮辱，事已至此，尉迟将军就别再抵抗了。"

尉迟迥听后把弓箭狠狠地摔在地上，随后自刎身亡，崔弘度命人割掉其头颅，就此结束了这仅持续六十八天的战争。攻陷邺城后，杨坚一把大火焚毁了这座北齐旧都，断绝了北齐百姓的复国念头，随后他将百姓迁到河南安阳，并让长子杨勇负责管理北齐旧地。之后，八月二十七日，郧州总管司马消难投奔南陈。十月二十六日，益州总管王谦被杀。三大总管起兵四个月，就被杨坚彻底镇压了。

杨坚究竟胜在了哪里？一是合纵连横工作做得到位，二是人才使用十分得当，三是对手无能给了他机会。

杨坚最大的优势是挟天子以令诸侯，把自己摆在了正义的位置上。所有人都知道杨坚是窃国者，可只要他还没窃国，世人就不能指控他。这时候各地的军事势力要怎么选择呢？选择对抗杨坚，他们自己就是叛军，可如果不对抗，杨坚就能坐享其成。正犹豫间，李穆归附了，这件事成了政治的风向标，让天下群雄有了参照。只这一手棋，杨坚就把全国战争变成了局部战争。

会用人的雄主是无敌的。杨坚重用韦孝宽，充分利用他的战略定力和人格魅力，让他在战场上起到了定海神针的效果，这是青年将领们做不到的。杨坚起用高颎，是利用他的忠诚不移和能豁出命的勇气，而高颎的表现最终也没让杨坚失望。

再看看尉迟迥，他没有军师，没有猛将，把十万大军交给读书读傻了的儿子，丢掉了最重要的防御工事。更离谱的是，邺城之战中，尉迟迥居然允许几万百姓在旁边观战，让他们成了不可控的因素。能祭出如此昏着儿的主帅，尉迟迥算是独一份。

此外，尉迟迥在战术上也落了下风。尉迟迥联络突厥政权，让他们南下入侵；联络南陈政权，让他们出兵相助；联络西梁皇室，让他们浑水摸鱼，干扰杨坚。这些战术布置没问题，却失了道义，明明是为了清君侧，到头来却成了卖国贼。只要外敌入侵，遭殃的一定是老百姓，对此百姓嘴上不说，心里却跟明镜似的。

人都有私心私欲，精明的人会隐藏起来，像尉迟迥这样把野心私欲都摆在桌面上，还想让北周的官僚集团追随他，未免有些太天真了。

三大总管之战是杨坚的立威之战，也是立国之战。消灭了最强大的军事势力尉迟迥，杨坚在北周境内再无敌手，这场战争自然意义非凡。不过，杨坚最大的收获还是在朝廷内部。

想要篡权夺位，获得盟友的支持至关重要。以前，杨坚觉得刘昉、郑译是他的过命之交，可经历过世事，杨坚发现自己大错特错。

战争结束，百废待兴，朝廷有许多政务等待处理，可刘昉和郑译整日花天酒地，宴饮享乐，沉浸在做开国功臣的幻想中，根本不拿政务当回事儿。在杨坚眼里，他们成了厚颜无耻的政客，而非顾全大局、替他筹谋国事的政治家。

杨坚撤掉了丞相府司马刘昉，让高颎接替了他的位置。郑译官居丞相府长史，负责丞相府大小事务，杨坚却传下命令，任何人不许向郑译汇报工作，很快就架空了他。郑译害怕大祸临头，主动递交了辞呈。

大象二年（580年）九月，杨坚自封为大丞相，废掉左右丞相之职。十月，杨坚诛杀陈王宇文纯。十二月，北周皇室封杨坚为随王，以安陆等二十郡为随国。杨坚诛杀代王宇文达、滕王宇文逌。

大定元年（581年）二月，北周皇室封杨坚为相国，让他总领国家政事，并许他拜见帝王时赞礼官不直呼其名，享九锡之礼，建天子旌旗，加强出入警戒。

古代禅让自有一套程序。权臣要先做高自己的身份地位，让自己享有天子的待遇，再由皇帝三让、权臣三辞，以示权臣受命于天，登基合乎礼仪。等这些都做完了，再选个黄道吉日，权臣就可以改朝换代，开创自己的王朝了。

杨坚的篡位流程已经走到最后一步，选个什么日子合适呢？天文学家庾季才给杨坚算了个好日子——二月甲子日。

二月的太阳从正东方出来，进入天空的正位，而甲是天干的开始，子是地支的开始，二月甲子正值惊蛰，阳气复苏、万物萌动，最适合皇帝登基。当年的周武王在二月甲子即位，周朝传承了八百年，这么看来这日子太吉祥了！

到了登基的日子，杞国公宇文椿捧着册书，大宗伯（掌管礼仪制度的最高级别官员）赵煚捧着传国玉玺，一一授予杨坚。杨坚头顶白纱帽，身穿黄袍，接受了册封诏书，正式登基称帝。他是中国历史上第一个身穿黄色龙袍的帝王，这个习俗一直传到清朝末年。

杨坚是随王，按照惯例，新的国号应该定为"随"，可杨坚觉得"随"字有走的意思，不太吉祥，便改成了我们熟知的"隋"，一个崭新的时代随之开启。

新朝新气象，杨坚使用的新的年号是"开皇"，它的讲究更大。

在道教的世界，宇宙万物演化有五个阶段，分别是龙汉、延康、赤明、开皇、上皇，也称"五大劫难"。每逢天地毁灭、轮回重生的时候，道教的元始天尊就会"开劫度人"，开创新的时代。杨坚选定"开皇"为年号，应该有两个意图，一是向道教示好，二是暗示他自己是救济众生、开劫度人的元始天尊，抬高自己的地位。

这一年，杨坚四十一岁，正是一个男人思想成熟、年富力强的时候。早年的人生经历给杨坚的性格留下了深深的印记，而这些也影响了他建立的新政权：

第一，杨坚生活在权贵横行、弱肉强食、不讲秩序的时代，之前他是勋贵大臣，皇亲国戚，可如今天下是他杨家的，卧榻之侧岂容猛虎酣睡？于是杨坚做了皇帝后，执政的最重要理念就是加强中央集权，削弱关陇集团的政治地位。这种改革从朝廷的官制、礼仪到律法、文化、宗教等，涉及方方面面。

第二，杨坚的性格过于沉稳理智，但沉稳容易走向刻板，理智容易变为寡情。最关键的是，过去的十几年里杨坚被皇帝打压、被家人嫌弃，生活在毫无安全感的环境中，这让他对周围的一切都持怀疑态度，而这直接影响了隋朝的政局。

二 开皇之治

二 开皇之治

加强中央集权

杨坚强化中央集权，办的第一件事就是改革北周的官制。

北周实行的六官制是从西魏流传下来的。所谓"六官"，包括：

  天官府：主官为大冢宰，总领百官。

  地官府：主官为大司徒，主管土地、户籍、赋役等事务。

  春官府：主官为大宗伯，主管礼仪、祭祀、历法、乐舞等事务。

  夏官府：主官为大司马，主管军政、军备、宿卫等事务。

  秋官府：主官为大司寇，主管刑法和狱讼、少数民族、大国外交等事务。

  冬官府：主官为大司空，主管工程事务。

古代政治就是以皇权为核心的权力游戏，某个制度的出现第一个作用是为统治者的意志服务，第二个作用是满足官僚集团的利益，最后才是为老百姓服务。西魏是鲜卑政权，宇文泰之所以设立六官府，主要基于三方面考虑：

第一，西魏是北魏皇权分裂后形成的政权，其强大的竞争对手为东魏。东魏控制着今山东、河北一带，而山东是孔孟之乡、礼仪之邦，有深厚的文化底蕴，所以东魏政权的地位很高。西魏自然不愿落于下风。西魏最大的优势是定都长安，周、秦、汉几朝都曾在这一带定都，而宇文泰沿用《周礼》古制设置六官制，是为了证明自己是周朝文化的继承者，让西魏政权的合法性大大加强。虽然这只是一种"精神疗法"，可对那个年代的人来说就是有用。

第二，关陇军事集团以鲜卑族为主，但治理国家不能只依靠鲜卑族，宇文泰还需要安抚关陇地区的地方豪强，尤其是汉族势力，而沿用《周礼》可以在精神上与汉族势力形成共鸣，拉近关陇集团与他们的关系。

第三，关陇集团是个利益集合体，宇文泰需要拿高级官位安抚集团的重要人物，又需要合法化自己的领导地位，以大冢宰为核心的六官制刚好符合他的这一诉求。

不过，六官制考虑的是政治需要，而不是政府的运转效率，因此有很大的弊病。如天官府有后世户部、内务府、禁卫军总管的职能，其权力太大，责任太多，工作效率不高，导致整个朝廷都会因为天官府的存在而低效运转。更为严重的是，天官府的主管大冢宰位在百官之上，是政策的制定者，也是实际事务的执行者，身兼运动员和裁判员的角色。大冢宰的权力没了制约，岂不是可以为所欲为？北周武帝宇文邕意识到了这个问题，收回了大冢宰的部分权力，命天官府和其他五官府并行，不再享受特权。可等到杨坚掌权，又恢复了老样子。

中国古代官制进化了上千年，在南北朝时期依然乱得一塌糊涂。到了隋朝，杨坚才把官制的内核搞明白：皇帝要集权，朝廷决策、监督和执行的三大权力要互相牵制。于是，从杨坚创立隋朝开始一直到清朝，不管官职怎么变，官制的内核都未再改易。

杨坚为了稀释宰相的权力，决定将六官制改成"五省六曹制"。具体说来，朝廷划分以下五个部门，其中前两个部门不干涉国家政务，真正有影响力的是后面三个：

内侍省：管理皇宫事务，是宫廷宦官机构。主官为内侍令，官居从三品，是皇帝的大管家。

秘书省：掌管朝廷书籍和历法，主官为秘书监，官居从三品。

内史省（中书省）：负责决策和起草诏书政令，主官为内史令/监，官居正三品。

门下省：负责审议和监督，主官为纳言（两位），官居正三品。

尚书省：负责执行朝廷的政令，主官为尚书令，官居正二品。尚书令有两个副手，分别是尚书左、右仆射，官居从二品。

中书、门下、尚书三省，分管政令的决策、审核、执行，每省都有话语权，但最终都要听从杨坚的最高指令，这就是中央集权。杨坚是个乾纲独断的皇帝，他喜欢做决策，因此中书省直接沦为专门起草诏书的秘书机构。

在杨坚设定的官僚体系中，尚书省是帝王意志的执行机构，所以给的配置最高。尚书令的级别是正二品，尚书左、右仆射的级别是从二品，力压纳言和内史令。不过为了限制尚书省的权力，杨坚在执政二十四年间没有任命过尚书令，由尚书左仆射和尚书右仆射负责尚书省的日常工作，两者互相配合，互相牵制。

为了提高处理政事的效率，尚书省下设吏部、度支（户部）、礼部、兵部、都官（刑部）、工部六部，分管政府具体事务。各部主官名为尚书，官居正三品：

吏部尚书：掌管全国官吏的任免、考核、升降调动。

度支（户部）尚书：掌管全国的土地、户籍以及财政收支。

礼部尚书：掌管祭祀、礼仪和对外交往。

兵部尚书：掌管全国武官的选拔，并管理兵籍、军械等。

都官（刑部）尚书：掌管全国的刑律，也负责断狱。

工部尚书：掌管水利、交通等各种工程，也管理工匠。

在隋朝，三师（太师、太傅、太保）成了虚职，他们的工作是和杨坚坐而论道；三公（太尉、司徒、司空）可以参与政务，但都是顾问角色；三省成为朝政运转的枢机，六部则进一步细分了朝廷的行政权——这都是中央集权的体现。

杨坚确立了新的官制后，就把改革的主战场放在了地方上。

隋朝继承了北周和北齐的地方官僚体制。这两个政权是敌对关系，为了拉拢地方豪强势力，大搞人才争夺战，不停地给他们封赏官职，职位不够用了，就在现有的基础上往下拆分。北周和北齐实行州、郡、县三级行政体制，一百个郡不够用，那就拆分成一百五十个郡，郡拆不动了，那就拆县。于是，隋朝灭陈统一天下之后，全国竟有二百四十一个州、六百八十个郡、一千五百二十四个县——西汉的疆域面积远比隋朝大，也只有一百零三个郡、一千五百八十七个县。也就是说，隋朝一个州下辖两三个郡，一个郡下辖两三个县，有些行政区只有几十里地，户不满千。《隋书·杨尚希传》载："当今郡县，倍多于古。或地无百里，数县并置；或户不满千，二郡分领。"

这直接造成了两个后果：第一，朝廷能力有限，根本管不过来，地方行政长官就是说一不二的地头蛇，州、郡、县的长官长期控制着地方，容易造成势力割据；第二，官僚系统过于庞大，老百姓养活行政体系的压力也会很大，容易造成官民矛盾。

为了解决这两个问题，杨坚撤销了郡级政府，只保留州、县两级行政单位，并将人口少的县合并到人口多的县，相邻的小县则直接合并。这样一来，隋朝官员的数量急剧下降，朝廷的钱袋子和粮仓立马丰盈了起来。但这么大的动作一定会伤害到地方官员的利益，所以杨坚一直在控制改革的节奏。直到仁寿四年（604年），朝廷才将全国划分为二百九十七个州、一千三百二十八个县。

二 开皇之治

为了让地方听命于中央，杨坚要拿回最核心的人事权。

隋朝以前，朝廷只任命州刺史、郡太守、县令，县衙的功曹、粮曹等佐官全部由县令自行征辟，他们选用的人都是地方豪强推荐的。事实上，这些人的地方治理经验很丰富，比空降的官员好用多了，但这样的人事推荐很容易让地方官员和地方势力互相勾结，而朝廷不能管理地方佐官的考核、升迁，新提拔的人才也就无法安放，这都和杨坚中央集权的执政理念相违背。

杨坚下令，所有官员一律由朝廷任命，刺史、县令的任期是三年，佐官的任期是四年，不允许官员长期在某地任职。州刺史以及重要的佐官每年都要到长安述职，接受皇帝和吏部的面试，政绩良好的人才能继续做官。这样一来，地方豪强想要绑定地方官员搞割据也就不可能。

此外，凡是九品以上的官员到外地做官，家中如有父母和十五岁以上男丁的，除妻妾以外，都不能随行。这招也太狠了，如果有官员想造反或者搞小动作，朝廷可以第一时间控制他的家眷。

什么叫中央集权？朝廷控制地方官员的命运，才叫真正的集权。

被低估的短命王朝：隋朝37年

出道即巅峰的突厥

开皇二年（582年）五月，就在隋朝正大刀阔斧搞改革的关口，北境传来边警：突厥发动四十万大军，沿着长城的关隘袭击隋军，战火弥漫。

突厥是隋、唐两朝的宿敌，却只是个在5世纪才崛起的部落。

公元5世纪，一群鼻梁高挺、眼窝深邃、头发卷曲的游牧民族辗转来到今阿尔泰山附近。彼时，中原还处在南北朝分裂时期，而北方最强大的少数民族政权叫柔然，是阿尔泰山区域的实际控制者。突厥人为了存活下来，便低声下气地请求柔然政权收留他们。事实上，依附柔然的不只有突厥人，还有敕勒、高车、铁勒等部族。

柔然最强大的时候，中原地区的政权正好是鲜卑族建立的北魏。北魏太武帝拓跋焘雄才伟略，面对柔然丝毫不惧。在他的帝王生涯中，拓跋焘几次发动对柔然的战争，胜多败少。

北魏神䴥二年（429年）左右，柔然开始走下坡路，敕勒、高车等部族相继脱离柔然的统治，投向更为强大的北魏，当时大概有三十万人南下定居。当然，有些部族没有选择北魏，而是趁着柔然衰落之际宣布独立，并大肆兼并其他部族，突厥便是其中一个。

二 开皇之治

一个王国的诞生总要经历挫折和时间的洗礼,突厥也不例外。西魏时期,突厥出现了一位雄主——阿史那土门。此时的北方除了柔然,突厥和铁勒是最大的两个部落。

西魏大统十二年(546年),铁勒袭击柔然,阿史那土门设下伏兵,俘获五万多名铁勒族人。这是一场精心策划的阴谋,也是阿史那土门带领突厥走向部落巅峰的决定性一战。

西魏废帝元年(552年),阿史那土门发动了对柔然的灭国战争,柔然可汗阿那瓌被迫自杀,土地、财富、人口全部转移到突厥部落的手里。自此,阿史那土门拥有了东至大兴安岭、西抵西海(今咸海)、北至贝加尔湖、南接阿姆河的广大疆域,也就是后来的突厥汗国。

突厥崛起的时候,中原的北周和北齐正在对峙。为了拉拢这个新兴的政权,北周和北齐都使出了浑身解数,又是送钱又是送美女,争相交好突厥,以至于突厥可汗得意地炫耀说:"我在南方的两个儿子(指北周、北齐)非常孝顺,我一生都不用担心没钱花。"

突厥汗国靠着中原政权给予的优厚的钱财物品迅速发展,但等人送钱毕竟被动,主动出击才最靠谱。在随后的日子里,突厥人仗着来去如风的精锐骑兵屡次侵略中原政权的北部边境,肆意掠夺中原的人口和财富。

与此同时,突厥人发现自己必须面对一个冰冷的现实:土地越多越容易失去控制,内部越容易产生矛盾。

突厥设有至高无上的大可汗,国土却由许多小可汗控制,政权随时有分裂的可能。开皇元年(581年)佗钵可汗死后,突厥一共出现五位可汗,大可汗是沙钵略可汗,名叫阿史那摄图,其他的分别是第二可汗阿史那庵罗、阿波可汗阿史那大逻便、达头可汗阿史那玷厥,还有一个是沙钵略可汗的亲弟弟叶护可汗,名叫阿史那处罗侯。其中势力最大的是沙钵略可汗、达头可汗、阿波可汗,各自割据一方,互不统属。

杨坚篡夺北周政权的消息传到突厥,惹恼了沙钵略可汗的妻子千金公主。

前面说过，千金公主是北周皇族宇文招的女儿，而宇文招死于杨坚之手。千金公主与杨坚本有家仇，又深恨杨坚篡位并杀光北周皇族的做法，所以撺掇丈夫南下攻打大隋。此时大隋刚刚立国，政权不稳，而突厥又遭遇了严重的自然灾害，水草皆无，百姓怨声载道，沙钵略可汗为了转移国内的矛盾，立即答应了千金公主。

杨坚丝毫不惧突厥的铁骑来袭。他派人修缮长城，让阴寿驻守幽州、虞庆则驻守并州，屯兵数万以作防备。

开皇二年（582年），营州刺史高宝宁发动叛乱，北境硝烟四起。趁此机会，沙钵略可汗给达头、阿波等几位小可汗写信，邀请他们共同出兵入侵大隋。就这样，突厥发动四十万大军，将大隋的北部防线击穿，达奚长儒、冯昱、叱列长叉、李崇等隋朝战将纷纷战败，武威、天水、安定、金城、上郡、弘化、延安等郡全面失守。大隋王朝一时变得岌岌可危。

见势头很好，沙钵略可汗提议越过长城继续南下，可几位小可汗却犹豫了。这一次出兵南下，沙钵略可汗是领头人，抢的钱财最多，如果继续打仗，他就是那个吃肉的角色，而小可汗们顶多跟着喝口热汤。突厥人打仗喜欢计算性价比，花最小的代价得到最多的财物。几位小可汗盘点了一下手中的财物，觉得已经足够，就决定先回去，明年再来。

杨坚当机立断，派遣精通突厥文化的长孙晟前去面见沙钵略可汗的儿子阿史那染干，声称铁勒诸部正在谋划袭击可汗的牙帐。沙钵略可汗面对内忧外患，只能鸣金收兵。

开皇三年（583年）四月，沙钵略可汗再次南下。这一次，杨坚封弟弟卫王杨爽为大元帅，让他节制窦荣定、高颎、虞庆则等八路总管，共同应对危局。

杨爽亲自率领四位将军出朔州道，寻找突厥决战。隋军行进到白道（今内蒙古呼和浩特西北）的时候，终于遇到了沙钵略可汗，杨爽抓住突厥人轻视隋军的机会，派遣五千精兵发动偷袭，俘获千余人，抢夺牛马羊无数。沙钵略可汗被打得丢盔弃甲，仓皇而逃。逃亡途中，突厥大军粮草匮乏，又遇到了一场瘟疫，元气大伤。

突厥人很强大，可他们命运不济，遇到了隋文帝杨坚。隋朝虽然刚刚立国，可君臣上下一心，能干的文臣武将无数，最终让突厥人出道即巅峰，巅峰之后就是低谷。

在大隋与突厥的战略博弈中，对隋朝功劳最大的臣子是长孙晟。

对于长孙晟很多人可能不熟悉，但对于唐朝的宰相长孙无忌、李世民的妻子长孙皇后，大家应该耳熟能详，而他们的父亲就是长孙晟。关陇军事集团就是这样，不管皇权花落谁家，门阀贵族总能左右逢源，生生不息。

长孙晟生性聪慧，精通武艺，深得杨坚的喜爱。千金公主出嫁的时候，长孙晟就是护送的使者之一。当时，突厥人轻视中原的贵族，觉得他们不会骑马射箭。有一次大家一起打猎，刚好遇到两只雕在争肉吃，突厥人就给了长孙晟两支羽箭，让他射雕，没想到长孙晟只用一支箭就同时射杀了两只雕，突厥的贵族从此对他刮目相看。成语"一箭双雕"就是出自长孙晟的这段故事。

突厥可汗欣赏长孙晟的高超箭法，邀请他在突厥住了一年之久。在此期间，长孙晟借着打猎的机会考察突厥的山川地理，探听突厥内部的权力斗争，把几位可汗的关系和秘事摸得一清二楚。回朝之后，长孙晟就向杨坚做了汇报。

长孙晟告诉杨坚，沙钵略可汗虽然是大可汗，但兵力却不如达头可汗，他们俩必有一场内战，而阿波可汗、突利可汗与沙钵略可汗也是貌合神离。针对突厥内部的状况，长孙晟给出了八个字的策略："远交近攻，离强合弱。"具体而言，大隋应该拉拢达头可汗、阿波可汗、突利可汗，孤立沙钵略可汗，这样不出十年，突厥必定内乱，到时候大隋就可以一举荡平突厥。

在那个年代，长孙晟就是顶级的突厥专家，所以凡是长孙晟说的，杨坚无不照做。杨坚派了两路人马，一路面见达头可汗，给他送了一面象征权力的狼头纛（狼头大旗），表明杨坚认可达头可汗的领袖地位，另一路由长孙晟亲自带队，面见叶护可汗，表达了杨坚想和他建立友好关系的意愿。至于阿波可汗，长孙晟给他准备了最硬核的招数——挑拨离间。

长孙晟告诉阿波可汗，大隋和突厥打了那么多次仗，沙钵略可汗总是打胜仗，他阿波可汗却经常败北，这是突厥人的耻辱。问题是，阿波可汗和沙钵略可汗拥有同等的兵力，只看战绩的话，突厥百姓会觉得沙钵略可汗才是他们真正的领袖。沙钵略可汗肯定会拿这事做借口，趁机消灭阿波可汗。

阿波可汗急忙询问对策，长孙晟告诉他，达头可汗投靠大隋，沙钵略可汗就不敢再欺负他，如果阿波可汗也愿意归附，大家强强联合，他也足以自保。

离间计的基础逻辑很简单，可有时候偏偏很有效，因为施计者抓住了别人的心理弱点，而对方在两个选择中，只能选择收益最大、伤害最小的那个。

阿波可汗和沙钵略可汗同为一族，本应同舟共济，可他们的矛盾点是谁做大可汗，这种核心利益的冲突是无解的，阿波可汗只能依附大隋。在这场博弈中，阿波可汗也想利用大隋，究竟谁能笑到最后，就要看各自的博弈水平了。

沙钵略可汗打不过大隋，本就一肚子火，听说阿波可汗向大隋暗送秋波，于是率军北进发动偷袭，杀死了阿波可汗的母亲。阿波可汗伤心欲绝，投奔了达头可汗，兄弟俩一合计，直接向沙钵略可汗宣战了。

突厥自此开始内斗，伤亡极大，杨坚坐山观虎斗，心下窃喜。随后的一段时间，突厥陷入长期内战，几位可汗纷纷找大隋求援，杨坚则选择袖手旁观。

开皇四年（584年）九月，沙钵略可汗无法抗衡两大巨头，举起了白旗。

千金公主之前一直嚷嚷着给父亲报仇，现在也不说了，还申请改姓"杨"，做杨坚的女儿，以此代表大隋与突厥和亲。杨坚封她为大义公主。

事实证明，一切纸面上的投降都是打嘴炮，想让敌人臣服，一定是先用军事实力威慑，再实施怀柔策略。

沙钵略可汗以为两国是平等关系，于是给杨坚写了封信，声称以后突厥的牲口就是杨坚的牲口，杨坚的绫罗绸缎也是突厥的绫罗绸缎。杨坚可不惯他的臭毛病，立即写了一封回信："可汗呐，朕感受到了你的善意，既然你认朕这个岳父，我也会视你为己出。朕这就派使臣去看你。"

杨坚挑选了两个厉害人物出使，一个是深知突厥虚实的长孙晟，一个是面对突厥只想打仗的虞庆则。

使团抵达突厥后，沙钵略可汗在迎接的帐篷里摆满了兵器和财宝，以示突厥文物之盛，还谎称自己病了，面对使者无法起身行礼。对长孙晟来说，这都是小儿科的把戏。他理直气壮地说道："您和隋主都是大国的天子，可汗不愿意起身行礼，我们又怎敢违逆？但可贺敦（少数民族对可汗妻子的称呼）是大隋陛下的女儿，您是大隋的女婿，做女婿的拜见岳父是应该的吧？"听完，沙钵略可汗的嚣张气焰立马就下去了，只好起身行礼。

虞庆则也想出个风头，于是让沙钵略可汗向大隋称臣。沙钵略可汗一脸莫名，急忙询问"臣"是个什么东西。左右之人告诉他，隋人口中的"臣"就是突厥人所说的"奴"。沙钵略可汗有求于大隋，最终只能低声下气，笑呵呵地说道："得作大隋天子奴，虞仆射之力也。"

杨坚虽然接受了沙钵略可汗的归降，但并不代表会出兵助他。杨坚可不想卷进突厥的全面内战之中。

开皇五年（585年）七月，在达头可汗和阿波可汗的逼迫下，沙钵略可汗迁移到了漠南，因为打不过敌人，他的家眷还被活捉了。这一次，杨坚主动出击，替沙钵略可汗夺回了妻子儿女，沙钵略可汗彻底服气了，上表道："天无二日，土无二王。大隋皇帝，真皇帝也！岂敢阻兵恃险，偷窃名号！今感慕淳风，归心有道，屈膝稽颡，永为藩附。"

就在这一年，突厥正式分裂为东突厥和西突厥。两个政权大体上以金山（今阿尔泰山脉）为界，东突厥在金山以东，首领是沙钵略可汗，西突厥在金山以西，首领是达头可汗。

灭陈之战

一直以来,杨坚最挂念的是一统江山。

开皇元年(581年),杨坚刚刚建国,就在想着攻打南陈了。高颎给杨坚推荐了贺若弼、韩擒虎两位主将,杨坚命贺若弼为吴州总管,镇广陵;命韩擒虎为庐州总管,镇庐江。

隋、陈两国在边境对峙,只要有个导火索,大战就会爆发。两国气氛格外紧绷,可谁也没想到,第二年元月,陈宣帝陈顼突然驾崩了。

陈顼施政仁德,爱护百姓,在南陈百姓心中是一位明君,如果在这样的君主的丧期上门挑衅,即使打赢了也不好收买人心。除此之外,大隋刚刚立国,百废待兴,北边的突厥又正在闹事,大隋难以双线同时作战,所以杨坚对伐陈之事变得犹豫。这时,高颎给了杨坚一个台阶:"兵不伐丧,先撤军吧。"杨坚接受了他的建议。

南陈的新皇帝叫陈叔宝,是陈顼的嫡长子,史称陈后主。说起这个皇帝,真是一言难尽。陈叔宝是嫡长子,自幼生活在深宫,性格柔弱,还总爱拉着一帮读书人研究淫词艳曲,遇到事情撑不起场面,这让他的皇位变得没那么稳固了。

二　开皇之治

陈叔宝如此不成器，这自然勾起了他的二弟陈叔陵的野心，只是陈叔陵也不成器，天天明目张胆地嚷嚷着要杀陈叔宝，真到了动手时却又不够利索。

陈顼出殡之际，陈叔宝在一旁大哭，陈叔陵偷偷拿了一把药刀砍向陈叔宝的脖子。虽然这把用来切药的刀既小且钝，但在陈叔陵大力切刺下，陈叔宝还是血流如注。在乳母的帮助下，陈叔宝逃过一劫，陈叔陵被赐死。

陈叔宝受伤后把朝政交给了他最信任的弟弟陈叔坚，自己则在后宫过起了优哉游哉的生活。从此，迷恋女人、奢华淫靡、宠信文臣就成了他的日常。

陈叔宝的皇后是沈婺华，一个性情寡淡、文静知礼的传统女人，陈叔宝和她谈不到一起，就把她扔到一边，专宠张丽华、龚贵妃、孔贵妃等人。这些女人并不是简单的花瓶，拿最受宠的张丽华来说，她虽然出身寒微，却有一颗聪慧异常的心。陈叔宝不想上朝，就让宦官转述朝臣意见，宦官说不清楚，张丽华却可以用最精练的语言条理清晰地总结要点，还能把因果脉络讲清楚。陈叔宝喜欢别的女人，张丽华一点也不嫉妒，也不闹腾，不仅能和其他的嫔妃和睦相处，有时候还会安排受冷落的嫔妃、宫女接待陈叔宝，因此后宫人人都说她的好话。

有了美女，自然要有奢华的生活相配。在陈叔宝的后宫，卧室的门帘必须用珍珠，窗户必须用沉檀木，而且要用金玉装饰。总之，宫廷中的建筑全都极尽奢华之能事——陈叔宝给自己营造了神仙般的生活环境。

其实，只要朝政稳定、政治清明，皇帝追求奢侈的生活无伤大雅，可陈叔宝只追求奢华享受，对政事并不上心。

陈叔宝偏爱舞文弄墨的文人，而受他喜欢的那些文人却大多心术不正。其中最受陈叔宝喜欢的一个文人叫江总，此人十七岁就名震江南，许多文豪都争着和他结交，他却没把才气用到正途。见陈叔宝喜欢女人，江总就搜罗美女，请陈叔宝到他家中欢愉。陈叔宝经常召集才华横溢的嫔妃、宫女和文臣一起玩乐，行酒令、对诗词，通宵达旦。而江总被提升为尚书仆射后也丝毫不管政事，依旧整天陪着陈叔宝饮酒作乐。像江总这样的文人，陈叔宝的身边还有几十个，时人称他们为"狎玩之客"。

陈叔宝荒唐地过日子，陈叔坚趁机把持了朝政，权倾朝野。大权在握的陈叔坚难免有些骄纵，不把朝中文臣放在眼里。江总等人搜罗罪名，向陈叔宝进谗言，陈叔坚被流放。

可以说，南陈朝政在陈叔宝的手中变得乌烟瘴气，君臣上下猜忌，百姓怨声载道。杨坚对此心知肚明，但在对付突厥的时候，他经常给陈叔宝写信，言辞卑微，时常夸赞他。杨坚还特别嘱咐出使南陈的大臣，在陈叔宝面前要恭恭敬敬的，不要露馅，从而让陈叔宝放松警惕。

几年前杨坚就陈兵边境想灭掉南陈了，隋与陈明显是敌对关系，可陈叔宝的脑子已经被酒色灌满了，根本无力思考杨坚这么做的目的。他一方面搞不清楚隋的危险之处，信了杨坚的卑微言辞和糖衣炮弹，另一方面又自信地以为南陈兵强马壮，足以让杨坚害怕。陈叔宝在给杨坚写的信中说道："我这里天下太平，想必你那里应该也还不错吧？"其狂妄自大、井底之蛙的形象跃然纸上。杨坚接到信后将信遍示朝臣，提醒他们勿忘国耻，还特意下令，以后大隋不再接收南陈投降来的官员，然而此举让陈叔宝进一步误以为杨坚是在害怕他。

杨坚询问尚书左仆射高颎有什么对付南陈的小计策，高颎立马给杨坚出了两个损招。

北方天气寒冷，庄稼收割较晚，南方天气温热，庄稼通常早熟。每逢江南百姓收割庄稼的时候，隋军就跑去骚扰，南陈为了备战，只能让百姓放下农具积极备战，可等到南陈坚壁清野，做好了战争准备，隋军就立马撤退了。这样几次下来，南陈的庄稼便烂在地里，颗粒无收。

高颎让大隋屡次出兵却又不发起进攻，这一招最损的还不是消耗了南陈的粮食，而是再次给了陈叔宝一种隋军害怕南陈的错觉。习惯的力量是可怕的，南陈人对大隋的频繁调兵遣将已渐生麻木，并放下了戒备心，而此时就是大隋进攻的最好时候。

南方的房屋都是用茅草、竹木搭建的，储存粮食的仓库都建在地上，非常容易着火。杨坚招募了一批偷鸡摸狗之辈，让他们乔装打扮潜入南陈，趁着月黑风高放火烧毁民居和仓库，而且建一次就烧一次，南陈人对此苦不堪言。

两国对峙，只搞旁门左道也不行。南陈最厉害的是水军，又有长江之险可依，大隋想要灭陈，必然会与陈在长江流域爆发一场大决战。为了应对不可避免的水战，杨坚命此时被外放为信州总管的权臣杨素提前在长江上游建造了一批战舰。其中一号战船名叫"五牙"，共有五层，高一百余尺（三十多米高），可容纳八百余人，杨素还在战船的前、后、左、右设置了六根高五十尺的拍竿——这是水战用的暴力武器，可用来拍打敌军的小船只。二号战船名叫"黄龙"，可容纳一百余人。其余的船称为"平乘""舴艋"，大小不一，能容纳几十个人。

随后的几年，大隋国力越来越强盛，而南陈的君臣还在金陵城内歌舞升平，做着天下太平的春秋美梦。

开皇七年（587年），杨坚写信给西梁后主萧琮，让他取消国号，归附大隋。萧琮自知不是对手，想到投降后可以继续享受荣华富贵，立即应允。可是以萧岩、萧瓛为首的西梁宗室很不乐意，他们带着十万百姓投奔了南陈。这几年杨坚一直在吹捧南陈，营造两国和平的舆论氛围，正愁找不到兴兵伐陈的理由呢，西梁宗室的背叛正好给了他出兵的借口。

杨坚道："朕乃百姓父母，怎能因为长江阻隔不顾百姓死活呢？"官员们看到杨坚直言不讳，纷纷劝他行事说话要保密，杨坚却说道："朕将代天讨伐，有什么可保密的？"

开皇八年（588年）三月，大隋做好了一切准备，杨坚昭告天下，列举了陈叔宝的二十条罪状，先是给南陈朝廷送了一份，随后又抄写了三十万份，分发到江南地区，将"替天行道，铲除恶贼"的舆论声势造了起来。

南陈和大隋以长江为地理分界线，以三峡中的巫峡为起点到下游入海口，南岸是南陈地盘，北岸是大隋地盘。

隋朝君臣分析过天道命数、帝王德行、官僚集团的作为、军队的实力，一致认为战胜南陈是板上钉钉的事。杨坚最终决定出兵五十一万八千人，将大军分为三路，分别由晋王杨广、秦王杨俊、清河郡公杨素为主帅，统领九十名行军总管，都受晋王杨广节度指挥。

各路隋军的具体情况如下：

上游统帅：杨素。

上游驻军地点：永安（今重庆市奉节县）。

主要任务：攻陷三峡，顺流而下。

中游统帅：杨坚的第三子，秦王杨俊。

中游驻军地点：襄阳（今湖北襄阳市）。

主要任务：沿沔水入长江。

下游统帅：杨坚的第二子，晋王杨广。

驻军地点：六合县（今江苏南京市六合区）。

主要任务：指挥左、右两翼攻陷陈朝的都城建康（今江苏南京市）。

左翼统帅：贺若弼。

驻军地点：广陵（今江苏扬州市广陵区）。

主要任务：进攻京口（今江苏镇江市）。

右翼统帅：韩擒虎。

驻军地点：和州（今安徽马鞍山市和县）。

主要任务：进攻安徽当涂县。

二　开皇之治

南陈总人口两百多万，军队只有不到十万人（史载"量其甲士不过十万"），分布在长江沿线。由于战线过长，各处兵力都很薄弱。如果陈叔宝支援上游和中游，下游的建康势必空虚，杨广成功的概率会大大增加；可如果放任不管，隋军收拾完上游和中游也能合围建康。

开皇八年（588年）十二月，战争正式打响。秦王杨俊率先出兵汉口，南陈急忙派上游的周罗睺前去支援。上游的陈军刚有动静，杨素的水军就顺江而下，走到流头滩（今湖北宜昌市西）的时候遇到了南陈战将戚昕，戚昕正率领百余艘青龙舰守在前方的狼尾滩。

狼尾滩地势险要，横在长江中间，陈军可以利用地势破坏隋军战舰，然而隋军提前备战，早就想好了对策：戚昕虽占据天险，可士兵晚上总是要到岸上睡觉，那时候狼尾滩的兵力就薄弱了。

一天夜晚，杨素偷偷率领上千艘战舰顺流而下，同时让将军王长袭在长江南岸偷袭陈军，将军刘仁恩在北岸发动偷袭，成功拿下了狼尾滩。之后隋军攻克三峡，打开了长江门户，映入他们眼帘的便是宽阔的江面。《隋书·杨素传》记载，数千艘战舰徐徐前行，一时间"舟舻被江，旌甲曜日"。杨素端坐在一艘平板大船上，仪表雄伟，南陈百姓看到杨素纷纷说道："清河公即江神也！"

按理说，荆州的江陵是杨素要面对的第二道关卡，可西梁宗室萧岩为了增加自己与南陈政权的博弈资本，在投降南陈的时候带走了这里的十万百姓，还把江陵所有的战舰都带到了建康。此时江陵无一船一舰，杨素得以顺流而下，直接杀到了汉口。

上游、中游进展顺利，现在重头戏全部放在了下游的战场上。

晋王杨广是杨坚的第二子，此时年仅二十岁。杨广虽然天资聪颖，却没有实战经验，灭陈之战关乎隋朝的国运，因此杨坚让尚书左仆射高颎任元帅府长史，并州行台尚书右仆射王韶为元帅府司马，名义上是辅佐杨广攻陈，实则军中大小事务均由二人参决。

开战之前，负责下游战场的几位行军总管就已经做好了准备，尤其是率领左翼的四十六岁鲜卑老将贺若弼。

为了筹备水战，贺若弼提前购置了一批战船，藏在江湾里，又买了五六十艘破旧的小船放在最显眼的地方，故意让敌军产生隋军缺少战船，还没做好战争准备的错觉。此外，在隋军交割防务的时候，贺若弼命大军挥舞旗帜，遍扎营帐，搞得好像立马就要发动进攻了。陈军以为隋军来袭，赶紧集结大军严阵以待，等他们得知真相后，只能气急败坏地解散军队。贺若弼还让隋军在江边射猎，搞得人马喧嚣，热火朝天，等时间一久，陈军开始见怪不怪，懒得搭理对面的动静了。

建康之战就是一场心理博弈战，南陈的君臣在一开始就被耍得团团转。

南陈还有明白人吗？有。尚书仆射袁宪、骠骑将军萧摩诃、护军将军樊毅曾经提出建议，说陈军应该向京口、采石各增派五千军队，并且在长江沿线安排巡逻舰监视隋军动向，然而他们的提议却遭到了施文庆、沈客卿的阻拦。

施文庆是南陈的中书舍人，此时朝廷刚刚下诏封他为湘州刺史，让他带着两千军队到长江中游布防，他便推荐好朋友沈客卿接替他的位置。如果陈叔宝采纳袁宪等人的建议，施文庆担心朝廷会没兵给自己，到时候自己担任封疆大吏的美梦就会泡汤，沈客卿也无法升职。因此，施、沈二人进谗言说袁宪等人庸人自扰，于是袁宪等人的建议也就无疾而终。

交战前夕，隋军在长江北岸频繁调动，江南到处都是隋朝的间谍，袁宪又劝陈叔宝早做准备，可施文庆却说正月初一那天会有大朝会，太子要在南郊祭天，现在向京口、采石以及江面派遣军队和舰船，典礼就办不成了。陈叔宝也开始觉得施文庆有些无理取闹，质疑道："可以先派出军队。如果北边战场无事，就让这支军队到南郊参加祭祀，不也可以吗？"施文庆答："如果这样做，隋朝会觉得我们软弱。"

为了达成所愿，施文庆还给总揽朝政的尚书令江总送了一批金银珠宝，让他游说陈叔宝。陈叔宝不想驳江总的面子，命群臣再商议商议，这件事便无疾而终了。

大多数时候，陈叔宝都沉迷于自己幻想的太平盛世之中，一直抗拒接收大隋入侵的消息，很明显是鸵鸟心态。他对侍臣说道："王气在咱们建康城，北齐来了三次，北周来了两次，哪一次不是惨败而归。如今隋军来了，又能把朕怎么样？"

皇帝吹牛，臣子总要附和附和的。主管刑狱的都官尚书孔范说："陛下，自古以来，长江就是隔绝南方和北方的天险，隋军岂可凭空飞渡？将领们为了建立功勋，都喜欢谎报军情，危言耸听。臣常常觉得自己官卑职微，如果隋军真的能越过长江，那臣就可以建功立业，荣升太尉了。"国难当头，堂堂都官尚书却满嘴胡话，可见南陈朝廷溃烂到了什么程度。

开皇九年（589年）正月初一，长江之上雾气弥漫，能见度极差。贺若弼在江边调动军队，人叫马鸣，南陈守军认为这是大隋的又一次装模作样，竟自动忽略了。令他们没想到的是，这一次贺若弼真的率领一万两千军士攻来了。

隋军士兵乘坐快船，迅速登上了长江南岸。由于前一天是除夕，驻防采石矶的南陈守军喝得酩酊大醉，隋将韩擒虎得以率领五百军士神不知鬼不觉地拿下采石矶。自此，隋军的左右两翼控制了江岸，给隋军主力部队打开了渡江通道。

当天，陈叔宝正在举办朝会，忽然飘来一阵大雾，陈朝君臣深吸一口气，感觉又酸又辣。之后陈叔宝昏昏然跑到后宫睡了一觉，一直到下午才醒。《资治通鉴》记载："陈主朝会群臣，大雾四塞，入人鼻，皆辛酸，陈主昏睡，至晡时乃寤。"

大雾本来是无毒的，怎么会让人昏昏欲睡呢？真相极有可能是南陈君臣为了庆贺新年，饮酒过多，史臣只是换了一种方式讽刺昏君和佞臣而已。

正月初二，南陈守军将军情急报送往建康。正月初三，陈叔宝召开高层会议，商讨防御对策。第二天，陈叔宝昭告天下："犬羊陵纵，侵窃郊畿，蜂虿有毒，宜时扫定。朕当亲御六师，廓清八表，内外并可戒严。"

在陈叔宝眼里，隋军的五十多万大军就像蜜蜂的毒刺，可以轻易被拔出。真应了那句话："无知者无畏。"

终于，南陈开始行动了。陈叔宝任命主战派的骠骑将军萧摩诃、护军将军樊毅、中领军鲁广达为都督，大司空司马消难、湘州刺史施文庆为监军，征调天下的僧、尼、道士入伍，让他们为国征战。然而陈军还没出发，前线就传来噩耗：贺若弼攻陷京口，生擒南陈的南徐州刺史黄恪。

在京口，贺若弼为了安抚民心，将生擒的六千陈军全部释放，还给他们发放粮食，并好言宽慰，让他们带着杨坚伐陈的诏书返回家乡散发。有将士醉酒，贺若弼二话不说，直接将其斩首示众，以示隋军军纪严明。

另一边，蕲州总管王世积率领水军出九江，破陈朝水军于蕲口。

隋军屡屡获胜，忙着收买人心，陈军呢？人心早就涣散了。鲁广达还在建康，正准备出发，便接到他的儿子鲁世真、鲁世雄的家书，信上说他们已经向韩擒虎投降了。樊毅的侄子和他弟弟樊猛的妻儿家小也都成了俘虏。

此时，建康城内仍有大军，如果安排得当，南陈还有抵抗之力，可陈叔宝对军事一窍不通。他先是把军权委托给鲁广达、樊猛等人，但担心他们会反戈一击；萧摩诃有本事，他又忌惮萧摩诃拥兵自重。思虑再三，陈叔宝决定让施文庆全权负责抵抗事宜。

施文庆就是个唯利是图、自私自利的小人，和军中将领历来不合。他担心将领们在前线建功立业了，回头就找他算账，因此对陈叔宝说道："这些将领平日里就愤愤不平，不想忠于陛下，如今到了危急时刻，陛下又怎能完全信任他们呢？"在施文庆的蛊惑下，陈叔宝对将领的疑心越来越重。京口沦陷后，萧摩诃请旨收复京口，陈叔宝死活不答应；贺若弼孤军深入，直抵钟山，萧摩诃再次请战，承诺他有必胜把握，结果再次被拒绝。就这样，在陈叔宝近乎偏执的猜忌中，战机一点一点流失了。

正月中旬，隋军就荡平防线，完成了对建康城的包围。就在此时，南陈名将任忠向陈叔宝提出了一个相对稳健的策略：

第一，隋军来犯，想的是快速决战，陈军应该固守城池，沿着秦淮河建立栅栏，不要轻易出战，再派军队到长江上截断大隋的信使，使其消息断绝。

第二，派一万精兵、三百艘金翅战船顺江而下，袭击六合镇，让隋军主力误以为他们渡江的战士已经被陈军生擒，这样一来，隋军锐气就会受挫。

第三，淮南的土著居民与任忠很熟悉，如果任忠率军前往，他们必定会群起响应。到时候任忠可以扬言进攻徐州，断敌退路，各路隋军就会不战自退。

陈叔宝拒绝了任忠的策略，一是因为陈叔宝对于南陈是否能坚守到底没有信心，二是因为陈叔宝觉得防守策略过于消耗他的耐心——他想快点决战，看到结果。

第二天，陈叔宝命萧摩诃组织决战。

正月二十日，陈叔宝将主力布置在白土冈（今江苏南京市钟山南麓），由鲁广达、任忠、樊毅、孔范、萧摩诃统领。陈军由南向北摆成一字长蛇阵，队伍长达二十里。

隋军一方，贺若弼目前只有八千人，他爬上钟山，看到南陈长达二十里的队伍首尾不能相连，消息也不能及时互通有无，便果断下达了作战命令。

以少对多，又是在平原作战，只要南陈指挥得当，完全可以吃掉贺若弼的主力。问题在于，南陈的将领们偏偏个个心怀鬼胎，各自为战。

别看萧摩诃嚷嚷着要决战，但因为陈叔宝对他的妻子不轨，他心里是有恨的，所以根本不准备卖力作战。刚交锋的时候，只有鲁广达拼死杀敌，四次将隋军击退，贺若弼只能令人在战场焚烧柴火，释放烟雾以躲避陈军的追击。陈军斩获不少人头，想的却不是乘胜追击，而是跑到建康找陈叔宝邀功请赏，就这样一来二去，贺若弼居然死里逃生了。

陈军一盘散沙，贺若弼最先对都官尚书孔范开战。这个只会在嘴上嚷嚷要到前线赚军功以晋升太尉的窝囊废，一战即溃，导致陈军全线崩盘。最终萧摩诃被生擒，任忠跑回了建康。

任忠对陈叔宝说："陛下好自为之吧，我已用尽全力了。"陈叔宝拿出金银珠宝，让任忠继续招募军队，任忠又说："您快逃吧，臣拼死也会护送您出去的。"陈叔宝赶紧让他去准备，可任忠回府就收拾行李投奔了韩擒虎。

在任忠的带领下，韩擒虎从建康南边的朱雀门进城，南陈的文武百官躲的躲、逃的逃，只有尚书仆射袁宪守在陈叔宝的身边。陈叔宝还想着逃跑，袁宪恨铁不成钢地说道："陛下你还能逃到哪里？还是穿好龙袍，坐在正殿上等着投降吧！"

陈叔宝道："兵刃当前，怎能拿性命开玩笑？朕自有办法。"

陈叔宝说的办法，就是带着嫔妃躲到景阳殿后面的深井之中。朝臣苦苦哀求，甚至用身体阻挡，还是没能挡住一心只想逃跑的陈叔宝。帝王可以跪着投降，可以站着战死，却不能舍弃尊严，陈叔宝的举动实在让他身边的朝臣觉得羞愧。

没过多久，隋军赶到了景阳殿，历史上最让人哭笑不得的一幕出现了：枯井之旁站满了南陈的臣子、太监和宫女，大家装作若无其事，可隋军士兵朝枯井里看了一眼就明白了。士兵们朝枯井里叫喊，见没人答应，于是威胁道："再不说话，就丢石头进去了！"陈叔宝吓得哇哇大叫，赶紧让人用绳索拉他上去。绳索是丢下去了，可隋军将士总觉得不对劲：陈叔宝一个人怎么会那么重呢？等收完绳索，他们才发现，原来除了陈叔宝，井中还有张丽华和孔贵嫔两位妃子。

江南与岭南之乱

从建兴五年（317年）西晋灭亡开始算起，历经东晋十六国与南北朝时期，到隋朝灭陈（589年），中间相隔二百七十二年。随着江南的三十个州、四百多个县、二百多万人口纳入隋朝版图，华夏再次实现南北统一。

南陈灭亡后，大隋需要对南陈各阶层进行安抚，以收拢人心、维护稳定，但杨坚似乎不愿意这么做。

南陈末代君王陈叔宝被俘后前往长安养老，在大隋生活了十六年。按惯例，陈叔宝应该获封公爵、侯爵的，可杨坚鄙视陈叔宝的品行，直到陈叔宝去世才追封他为大将军、长城县公，并追赠他谥号为"炀"。

南陈宗室就更惨了。杨坚为了断绝南陈宗室复国的念头，一把大火将六朝古都建康城化为了灰烬。之后，杨坚命南陈宗室离开建康，前往陇右、河西安家落户，由朝廷拨付土地，保障其基本生活。像长沙王陈叔坚这种级别的王爷，最终只能以卖酒、做雇工为生。

在杨坚看来，南陈亡国，陈叔宝是罪魁祸首，而南陈的官僚集团推波助澜，因此对他们的印象非常差。加上大隋以关陇军事集团为核心，官员抱团取暖，一直排斥山东士族和江南士族，所以杨坚即便愿意征用南陈的官僚集团入朝，给出去的也基本都是地方上的职务，就算有部分人能在朝廷任职，也都是很低级别的官职。杨坚不相信南陈官员可以治理好地方，于是又罢免了大批原属南陈的地方县令，让大隋的官员前去治理。

杨坚敢这么做，是因为他强大到不用在乎南陈的这些官员，而真正让杨坚头疼的是南陈的地方豪强。什么叫豪强？通俗一点讲，有钱的人叫"豪"，有武装能力的叫"强"，两者兼而有之的叫"豪强"。再通俗一点说，地方豪强就是地头蛇。

南陈的地方豪强通常是称霸一方的大户、富户，或者武力出众的人物，一般拥有田产，有从事的行业。在自己的地界之内，他们就是掌握生杀大权的土皇帝，不接受朝廷的管制。更麻烦的是，老百姓为了逃避朝廷的赋税和兵役，都愿意依附地方豪强，接受他们的军事保护。南陈地盘那么大，户籍册上却只有两百多万人口，就是因为很多人口都在地方豪强的编制内，被豪强们隐匿了。

杨坚要加强中央集权，自然不会容忍南陈的地方豪强。对待他们，杨坚的态度很坚决，他要进行强硬的治理。

第一治：杨坚让南陈的士大夫和普通读书人背诵《五教》，不分老幼贵贱，都要背熟成诵。

《五教》是一本"洗脑神书"，作者是隋朝的尚书右仆射苏威，主要内容是宣传父义、母慈、兄友、弟恭、子孝五种社会伦理道德。这本书的内容没问题，苏威写书的出发点也没问题，杨坚要普及教化更没问题，但事情的走向却适得其反。原本地方豪强就对改朝换代后的新政令不满，现在突然又加了一层文化宝典的束缚，抵触情绪就更强烈了。

第二治：杨坚认为，既然南陈亡国了，大家就都是隋朝人，所以他要从法律层面将南陈豪强和普通百姓一视同仁。

地方豪强同样接受不了杨坚的新法。以前，张家偷盗，李家打人，他们就是级别最高的裁判员，可按照这些法律，他们就失去了特权，跟平民无异了。

他们既无法接受这种人生的落差，又不能找朝廷谈判，于是造反的心思非常强烈。

第三治：因为政策下达之后地方豪强的反应很大，于是杨坚决定强迫一部分豪强到关中生活。

杨坚素来刻板严苛，一意孤行，坚定按照自己的意愿行事。而在南方人眼里，北方是文化荒漠，杨坚不顾文化差异的做法已经伤害了他们的利益，现在还想强迫他们迁徙，他们怎么能答应？

开皇十年（590年）十一月，婺州人汪文进、越州人高智慧、苏州人沈玄憎自称天子，设置百官，搞起了小朝廷。随后，乐安人蔡道人、蒋山人李棱、饶州人吴世华、温州人沈孝彻、泉州人王国庆、杭州人杨宝英相继造反，数十万百姓依附他们，动乱波及整个江南地区。他们攻城略地，而且针对隋朝派下来的官员下手，抓到了县令之后就开膛剖腹，肢解尸体，口中还振振有词："让你们魂飞魄散，看你们还能不能逼我们读《五教》！"

面对江南暴动，杨坚决意武力镇压。至于平叛的主帅，杨坚选择了杨素，因为杨素治军严格，赏罚分明，最能贯彻他的铁血意志。

灭陈之战中大隋几乎没有损兵折将，可在镇压江南豪强的战争里，杨素却将王朝的暴力机器用到了极致。江南多水域，多丛林，多山脉，气候湿热，隋军为了这一仗吃了很多苦头，但杨素为了立功，硬着头皮一直打到今福建境内。

这次平叛，杨素俘虏和诛杀的百姓高达三十万，而江南人口才两百多万。杨素回朝后，杨坚特意换掉了苏威，将尚书右仆射的头衔赏给了他。

很显然，杨坚采用的是崇尚暴力法则的统治思维，虽然有短平快的平叛效果，却不一定能解决江南的社会问题。南陈旧地的反叛本质上是因朝廷和地方豪强间利益分配不均而引起的社会矛盾。化解社会矛盾从来就是长期且艰巨的难题，需要耐心和智慧，任何不尊重社会规律、违逆民心的统治策略都会以失败告终。杨素杀了很多人，江南似乎平静了，可实际上是暗流涌动、民怨沸腾。好在杨坚及时进行了深刻的反思，召回了杨素，改派晋王杨广前往江都，并交给他怀柔安抚的新任务，而杨广这一去就是十年之久。

十年的努力换来了一时的和平，可这和平却是相当脆弱。二十多年之后，杨广发动了高句丽战争，军械物资、粮草辎重等的集结输送工作涉及南方。其实这次大规模的物资输送并未伤到江南根本，甚至未曾波及今浙江和福建，可江南人依然打出了造反的旗号，可见开皇十一年战争的后遗症有多么严重。

除了富庶但矛盾尖锐的江南，隋朝灭陈之后，最大的收获还有岭南。

岭南是中国五岭以南地区的概称，五岭指的是越城岭、都庞岭、萌渚岭、骑田岭、大庾岭五座山。岭南地区以五岭为界与中国内陆隔绝，地理范围大概包括如今的广东、广西、海南、香港、澳门。

说起岭南，就必须提到中国历史上杰出的巾帼英雄冼夫人。

冼夫人生于南梁时期，其家位于高凉郡山兜丁村（今广东茂名市电白区山兜丁村），家族世代都是俚人（壮族先民分支）首领，部属有十余万家。

俚人的族群中有着女性世袭大首领位置的制度，冼夫人很早就成了民族首领。因为赏罚公平、人品出众，冼夫人深得百姓的拥戴，沿海地区和海南岛一千多个部落都愿意接受她的统治。梁武帝大通二年（528年），冼夫人奏请南梁政权，第一次在海南岛设置崖州，将自汉代以来脱离中央王朝近六百年的海南岛重新纳入到国家的版图之中。

岭南历来奉南朝为正统，不知北朝为何物。南陈灭亡后，岭南的部落不愿意归附大隋，纷纷劝冼夫人保境安民，并奉其为圣母。杨坚不管这些，他直接封韦洸做了广州总管，命他到岭南接管当地。韦洸大军遭遇顽强抵抗，在五岭边界就徘徊不前。杨坚也不愿大动干戈，就让坐镇江南的晋王杨广就近派人晓谕劝降。

杨广给冼夫人写了封信，告诉她南朝的君主陈叔宝已经投降，还让陈叔宝给冼夫人写了一封亲笔信，并附上当初冼夫人亲自献给陈叔宝的信物犀牛角手杖。冼夫人这才接受了现实，派人迎接韦洸接手广州。

岭南归附，大局已定，杨坚偏偏要在江南实行高压统治，广州总管韦洸狐假虎威，在岭南作威作福，引起了民愤。一个叫王仲宣的部落首领纠集一众部落首领，把广州围了起来。其他部落由于对大隋不了解，也懵懵懂懂地跟着一起闹事，岭南迅速陷入暴动之中。

在岭南，皇帝的名头根本没用，大家只认冼夫人，只要冼夫人愿意，她就可以效仿西汉的赵佗，自立王国。可冼夫人不愿岭南陷入战火之中，只想在有生之年看到华夏大地统一，她选择了和平。

冼夫人派自己的孙子冯暄前去广州支援韦洸，没想到冯暄是个野心家，居然和叛军串通一气。冼夫人勃然大怒，立即将冯暄抓了起来，派了另外一位孙子冯盎前去平叛。王仲宣之乱平定后，接近八十岁高龄的冼夫人不辞辛苦，身披铠甲，骑着战马，带着隋朝的使者安抚岭南十余个州。冼夫人所到之处，部落首领敬畏其人，纷纷归顺，岭南的乱局终于平息了。

被低估的短命王朝：隋朝37年

"圣人可汗"杨坚

开皇七年（587年），沙钵略可汗去世，其弟阿史那处罗侯继位，号叶护可汗（一作莫何可汗）。

叶护可汗长了一张马脸，还驼背，却是个有勇有谋的雄主，他上台后亲近大隋政权，打着大隋的旗帜在草原横行霸道。他的成名之作是活捉了死对头阿波可汗，并将其送到长安，为哥哥报了仇。但好景不长，在一场对外战争中，叶护可汗不幸去世，在位仅一年。沙钵略可汗的儿子阿史那雍虞闾继位，号称都蓝可汗。

都蓝可汗虽然性格懦弱，人却聪明，他坚信隋朝是个可靠的大树。为此，他先是按照突厥习俗，迎娶父亲的可贺敦大义公主，又于开皇十一年（591年）四月派弟弟褥但特勤到长安拜见杨坚，还给杨坚送了一柄产自于阗国的玉杖。

杨坚虽然封褥但特勤做了康国公，但心里很不是滋味。

这些年，都蓝可汗一边和大隋套近乎，一边打着隋朝的旗帜讨伐异族，东突厥在他的带领下已经有了崛起之势，这让杨坚坐立不安。杨坚灭陈之后，特意选了一座陈叔宝使用过的屏风，派人不远千里送给大义公主。杨坚的意思是想暗示大义公主大隋连南陈都能灭，希望她提醒都蓝可汗收敛一下行径。大义

二 开皇之治

公主岂能不明白杨坚的意思,可她是怎么想的呢?

当初沙钵略可汗势力不盛,大义公主只能跟着受委屈,对杨坚篡权夺位、杀害她父亲的事忍气吞声,可家仇国恨就像一根深深扎在大义公主心头的刺,让她这么多年仍难以忘记。如今,在都蓝可汗的经营下,东突厥蒸蒸日上,大义公主的底气也跟着增加了。面对杨坚送来的屏风,大义公主反手就题了一首《书屏风诗》:

> 盛衰等朝暮,世道若浮萍。荣华实难守,池台终自平。
> 富贵今何在?空事写丹青。杯酒恒无乐,弦歌讵有声?
> 余本皇家子,漂流入虏廷。一朝睹成败,怀抱忽纵横。
> 古来共如此,非我独申名。惟有明君曲,偏伤远嫁情。

诗并不难懂,大致意思就是大义公主很怀念北周旧国。

消息传到长安,杨坚当然不高兴。大义公主表面投诚大隋,心里还忘不了自己的国仇家恨,一旦东突厥坐大,再被她挑拨离间,两国又要兴起战火。为此杨坚打定主意,必须除掉大义公主。

巧的是,有个叫杨钦的隋朝罪犯正好逃窜到东突厥,声称隋朝的彭国公刘昶和他的妻子宇文氏图谋造反,复兴北周。杨钦的妻子是大义公主的姑母,也是北周皇室的后裔,杨钦便以此为理由接近大义公主,唆使她发兵侵扰大隋边境。

刘昶是大隋的国公爷,日子过得好好的,自然不会谋反,可他有个不务正业、放浪形骸的儿子刘居士。有一次,刘居士跑到废弃的北周皇宫未央殿,自己南面而坐,党羽则站在两边向他朝拜,狠狠地过了一把当皇帝的瘾。儿子行大逆不道之事,夫人又是北周宗室后裔,这事以讹传讹,就成了刘昶要谋反的证据。

东突厥强大后,都蓝可汗也有些飘了,他开始减少对大隋的朝贡。杨坚得知消息后，赶紧让长孙晟前往东突厥处理此事。没想到，大义公主面对大隋使者居然出言不逊，还让其情人安遂迦与杨钦日夜谋划，准备煽动都蓝可汗起兵。

杨坚找都蓝可汗索要杨钦，都蓝可汗说突厥国内并无此人。长孙晟知道突厥人贪婪，于是用金银珠宝开道，搞清楚了关押杨钦的地方，最后自己动手，把杨钦带到了都蓝可汗的面前。人赃并获，都蓝可汗无话可说。为了继续拱火，长孙晟把大义公主和安遂迦私通的事也捅了出来。

事情闹到这个地步已经很难收场，可杨坚不管，因为他有了废黜大义公主的念头。他担心都蓝可汗不听从自己的诏令，于是又派人带着四名美丽的歌女前往东突厥，使得都蓝可汗夜夜笙歌，沉迷于美色中。

当时，沙钵略可汗的另一个儿子突利可汗阿史那染干刚好派使者来隋朝求婚，杨坚告诉使者，只要突利可汗能杀掉大义公主，隋朝立马安排婚事。突利可汗经过一番唇枪舌剑，彻底点燃了都蓝可汗的怒火，大义公主就这样被杀了。

大义公主有错吗？没有错。她代表北周出嫁突厥，本可以像很多公主一样给国家带来和平，享受后世尊崇的，却碰到了新旧政权的交替。她有自己的立场，有需要自己挺身而出去维护的家国情怀，她是个很勇敢的人。

都蓝可汗杀了大义公主，转头就让杨坚给他另赐一位公主。群臣认为这个要求合情合理，但长孙晟告诉杨坚，都蓝可汗反复无常，如果成了大隋的女婿，就会打着大隋的旗号四处征讨。如今漠北只剩都蓝可汗、达头可汗、突利可汗，大隋应该扶持最弱的突利可汗，给他赐婚，让几位突厥可汗继续内斗。

杨坚听了建议，从宗室里挑选了一名女子，赐号安义公主，并在赐婚圣旨上写得清清楚楚：将安义公主嫁给突利可汗。

本来是哥哥求亲，结果却让弟弟捡了个大便宜。都蓝可汗感觉受到了奇耻大辱，当即率领兵马，南下伐隋。

开皇十九年（599年）二月，突利可汗奏报隋朝：都蓝可汗制造攻城器械，准备入侵。杨坚收到消息，命杨素出灵州（今宁夏灵武市），高颎出朔州（今山西朔州市），燕荣出幽州（今北京市），三路大军共同夹击都蓝可汗。

都蓝可汗本来就不是大隋的对手，旁边还有突利可汗在捅刀子，于是他决定和达头可汗摒弃前嫌，先联手收拾掉突利可汗。三位可汗在长城附近展开决战，突利可汗全军覆没，家族子侄全部被杀。

听闻这个消息，长孙晟简直太高兴了。他千里迢迢跑到漠北来，使命就是离间东突厥，让其内斗。如今突利可汗的势力尽失，他动用三寸不烂之舌，轻轻松松就说动突利可汗随他到长安归降大隋。

在漠北，突利可汗是主人，可到了长安，突利可汗就成了被掌握的那个。

杨坚下诏封突利可汗为启民可汗，让他成了大隋臣子，随后在朔州专门划了一块地盘，让启民可汗与其残存的部落民众居住。之前杨坚答应把安义公主嫁给启民可汗，如今也兑现了承诺。这套组合拳下来，启民可汗对杨坚感恩戴德，发誓忠于大隋。他遵守了自己的诺言。隋朝历经两代，凡是大隋皇帝出没的地方，启民可汗从来都是毕恭毕敬的。

隋朝与东突厥的冲突没有因为一个可汗的失势而停止。三路大军北伐，杨素在灵州以北碰到了达头可汗。

在以往的战争中，突厥骑兵有碾压性的战斗力，为了对敌，隋军通常采用战车、骑兵和步兵交叉配合的阵法，骑兵留在阵营的中间，阵外遍设鹿角、蒺藜以阻挡突厥骑兵的冲锋。这种打法虽然稳健，但过于保守，很难取得压倒性的优势，所以杨素决定拿骑兵来一次硬碰硬。

达头可汗是什么反应呢？他可太高兴了。

突厥骑兵喜欢冲锋，如果隋军按照以往的打法行动，突厥人很难发挥自己的优势，如今杨素派出骑兵正面对阵，正中达头可汗下怀。可达头可汗不知道，他的这个反应也是杨素想要的。

在突厥人眼里，隋军就是待宰的羔羊，他们根本不管己方阵型，急匆匆地奔杀过去。隋军大将周罗睺瞅准时机发动冲锋，在大军的掩杀下，把达头可汗打得落花流水，仓皇而逃。

与此同时，都蓝可汗被高颎击败，随后被部下杀害。放眼漠北，只有达头可汗势力尚存。为了铲除这个大患，开皇二十年（600年），杨坚命晋王杨广和长孙晟出灵州，汉王杨谅和柱国史万岁出马邑，准备再次伐东突厥。

长孙晟作为一个突厥通，知道突厥人马喜欢饮用泉水，便献计在水源上游投毒。突厥人畜饮水后多有死者，以为天降灾祸，军心大乱，连夜遁逃。长孙晟率军追杀，斩获甚众。另一边，杨谅和史万岁在东突厥境内的大斤山（今内蒙古自治区内大青山）遇到了达头可汗及其残部，斩首数千人。两路隋军大获全胜，班师还朝。

达头可汗屡战屡败，很快就被族人唾弃，东突厥内部民心动摇。

仁寿二年（602年），杨素、长孙晟、启民可汗联手出击，达头可汗兵败逃走，后世史臣以"不知所终"四个字潦草地记载其下场。

就在这一年，启民可汗成为东突厥的大可汗。启民可汗上表奏道："大隋圣人可汗怜养百姓，如天无不覆，地无不载。染干如枯木更叶，枯骨更肉，千世万世，常为大隋典羊马也。"由此，隋文帝杨坚多了一个"圣人可汗"的头衔。

杨坚的强硬手段让突厥人吃尽了苦头，一直到唐朝开国，他们都没有恢复元气。随后的十余年，北境一直和平无事，大隋王朝终于得以腾出手来发展自身实力、收拾周边的其他异族，一个辉煌盛世即将到来。

然而，突厥人只是暂时蛰伏，中原强，他们就示弱，一旦中原势弱，他们就会乘势侵扰。

盛世到来

评价一个王朝，审视一个时代，只观其政治、军事是不够的。

为什么说大隋是"被低估的王朝"呢？因为这是历史上少有的一边打仗一边蓬勃发展国内经济的朝代。一直到现在，隋朝因何富有都是个谜。

对于这个问题，甚至连王朝的开创者——隋文帝杨坚本人也说不清楚。

《资治通鉴》记载，开皇十二年（592年），有关机构告诉杨坚，国家的府库已满，好多东西只能堆放在廊庑（过道）。

杨坚对此甚为惊奇，问道："朕的税赋很轻了，又经常给官员赏赐，怎么会这样？"

官员回奏道："陛下每年赏赐给官员的布帛只有几百万匹，可送进府库的财富远远比赏出去的多，积攒了这么多年，所以府库放不下。"

布帛只是财富的一种，隋朝积攒的粮食数量才令人震惊。

开皇年间，隋文帝杨坚修建了四座国家级粮仓，分别是黎阳仓（位于今河南鹤壁市浚县）、广通仓（位于今陕西渭南市华州区）、河阳仓（位于今河南洛阳市东北）、常平仓（位于今河南三门峡市陕州区）。大业年间，隋炀帝杨广又修建了回洛仓（位于今河南洛阳市小李村）、兴洛仓（位于今河南郑州市巩义市）。

经现代考古挖掘发现，回洛仓东西长一千米、南北宽三百五十五米，约有七百座仓窖，每个窖可以储存大约五十万斤粮食，整个仓库可以存储三亿五千万斤粮食。兴洛仓则有三千座仓窖，每个窖可以储存八千石粮食，整个仓库可以存储两千四百万石，也就是大约二十八亿斤粮食。

隋朝末年，群雄征战，瓦岗军的首领李密控制了回洛仓、兴洛仓。为了收买民心，李密让附近的上百万百姓过来取粮。由于百姓太多，难以维持秩序，只能让百姓随意拿取，以至于附近的道路上铺了厚厚一层粮食。《资治通鉴》记载："群盗来就食者并家属近百万口，无瓮盘，织荆筐淘米，洛水两岸十里之间，望之皆如白沙。"可即便这样，粮仓里的粮食依然还是数不胜数。

《贞观政要》卷六《奢纵》载唐朝名臣马周上疏："自古以来，国之兴亡，不由积蓄多少，唯在百姓苦乐。且以近事验之，隋家贮洛口仓，而李密因之；东都积布帛，而世充据之；西京府库，亦为国家之用，至今未尽。"

《贞观政要》卷八《辩兴亡》也记载李世民的话："开皇十四年大旱，人多饥乏。是时仓库盈溢，竟不许赈给，乃令百姓逐粮。隋文不怜百姓而惜仓库，比至末年，计天下储积，得供五六十年。"按李世民的估计，隋朝的粮食可以供百姓食用五六十年。

粮食是人种出来的，隋朝没有出现现象级的农业工具或者技术的进步，那么出现如此多的粮食，归根结底还是靠人多。

隋朝是北周灭了北齐、南陈后统合而成的王朝，依照户籍，原北齐的人口是两千两百万，原北周的人口是一千二百五十万，原南陈的人口有两百多万。然而，当有关机构把这些数据报上来的时候，杨坚是不相信的，因为地方豪强对人口的控制太严重了。

地方豪强分为两类，一类是朝中有人的门阀士族，属于特权阶层；另一类是各色地方势力，如大户、富户或武力出众者等。一个地方豪强只有一个户口，可他的户口下面却挂靠着数十乃至上百个家庭，这些家庭接受地方豪强的保护，向地方豪强提供劳动力，地方豪强则隐匿他们的存在。

另外还有一些农业家庭，即便成年男丁结婚了，亲兄弟、堂兄弟还是住在同一个屋檐下，而只要他们没有分家，地方官府就只认一个户口。

在那个年代，朝廷想控制户籍只能靠地方官员，皇权越是衰弱，对地方官府的影响力越弱，朝廷对户籍的管理就越是无能为力。于是开皇五年（585年），杨坚在完成了官职改革、实现中央集权的目标之后，开始重新控制户籍。

杨坚下的第一道政令是"大索貌阅"。"大索"就是清点户籍与人口，登记百姓的姓名、出生年月等基本情况。这样一来，所有的人都要进入官府的户籍档案。"貌阅"就是官员左手拿着户籍信息，右手拉着百姓一一核对。有些人四肢健全，却上报自己缺胳膊断腿，以此逃避赋税，这种情况坚决不被允许。

说白了，"大索貌阅"就是隋朝版的全国人口大普查。

从开皇五年开始，全国由州、县官府牵头，里正、保正等基层领导挨家挨户地收集户籍信息。已经去世的人，朝廷会移除他们的户籍，没有在册的则一律重新注册入籍。这项工作持续了很多年。

如果里长、乡正和有钱人家搞权钱交易，继续隐瞒户口怎么办？为了解决这个问题，杨坚规定，所有人都可以向官府举报。

假如张三家老老实实地上报信息、严格纳税，而隔壁的李四却偷偷向里长、乡正行贿，瞒报自家人口信息，那么只要张三举报，第一个遭殃的就是里正和保正。惩罚一旦严格落实到位，最害怕的不是一无所有的百姓，而是有点权势的地方办事员，就此权钱交易的苗头被扼杀了。

杨坚下的第二道政令，是要求凡亲属关系远于堂兄弟的，一律分家单过。

仅此两招，北方地区的户籍人口就新增了一百六十四万余人，其中成年男丁就有四十四万三千人。

对于故意隐瞒信息的百姓，官府可以通过人口普查去解决，但对于被地方豪强控制的人口，朝廷就没办法通过行政手段强制搜查了。

百姓选择投靠地方豪强，是因为朝廷的赋税标准比地方豪强高。地方豪强有权有势，如果官府不解决赋税这一核心问题，靠暴力执行很容易引起社会的动荡。

针对这个问题，尚书左仆射高颎推出了"输籍之法"，即百姓五党（五百家）或三党（三百家）为一团，团中每户家庭都按自身经济水平归入一个级别，各家可按级别纳税。每家每户有定额指标，贫困户怎么纳税、富人家怎么纳税都有明确规定，官府不能强行摊派。《通典》卷七《食货志》记载："定其名，轻其数，使人知为浮客，被强家收太半之赋；为编氓、奉公上，蒙轻减之徵。"也就是说，朝廷新出台的征税标准应该是远低于地方豪强对百姓收取的租税标准的，这样一来，老百姓自然心向朝廷，不愿意再受地方豪强盘剥。

想让百姓心向朝廷，还得要让他们有地种，能养活家人。在这方面，北魏已经开创了很好的制度——均田制。

在北魏，成年男丁、妇女、奴婢甚至家里的牛都能分到土地。到了隋朝，由于人口过多，土地稀缺，杨坚规定只有成年男丁、妇女和奴婢可以分田，每个成年男丁可以分到二十亩地。正常来说，一个家庭可以分到大几十亩地，足以养活家人。

百姓得了土地，就要承担相应的义务，这就是"租庸调制"。

所谓"租"，是指一对成年夫妇每年向国家缴纳的粮食，隋朝时为三石粟。"调"，就是每户家庭向朝廷缴纳的经济作物加工品，隋朝时为四丈绢（丝织物）、三两棉、六丈布、三斤麻（草本植物做的皮制物）。"庸"就是力役，在隋朝，成年男子每年要服役三十天（后来改成二十天）。

一套组合拳下来，百姓得了实惠，朝廷得了户口，地方豪强势力被削弱。可是在强大的中央集权制度下，地方豪强没有话语权，只能干瞪眼。

开皇元年（581年），全国有四百六十万户、两千九百万人。通过人口普查，官方公布的新增人口有一百六十余万人，但实际增加的户籍人口远大于这个数据。

二 开皇之治

开皇九年（589年），隋朝灭陈得了六十万户、两百四十万人。灭陈之后，杨坚在江南继续实行"大索貌阅"和"输籍之法"，人口继续暴增。到开皇十八年（598年），隋朝拥有八百七十万户、四千五百万人。

除了人口的自然繁衍，隋朝新增的人口很多都是人口普查带来的。

边境安定，人口繁盛，粮食充盈，大隋王朝开创了一个前所未有的开皇盛世。能取得这个成就，其实有三大幸：

第一幸，隋朝从北齐、南陈继承了大量的人口和土地。没有这个底子，就算把关中地区挖地三尺，也创造不出这么多的财富。

第二幸，隋朝拥有能干的帝王和臣子。很多人都说杨坚节俭，乘坐的车和所用器物旧了就随意凑合，修补一下再用，不是在设宴时所吃的肉就不超过一块，但一个王朝的财富绝不是从皇帝一人的牙齿缝抠出来的，而要靠隋朝君臣的同心协力、励精图治。

第三幸，江南的开发程度越来越高，这给隋朝带来大量财富。别看江南地广人稀，但冶金、漆器、瓷器、陶艺、造纸等手工业日趋发达，粮食、丝绸的产量也开始赶超北方。《隋书·食货志》记载："诸州调物，每岁河南自潼关，河北自蒲坂，达于京师，相属于路，昼夜不绝者数月。"杨坚没看到江南的发展潜力，坚持关中本位，可在江南生活十年的杨广却对江南的富庶深有感触。他继位后修造了大运河，打通了江南与关中、河南、河北的交通网络。也是从隋朝开始，中原王朝开始重视江南的开发和治理，最终让江南成为王朝的经济命脉。

被低估的短命王朝：隋朝37年

一代明君的阴暗面

杨坚虽是一代明君，其苛刻和猜忌也被世人诟病。《资治通鉴》称："然猜忌苛察，信受谗言，功臣故旧，无始终保全者；乃至子弟，皆如仇敌，此其所短也。"

先说说杨坚的苛刻。

杨坚从小就沉稳刻板。一个人如果长期保持这种状态，会导致对自己的期待过高，有完美主义的倾向，进而不自觉地提高对身边人的要求。杨坚就是这样的人，一旦别人达不到他的要求，他就会心生不满，进而加以斥责。

因为苛刻，杨坚和朝臣的关系非常紧张。他动不动就杖罚朝臣，甚至将他们活活打死。几个儿子在他的高压管制下也濒临崩溃，有的甚至郁郁而终。

每年的正月初一，朝廷都会举行祭祀大典，文武百官需要穿戴整齐参加仪式，御史则负责监督朝仪，弹劾违纪官员。有一次，杨坚看到部分武官的衣服穿着不整齐，佩剑的位置也不对，非常恼火，竟立马处死了负责监察的御史。谏议大夫毛思祖挺身而出，劝谏了几句，谁知杨坚压根不听，直接下令将他推出去斩了。

刑部侍郎辛亶曾经穿过红色的裤子，因为民间有说法，穿红裤子可以官运

二 开皇之治

亨通。杨坚认为这是歪门邪道,给辛亶定了死罪。大理寺少卿赵绰告诉杨坚,朝廷自有法度,辛亶罪不至死,他无法执行杨坚的命令。杨坚更生气了,问他:"你在乎别人的生死,就不在乎自己的生死吗?"赵绰回道:"陛下可以杀臣,但绝不能杀辛亶。"好在杨坚理智尚存,拂衣而去,之后考虑很久才决定放辛亶一马。

杨坚杀人和打人完全看心情,有时只是议事而已,他就要莫名其妙地找三四个官员出来挨打。杨坚觉得把官员拖出去施刑耽误工夫,就要求在宫殿里直接行刑。有一次,行刑之人下手不重,杨坚心里窝火,竟把行刑之人砍了。

杨坚严苛的病态心理还给了某些人利用这一点进行政治报复的机会。尚书右仆射杨素和鸿胪少卿陈延有矛盾,有一次,杨素看到鸿胪寺的庭院中有几坨马粪,于是上奏,杨坚阅后,立马杖杀了鸿胪寺的主客令,还把陈延杖打得奄奄一息。

皇帝如果杀的是贪官,大家可以理解,可死于杨坚之手的官员大多只是犯了小错或者奏对不合杨坚心意。例如地方官员因为征税晚了几天而被杀;卫尉寺的官员因为府衙内长了一堆杂草没有及时清理而被杀;到地方公干的朝廷官员会因为接受了地方官员送的马鞭、鹦鹉等小礼物而被杀……而杨坚为了震慑官员,通常喜欢亲临执法现场。

古有说法:"刑不上大夫,礼不下庶人。"古代的官员很聪明,他们提出这个等级理论,就是为了躲避法律的制裁。可到了杨坚这里,等级理论不好使了,因为对杨坚来说,隋朝的社会只有两级,一个是他杨坚,一个是其他人。

杨坚晚年性情日渐暴戾。隋朝官员因此每天都活得战战兢兢。即便如此,杨坚还是不大满意。他时常会想:人哪有不爱财的?官员不贪污是因为他盯得太严,如果给官员们机会,情况就跟现在不一样了。

有一段时间,长安出现了一批求人办事的人,他们拿着丰厚的礼物,挨家挨户去敲官吏的大门。其实,这批人是杨坚安排的,他们在搞钓鱼执法,凡是接受贿赂的官员最后都掉了脑袋。

开皇十年（590年），尚书左仆射高颎和治书侍御史柳彧联名上奏，说朝堂不是打人的地方，更不适合处决朝臣。文武官员见有人带头，也纷纷向杨坚上奏，让他以后注意执法的尺度，不能过于随心所欲。

杨坚有时候也会反思自己是不是太过分了。有一天，杨坚询问都督田元："朕的刑罚很重吗？"田元犹豫片刻，觉得照这样下去，他自己也有当众挨打的可能，因此决定据实回禀。

田元道："嗯，确实很重。陛下施刑用的棍子比人的肢体还要粗，打三十下就相当于一般杖刑的一百下，所以才死了那么多人。"

杨坚很不满意这个回答，可他最近刚好在反思自己的问题，想做个"善良的皇帝"，于是撤去了大殿内的刑具，把判案之权还给了有关机构。

没过多久，楚州行参军李君才上了一道奏疏，说皇帝太宠幸高颎了。此时杨坚已经过了反思期，李君才的话让他敏感的心重新被触动。圣旨很快下达，杨坚命李君才速回长安。

李君才以为皇帝要纳谏，不料刚到大殿上，还没说话呢，就听见杨坚下令要将他当场打死。这时，杨坚突然意识到早前自己命人撤走了殿内的刑具，于是命人取来马鞭，在大殿之内活活抽死了李君才。从此之后，大殿内又放上了行刑用的棍棒。

有一天，杨坚又杀了人，朝内人心惶惶。兵部侍郎冯基也不知从哪儿借了一颗虎胆，劝杨坚别再这样造孽下去。冯基的话音刚落，杨坚就命人在殿内将他打死了。别人是"铁打的营盘，流水的兵"，到了杨坚这里，却成了"铁打的棍杖，流水的朝臣"。更讽刺的是，杨坚杀了冯基后，转头就后悔了，只能大手笔地赐下不少东西以抚慰冯基的家眷，随后又跑去指责其他的大臣，问他们为什么在他要杀人时不拦着。

为什么不拦？因为不拦只是挨顿骂，拦了就是死路一条！

杨坚执政期间其实制定了著名的《开皇律》，对犯人要如何定罪、如何处罚、如何赦免，条文里写得一清二楚。可是在杨坚的表率下，《开皇律》形同虚设。执法官员为了迎合杨坚，常以残暴为勇敢能干，以守法为懦弱胆小，断案时纷纷选择最严苛的处罚。

当整个国家呈现法律宽松、执法无情的状态时，遭殃的就不只是朝堂上的官员了。

隋朝时期，经常有商人铸造含铜量少的劣质铜钱套购官府铸造的优质铜钱，靠着铜钱中铜的含量差别谋取暴利。在这种大环境下，百姓如果手中有铜钱，肯定优先使用劣质的那些。有一天，两个百姓拿着劣质钱币购物，刚好被巡街的武候逮住，武候上报给杨坚，杨坚下令将这两人砍头示众。大理寺少卿赵绰告诉杨坚，这两人确实有罪，可朝廷依律只能使用杖刑，不能杀头。杨坚不满道："这不关你的事。"赵绰一听哪里还忍得住，和杨坚从律法掰扯到玄学，最后又有别人劝谏，这才劝杨坚收回成命。

任何时代都有盗匪，这是很难禁绝的，因此历代王朝对盗匪的刑罚原则都是重罚罪行恶劣的，轻罚罪行一般的。到了杨坚这儿，事情就不一样了，哪怕只盗窃了一文钱，官府都会判处闹市处决，然后暴尸街头。有一次，三个行路之人口渴了，一起在路边摘了个瓜，结果事情败露，被官府处死。

这个世界上，人性是最经不起考验的。善良的百姓喜欢律法，是因为他们不作奸犯科，律法可以保护他们，可恶人喜欢律法是因为律法有漏洞，可以为他们所用。隋朝律法宽松，漏洞不少，执法又严苛得过分，于是一时间冤案横行。

比如，张三和李四有仇，如果他把一文钱丢在地上，而李四将钱捡了起来，却因为找不到失主无法归还，那么一旦张三状告，就能利用律法杀掉李四。在杨坚的法律世界中，张三的行为不仅合理，而且基本可以得逞。幸运的是，隋朝的百姓不认杨坚这套歪理。有一段时间，百姓经常绑架执法的官员，声称自盘古开天辟地以来就没有因为偷一文钱而被杀头的法律，杨坚担心犯了众怒，最终取消了这个条款。

再聊聊杨坚的猜忌。

杨坚的猜忌病一点也不比严苛病小，因为猜忌，他杀害了大批开国功臣，真正诠释了什么叫"皇帝就是孤家寡人"，而他猜忌之心的根源就在于他自己的上位之路。

杨坚靠着外戚和权臣的双重身份抢了北周孤儿寡母的江山，做了皇帝，等他一登基，站在他的立场上看，自然是谁都有可能觊觎他的皇位，谁都有可能威胁他的统治。

总结起来，皇帝杀开国功臣通常有几类原因：

第一，飞鸟尽，良弓藏；狡兔死，走狗烹。皇帝不一定杀功臣，但有些皇帝就是敏感体质，面对嚣张跋扈、狂妄自大的功臣，总想靠杀戮解决问题。

第二，开国皇帝一般都年纪大了，杀功臣是为了替继承人铲除潜在的威胁。比如明太祖朱元璋，他觉得皇孙朱允炆过于仁慈，担心朱允炆不能把权力控制在自己手里，因此几乎杀尽了开国功臣。

第三，功臣卷进立储之争，或者自身谋划政变想要篡权。唐朝武德年间的刘文静、贞观时期的侯君集就是典型的代表。

第四，大臣功高震主，不死不行。西汉的韩信就是最典型的例子。

在这些原因中，第一条较常见，但不合理；第二条似乎是个孤例，不具备参考性；如果大臣犯了第三条，必是死罪无疑；第四条则过于主观。什么叫功高震主？参加了几场战争，杀了很多敌人，立了很多军功，就叫功高震主了吗？

历史上真正算得上功高震主的开国功臣恐怕只有西汉的韩信了，一来他受封了王爵，有独立的封国和经济大权；二来他有改天换命的军事才能，足以撼动刘邦的统治地位。这么看来，对于刘邦来讲韩信必须要死。可大部分功臣不是韩信，他们大多有功但无权，地位高但跟随者少，被杀完全是因为皇帝过度敏感，是受猜忌而遭受的无妄之灾。

蒙恬、蒙毅的功劳如何，秦始皇杀他们了吗？云台二十八将的功劳如何，光武帝刘秀杀他们了吗？关羽、张飞、诸葛亮的功劳如何，刘备杀他们了吗？

二 开皇之治

唐太宗李世民、明成祖朱棣有擅杀功臣吗？

皇帝站在权力的巅峰，处理问题可以有很多选择，杀戮并不是唯一解，一般也不是最优解。可是杨坚过于敏感猜忌，于是在杀戮和贬斥功臣一事上，他可谓历史留名。《隋书·文帝纪》评论道："然（杨坚）天性沉猜，素无学术，好为小数，不达大体，故忠臣义士莫得尽心竭辞。其草创元勋及有功诸将，诛夷罪退，罕有存者。又不悦诗书，废除学校，唯妇言是用，废黜诸子。逮于暮年，持法尤峻，喜怒不常，过于杀戮。"

左卫大将军杨雄，隋朝宗室，与高颎、虞庆则、苏威并称为"隋初四贵"。杨雄做人厚道宽容，礼贤下士，人缘很好，可杨坚偏偏嫉妒他太得人心，因此剥夺其兵权。杨雄害怕遭到杨坚的算计，后半辈子直接躲在家里不敢出门。

史万岁，一个只懂打仗不懂钩心斗角的直肠汉子，隋朝的天选良将，平定尉迟迥的叛乱、北抗突厥、平定南陈，称得上功劳赫赫。《北史》载尚书左仆射高颎、左卫大将军元旻曾经评价他："史万岁雄略过人，每行兵用师之处，未尝不身先士卒，尤善抚御，将士乐为致力，虽古名将未能过也。"

如此良将，却引起了尚书右仆射杨素的嫉妒，而他嫉妒的原因竟然是史万岁的战绩太出色，让身为上司的自己光芒暗淡。就在史万岁击败突厥达头可汗后，杨素竟对杨坚说突厥人并非侵犯边境，而是放牧，因此不能算军功。史万岁数次辩白无果。最后，杨坚愤怒之下，将史万岁捶杀于朝堂之上。

消息传开后，举国上下哀痛惋惜。杨坚知道自己杀错了人，可为了维护皇帝的权威，硬生生地给史万岁捏造了一堆罔顾事实的罪名。《资治通鉴》记载："上大怒，令左右揲杀之。既而追之，不及，因下诏陈其罪状，天下共冤惜之。"

虞庆则，隋朝的开国功臣，杨坚的好朋友，也是他坚定的追随者。

开皇十七年（597年），岭南的李贤举兵造反，朝中武将纷纷请战，没想到杨坚对他们置之不理，偏偏冷嘲热讽地说："虞庆则位居相当于宰相的官位，又是国公爷，如今国家有难，他却不愿意出征。"虞庆则突然被杨坚点名，感到有些莫名其妙，因为朝廷战将多如牛毛，他哪里知道杨坚这次是想派他去？在杨坚的威压下，他还是叩头请罪，申请出征，并最终完美地完成了任务。

谁能想到，这样一个普通寻常的武将，只是会打仗而已，无权无势，人缘也一般，最后竟也死于非命。

虞庆则的内弟赵什柱与其小妾私通，赵什柱怕被姐夫发现，便迎合杨坚的意思，诬告虞庆则谋反。就这样，在毫无证据的情况下，杨坚处死了虞庆则。

虞庆则功高震主吗？算不上。杨坚为什么杀他？很简单，因为杨坚觉得虞庆则跟他不是一条心了。

翻阅隋朝的历史，冤魂何其多。皇帝可以杀人，但终究要有个理由，像杨坚这样，让开国功臣为他猜忌善妒的性格买单的，实属罕见。

对杨坚来说，功臣是一茬接着一茬，杀了也就杀了，可是因为他的苛刻和猜忌，原本应该是中国历史上最完美的皇室家庭却逐渐四分五裂。杨坚的性格问题，终于还是影响了历史的走向。

三　兄弟阋墙

三 兄弟阋墙

太子难为

对于皇帝而言，开枝散叶是其一项十分重要的任务，这关系到皇位的继承。不过，有时候孩子生下来也不一定能养大。宫廷是个名利场，皇子们死于政治斗争十分常见。如果帝王子嗣匮乏，辛苦挣下的家业可能就成了给他人做的嫁衣，因此对帝王而言，历朝历代等级森严、职责待遇明晰的后妃制度不只是为了满足他们的个人私欲，更是为了确保江山后继有人。

可杨坚偏偏选择和独孤皇后厮守终生。并非杨坚不好色，他也惦记美女，只不过在权衡了世俗的欲望和真实的利益之后，杨坚偏向了后者，这是非常惊人的克制能力。杨坚一生只与独孤皇后生育了五个皇子，为此他曾骄傲地对别人说，前朝帝王宠幸嫔妃，导致废长立幼，进而亡国，如今他的五个儿子都是一母同胞，绝不会骨肉相残，大隋的基业有了保障。

然而事实证明，世界上没有一成不变的事，包括杨坚自己的想法，而他身为帝王，想法上的一点点改变就足以让大隋王朝的运行轨道发生偏转。更何况，在权力的世界里，兄弟之情、父子之情本就像玻璃镜子，根本经不住考验，轻轻一碰就破碎成渣了。

杨坚有五个儿子，老大是皇太子杨勇（约567—604年），老二是晋王杨广

（569—618年），老三是秦王杨俊（571—600年），老四是蜀王杨秀（573—618年），老五是汉王杨谅（575—605年）。五个儿子里，杨勇的地位其实很稳固。早在杨坚辅政的时候，杨勇就替他坐镇洛阳管理北齐旧地，后来杨勇回到长安担任大司马，主管宫禁防卫。隋朝开国后，年龄最大、资历最深的杨勇顺理成章地成了皇太子，杨坚对他颇为倚重，经常拿军国大事询问他的意见。

隋朝北方的基本盘由北齐和北周整合而成，北周故地的百姓要么种地要么当兵，而北齐地区的盐、铁、瓷器等手工业经济发达，当地大批百姓脱离土地，游走在境内从事手工业和商业。在杨坚看来，后者不务正业，是威胁国家稳定的定时炸弹，因此想把这些人迁到边境去。

一天，杨坚就这件事询问杨勇的意见。杨勇告诉杨坚，大多数百姓都是留恋乡土的，朝廷应该循序渐进，多给他们一点时间，到时候百姓沐浴大隋的皇恩，自然会回归本业，不需要急着劳师动众地迁民。

自汉末三国到两晋南北朝，中国的北方分裂了数百年，各地文化和习俗多有差异，融合本就需要耐心和时间。杨勇看到了这一点，以柔克刚，体恤百姓，足可见他的智慧，而他的为政理念也深得杨坚的认可。

有了父亲的鼓励，杨勇对朝廷政务的参与更加深入，屡次发表意见，还都得到了杨坚的支持。《隋书》本传记载："是后时政不便，多所损益，上每纳之。"

聪敏的杨勇还是个贤德之人，史书在字里行间展现了杨勇的个人魅力："颇好学，解属词赋，性宽仁和厚；率意任情，无矫饰之行。"这样厚道性格的人其实很适合做守成之君，可惜问题在于，他也许能坐得稳皇位，却很可能坐不稳太子之位。

一个太子要想顺利转正，需要懂得步步为营，谦逊谨慎是最基本的素养，剩下就要靠运气了。而杨勇做事随心所欲，从不考虑后果，自然容易撞到枪口上。

有一次，杨勇穿了一件蜀地制作的精美铠甲，刚好被杨坚看到了，杨坚便劝他道："古代皇帝就没有一个因过奢侈生活而长久的。你是大隋太子，要以节俭为先，就连朕还留着过去的破衣服，提醒自己不能骄奢淫逸呢！这样吧，朕给你一把旧时佩的刀，一盒过去吃过的腌菜，如果你还记得旧事，应该能明白朕的心意。"

杨坚饮食很少有肉，穿戴不用金银，出行仪仗也相当简单朴素，论起节俭来，他可以排在古代帝王的第一梯队。不过，杨坚的节俭主要体现在生活细节上，大兴土木的事他也干过。例如，开皇十三年（593年），杨坚到岐州巡游时看上了麟游镇的一块风水宝地，就让杨素在这里修建了一座仁寿宫。因为工程进度安排太紧，在工地上累死的工人足有几万，可后来杨坚临幸仁寿宫的次数两只手就能数过来。

可见，杨坚骨子里是喜欢享受的，只不过日常懂得克制，且面对儿子稍微带点儿"严以律人，宽以待己"。之所以会这样，是因为他很焦虑。

北周武帝宇文邕是个日理万机、励精图治的皇帝，却因为选了生活奢侈、性格粗疏的宇文赟做继承人，使得北周政权旁落、江山易主，而杨坚自己就是那个受益者。从心理学角度看，人很容易被过去的事情影响，负面的往事尤其容易在人的心里留下深刻印象，投射成对未来不好的想象。他不希望杨勇是第二个宇文赟，因此才对儿子提出很高的要求。他错了吗？立场没错，却少了同理心。

人是逐利的。富一代创业，富二代享受，这是事之常态，大多数"二代"都做不到像父辈创业时那样披荆斩棘、筚路蓝缕、艰苦奋斗。哪怕一代可以苦，二代可以苦，但最多到第三代，奢侈享乐也会成常态，所以才有了"富不过三代"的说法。

杨坚有自己的价值观，而且努力付诸实践，这是令人尊敬的，但是他把自己的观念强加到后代身上，未免少了些对人性的认知。可他是皇帝，是天下权柄最盛的人，对于他的要求，别人不能不从。

杨坚提醒杨勇收敛，并暗示杨勇要在行动上有所表示。如果杨勇有足够的政治敏感度，或者有靠谱的幕僚在旁提醒，那么他回到自己宫里的第一件事就应该是脱下那件蜀地的铠甲，给外界树立一个皇室崇尚节俭的形象，可杨勇太粗枝大叶了，一离开皇宫就把这事抛到了九霄云外。

杨坚左等右等，等来的只有失望，于是他开始对杨勇的太子之位产生疑虑。他觉得，杨勇要么是政治智慧不够，要么是压根不愿去做。

一个人一旦怀疑别人有罪，就会千方百计地寻找证据，来证明自己的猜测是正确的。

在古代，冬至是一个很重要的节日，朝廷通常会在这一天举行祭祀，外地的官员也会进京祝贺。

这一年冬至，朝臣先是朝拜了皇帝杨坚，随后便跑去给太子杨勇请安。杨勇向来热情好客。他在宫门口摆上礼乐仪仗，敲锣打鼓地把节日气氛炒热，随后堂而皇之地接受了文武百官的拜谒，和大家一起欢度节日。

这件事很快就在长安城传开了，杨坚也听说了，心里不由泛酸：这帮人拜见我的时候正儿八经，到了东宫却笑逐颜开，难道是杨勇的魅力比我大？还是朝臣在提前讨好杨勇？

杨坚心里疑窦丛生，最后实在无法忍受了，就把主管礼仪和宗庙祭祀的太常少卿辛亶叫到跟前。

杨坚问："近来百官都去拜见太子，这是什么礼仪？"

皇帝的话音刚落，辛亶就感到了危机。他思虑再三，小心翼翼地辩解道："陛下，百官确实去看望了太子，不过那不是朝拜，只是祝贺而已。""朝拜"有俯首称臣的意思，而"祝贺"属于普通的人际往来，两者有本质区别。

辛亶虽然极力为杨勇辩解，可仍然没有消除杨坚的疑心，杨坚并不接受他的解释："如果是祝贺，应该是三五人一组，稀稀拉拉地过去，为何文武百官这次去得如此整齐？连太子都穿着礼服迎接，还备了仪仗礼乐，这样合适吗？"

杨坚的一句话，把这件事定性为有组织、有预谋的行动。

三　兄弟阋墙

话说到这里，辛亶彻底蒙了，不知道该如何回答。见辛亶无言以对，杨坚向下传达旨意："太子虽是国之储君，但也同样是朕的臣子。地方官员可以在冬至来京朝贺，进献辖地特产，但是再送一份给太子，那就不符合制度了，应该全部停止。"

杨勇性格粗疏，长期生活在较稳定的政治环境中，无法及时捕捉到杨坚变化的心思。此后杨勇仍我行我素，而杨坚对杨勇"恩宠始衰，渐生疑阻"。

没过多久，又发生了一件事。杨坚让高颎从东宫抽调几个身体强壮的侍卫进宫，高颎回道："臣担心陛下把侍卫调走，东宫的防务质量会下降。"话音刚落，杨坚勃然大怒，大声斥责道："朕时常外出巡幸，身边的人必须身强力壮，太子整日待在宫中，只要修行仁德就够了，哪需要这么多侍卫？"

杨坚不会无缘无故地关心东宫的武装力量，说这种话自然是已经产生了防备杨勇的心了。鉴于杨勇粗犷的性格，他听不出话外音，情有可原，可高颎是朝廷最资深的大臣，历经宦海浮沉，居然也没有捕捉到杨坚的政治暗示，只能说是太平宰相做久了，丧失了政治敏锐度。而且，高颎的三子高表仁娶了杨勇的女儿大宁公主，杨勇又娶了高颎的女儿，两家亲上加亲，不管于公于私，高颎都应该小心应对，避免为两家招来祸端。可高颎的一番操作，不仅坑了杨勇，自己也成了杨坚怀疑打击的对象。

杨勇不知道老丈人在无意间坑了自己一把，依旧大大咧咧，做着逍遥快活的太子，却不知危机即将来临。

如果说杨坚对杨勇是怀疑，那么独孤皇后对杨勇就是多有不满了。

独孤皇后拥有汉族门阀基因和鲜卑族血统的双重加持，既有知书达理、温柔体贴的一面，也有霸道强势、说一不二的一面。结婚之后，她让丈夫杨坚给出承诺，一生只能有她一个女人。当时杨坚满口应承，做了皇帝后的大部分时候也遵守昔日的诺言，独宠独孤皇后一人。

杨坚和独孤皇后伉俪情深，他们相互扶持，渡过了一次次危机。早先杨坚遭到北周皇室的猜忌打压，差点丢了性命，是独孤皇后抛头露面，为他在宫廷之中斡旋，还鼓励他，支撑他走出了低谷。后来杨坚称帝，每逢上朝，独孤皇后都会和他同乘一车，送他出行，风雨不误，等杨坚下朝又与他一起回宫。杨坚对独孤皇后充满依赖和感恩，两人既是有共同政治利益的同盟，又是感情深厚的夫妻。

杨坚自认为自己的婚姻模式是成功的，因此想把自己的婚姻观强加到几个儿子的身上，但考虑到皇子们肩负着为杨家开枝散叶的重任，便适当放松了要求：可以娶妾，但必须宠爱正妻。

早在杨坚做皇帝之前，独孤皇后就给杨勇选了一位正妻元氏。元氏出身西魏贵族家庭，和杨家门当户对，杨坚夫妇正是看中元家家世，才给长子杨勇定下了婚事。然而，或许是讨厌政治联姻，或许是不喜欢元氏的性格，虽然在一个屋檐下生活，杨勇却对自己的这位正妻没有多少感情，结婚多年，元氏始终未能生下孩子。

比起正妻元氏，杨勇更喜欢姬妾云氏。云氏出生在一个普通的家庭，父亲云定兴是个手艺人，平日里靠给长安的达官贵人做饰品谋生。她与杨勇相识于民间，因为貌美被杨勇纳为妾室，之后一直备受宠爱，短短几年就给杨勇生下了杨俨、杨裕、杨筠三个儿子。大隋建立后，杨勇成为太子，云氏加封号"昭训"，后世便多称其为"云昭训"。

开皇十一年（591年），太子妃元氏去世，杨勇把东宫事务交给云昭训，让她全权处理，而云定兴则以岳父的身份出入东宫，时常顺手盗走宫内价值不菲的珠宝、丝绸等物。渐渐地，长安城中有了一种传言，说元氏是被云昭训、云定兴和杨勇联手害死的。独孤皇后对此也有怀疑，但为了维护皇家颜面，最终选择了隐忍不言。

除了云昭训，杨勇的其他姬妾也颇多产育，如高良娣生下了杨嶷、杨恪，王良媛生下了杨该、杨韶，成姬生下了杨煚。皇室添丁，子嗣满堂，可独孤皇后却开心不起来。杨勇对父母给他选的正妻弃之如敝屣，却上赶着宠爱出身低的姬妾们，此行此举不只违背了独孤皇后坚持的婚姻观，也是在挑战父母的权威。

于是，只要母子见面，独孤皇后就会训斥杨勇，还在言语间暗示元氏是被杨勇故意整死的。杨勇从不为自己辩解，也从不把母亲的话放在心里，回到东宫就继续寻欢作乐。后来，不知名的宫女又给他生下两个儿子，取名杨孝实、杨孝范。

独孤皇后给过杨勇机会，可杨勇一没有给出解释，二没有解决母子矛盾，反而让母亲对他的不满情绪不断积压、发酵。终于，独孤皇后失去了耐心，在心里给杨勇判了"死刑"。

独孤皇后把自己的想法告诉了杨坚。如果只是单纯的宠妾灭妻，杨坚不一定会对杨勇有太大意见，可杨勇不服管教、放纵不羁、随心所欲的性格实在让人生气，杨坚的心也有了偏向。他对独孤皇后的话深表赞同，最后不禁开始犹豫：杨勇适合继承大隋的基业吗？

杨勇的本性不坏——仁厚有爱，不嗜杀，不猜忌，这在历代的太子中属于正常偏上的水准，如果有贤臣辅佐，做一任守成的帝王应该绰绰有余。其实，如果杨坚夫妇只有杨勇一根独苗，他们恐怕也不会如此挑剔，问题就在于他们还有其他的选择。

这个选择，就是晋王杨广。

被低估的短命王朝：隋朝37年

晋王杨广的谋划

开皇十九年（599年）前后，独孤皇后派人监视杨勇的生活起居，试图抓住他的把柄。宫廷之内哪有什么秘密可言？独孤皇后的行为被人知晓，而杨坚夫妇不看好杨勇之事也很快传遍了长安城。

这是一种政治信号，一旦被释放出来，势必会引起轩然大波。此时晋王杨广远在扬州，他敏锐地捕捉到了长安的异常。

杨广是个温文尔雅的帅哥，脑子灵活，城府很深，很在乎别人对他的评价，因此表面功夫一直做得很漂亮，《隋书》称其为"尤自矫饰"。

有一次，杨广带着士兵围猎，忽然天降大雨，下属赶紧拿来防雨的油衣，杨广见了很不开心地说道："将士们都在淋雨，我能独自穿着油衣吗？"

灭陈之战，杨广担任主帅。那时候打仗，主帅为了奖励下属、激励士气，通常会对士兵四处劫掠的行为睁一只眼闭一只眼，可杨广拿下建康后下令封锁府库，没有贪占城中一针一线。经过这件事，所有人都夸杨广是个贤王。

开皇十年（590年），高智慧在江南造反，杨坚为了安抚南陈的遗老遗少，命杨广担任扬州总管，坐镇江都。接下来的十年时间，杨广一直在江都生活，每年只回长安探亲一次，直到开皇十九年（599年）长安有变，杨广才找机会返

三 兄弟阋墙

回长安。

这么多年,杨广一直远离权力中心,没有讨好父母的机会,但换个角度考虑,有时候距离远未必是一件坏事。所谓"距离产生美",如果天天待在一起,很快就会失去新鲜感,优点会成为理所当然,缺点则越发显眼。

杨广长时间远在江都,杨坚夫妇对他的印象有很多源自他之前还在长安时的表现。当时杨广知道杨坚讨厌骄奢淫逸,便在父母来府中做客的时候故意保留古琴上的灰尘,并弄断琴弦,还让人撤掉精美的屏帐,换成素色的布帛。为了迷惑独孤皇后,杨广又命年轻漂亮的奴婢躲到偏室,只让年老的奴婢在旁边伺候。这番操作果然让杨坚夫妇非常满意,杨坚回宫后对大臣大力夸赞杨广,说他作风简朴。

杨坚夫妇经常派宫女到杨广的晋王府,不管是谁来,杨广和他的正妻萧氏都会到大门口亲自迎接,用好饭好菜招待,临别的时候还会送上一份礼物。宫女都是身份卑微的下人,却能得到晋王府的礼遇,自然对杨广夫妇交口称赞。

优秀的人很多,但懂得包装和营销自己的就少见了。杨广做这些面子功夫,虚伪作假的成分肯定有,不过站在他的立场上看,为了赚得父母的好感做这些事,倒也无可厚非,何况他没有下手害人。至于杨勇被父母嫌弃,纯粹是杨勇自己的问题。

不过,如果只在这些生活细节上展现品德,是无法彻底打动杨坚和独孤皇后的。杨广和萧氏的伉俪情深,才是让父母对他另眼相看的重要原因。

晋王妃萧氏是西梁明帝萧岿的女儿,正经的皇族公主,因为出生在二月,江南风俗认为二月出生的人不吉利,萧岿便让弟弟萧岌抚养萧氏,萧岌去世后,萧氏流落到舅舅张轲的府中。张轲虽然身份贵重,却没有得到过皇室的照顾,家中十分清贫,萧氏很小就过着接地气的平民生活,思想早熟,性格谦虚低调。

开皇四年(584年),萧氏为杨广生下长子杨昭。开皇五年(585年),萧氏生下老二杨暕。开皇六年(586年),萧氏生下长女南阳公主。从这个生育频率可以看出，杨广和萧氏的感情应当是很不错的，与杨勇和元氏形成了鲜明对比。而他们的感情除了屡屡生育，还有诸多细节可为佐证。例如有一次，萧氏得了一种怪疾，身体备受摧残，痛苦难耐，看了许多名医却始终无法痊愈，杨广为此特意把当时隐居庐山的佛教天台宗智颛大师请来给萧氏祈福。智颛大师带着僧侣建斋七日，萧氏的身体终于痊愈，杨广喜极而泣，专门设宴庆贺。

夫妻恩爱，彼此忠诚，杨坚夫妇怎能不喜欢杨广？想想看，杨坚和独孤皇后相互扶持，使得新建立的大隋王朝蒸蒸日上，如果以后杨广夫妇也能携手共进，大隋的前景岂不是光明一片？一个是满身毛病、后宅不宁的太子，一个是德才兼备、爱妻尊妻的贤王，不管是谁都会选择后者。

有一次，杨坚和大臣韦鼎聊天，问道："朕的几个儿子，你看谁会继承大统？"韦鼎是当时著名的阴阳学家和相学家，曾经断言陈武帝陈霸先和杨坚有帝王之气，后来都应验了。但如今天下大定，杨坚大权在握，韦鼎不敢乱说话，怎么回答需要先考虑杨坚的想法。

如果说杨勇会做皇帝，就显得韦鼎看不清楚局势；可如果说杨广有机会，韦鼎又怕杨坚起疑心，翻脸无情。所以，韦鼎选择打个太极，避重就轻："陛下和皇后最喜欢谁，自然就会把太子之位给谁，这不是臣轻易敢预测的。"杨坚听了大笑："你看你，就是不肯挑明了说！"

经过这番谈话，杨坚和韦鼎已经心照不宣——大隋要换太子了。

易储是大事，即便身为皇帝，杨坚也无法独断专行，还需要征询高颎和杨素两位重臣的意见。于是杨坚又拿同样的问题去问高颎，并且专门提到一件往事，说晋王妃萧氏曾经梦到神仙给她托梦，说杨广有天子之相。

就算萧氏真的做了这种梦，她又怎么会广而告之？这分明是杨坚为了换掉杨勇的太子之位故意编排的。高颎心里十分清楚，于是直接回怼："长幼有序，怎能因为这事就更换太子？"

高颎是杨勇的岳父，肯定站在女婿一边，可独孤皇后厌恶杨勇，一门心思搜集杨勇的过失，想拉杨勇下马，高颎自然就成了独孤皇后的政敌。不巧的是，高颎本人也得罪了独孤皇后。

高颎晚年丧妻，独孤皇后想给他找个老伴儿，可高颎搪塞说自己已经是个糟老头子，下班回家只想吃斋念佛，拒绝了独孤皇后。嘴上这么说，实际上高颎在家里常和小妾厮混，还偷偷生了好几个孩子。独孤皇后知道此事后越发厌恶高颎，对杨坚说："高颎是个伪君子，你还能信他吗？"

除了独孤皇后，还有不少人也记恨高颎。

杨坚想征讨辽东的高句丽，让高颎做汉王杨谅的副手，可高颎不主张和高句丽开战，最后在杨坚的逼迫下才勉强上了前线。军前指挥之际，高颎总是过于强势主动，汉王杨谅与他屡有冲突。就这样，高颎又得罪了一位桀骜不驯的王爷。

这一次征讨高句丽，隋军无功而返，必须有人为此承担责任。独孤皇后想保护儿子杨谅，就把脏水泼到了高颎身上："皇帝你看，高颎本就不想打仗，我就知道让他去前线也是敷衍了事，这下应验了。"

此时恰逢勋贵王世积获罪，有关机构前去审问，结果王世积说了很多宫廷秘闻。这不是寻常事，细问之下人们发现，这些秘闻竟然都是高颎告诉王世积的。

古往今来，没有任何一个皇帝能容忍大臣泄露宫廷秘密，哪怕这个大臣是开国功臣。高颎的政治立场和杨坚夫妇发生了冲突，双方已经背道而驰，后来又有征讨高句丽不成的事，加上独孤皇后把偷奸耍滑、虚伪狡诈的帽子扣下来，杨坚动摇了。没过多久，杨坚罢免了高颎的所有官职，杨勇失去了最后一个保护伞。

杨广心思机敏，察觉到杨勇已经失宠，但更换太子依旧不是容易的事。坐等天上掉馅饼不如主动出击，他决定推波助澜。

在长安待了一段时间，杨广又要返回扬州了。独孤皇后面临母子离别，又想到杨勇的叛逆和杨广的贴心，不免伤心动容。此情此景，换成任何一个人都懂得把握时机，更不用说"人精"杨广了。

杨广抓着独孤皇后的手，痛哭流涕道："母后，儿臣是个愚钝的人，和兄弟一直和睦相处，最近也不知哪里得罪了太子，惹得他满口怨言，声称迟早要杀了我。现在儿臣是日日担心，夜夜惊惧，唯恐遭人暗算。"

独孤皇后听完，恨恨地说道："太子越来越过分了！我给他娶了元氏，他竟然不以夫妇礼待之，反而宠信云氏。之前元氏去世，我就怀疑是被他毒害的，但思来想去，还是没有追究此事，为什么他又对你生出如此念头？我还活着他就如此，我死之后，他就该害你们几个兄弟了！每每想到东宫没有正室，他要让你们兄弟几个在你们父皇百年之后跪拜云氏，我就觉得无比痛苦。"

为什么说杨广聪明绝顶呢？因为他对敌人可以实施精准打击。要想扳倒一位太子，仅给他扣上贪财好色、性格偏激等罪名是远远不够的，而杨广对着母亲说自己的性命受到太子威胁，这罪名就致命了。

人在脾气上头的时候很难保持理性，在厌恶一个人的时候就更不会为他开脱了。独孤皇后没有调查杨广的指控，心里已经给杨勇定了罪。《隋书》《资治通鉴》记载："此别之后，知皇后意移，始构夺宗之计。""自是后决意欲废勇立广矣。"

杨广想做太子，除了得到老妈的力挺，还需要有重臣为他摇旗呐喊。可他做了十年的扬州总管，平时远离长安，和朝中大臣的关系不近不远，如果贸然找他们聊夺储位的事，闹不好会自己先翻车。

为了和长安的朝臣搭上线，杨广只能继续暗暗筹谋，他想到了一个人——寿州总管宇文述。

宇文述是鲜卑人，根正苗红的关陇子弟，其父亲宇文盛（非周武帝宇文邕之弟宇文盛）是宇文泰的亲信。宇文述性格谦虚，做事沉稳，后来得到北周权臣宇文护的青睐，做了国公爷。

宇文述曾经找人给自己看相，相师告诉他："您好生自爱，以后必能位极人臣。"身在北周，这个目标似乎很容易就能实现，宇文述十分憧憬自己的未来，但他没想到，杨坚的一场政变改变了北周的国运，也改变了他宇文述的人

三 兄弟阋墙

生轨迹。

新旧政权交替，必然会带来权力的重新洗牌，而在这场权力争夺战中，宇文述没能傍上杨坚这棵最粗壮的大树。换句话说，宇文述不是新皇帝杨坚的亲信，他掉队了。

后来宇文述参加灭陈之战，立了大功，这才有机会做了安州（今湖北安陆市）总管。隋朝总管府的前身是北周和北齐的都督府，是朝廷为更好地管理南陈旧地和北齐旧地而专门设置的组织。在地方，总管府军权和行政权一把抓，地位凌驾于州府之上，比如宇文述的安州总管府就管理着八个县，还是有些实权的，但这种职务离宇文述位极人臣的理想还差着十万八千里，他自然是不满意的。

得不到杨坚的重用，宇文述决定找找其他的出路。投靠太子杨勇是一个选择，但长安有传闻，杨勇被皇帝猜忌，恐怕地位不稳。而且杨勇身边已经有大批亲信，现在投靠他也只能算锦上添花，依旧得不到重用。于是宇文述退而求其次，转而巴结晋王杨广。

宇文述的行为，古代的说法叫"烧冷灶"，如今则叫"风险投资"，他赌的是杨广的命数。这种行为并不罕见，在此几百年前就有个"烧冷灶"的高手吕不韦，他把自己的全部身家押在一个叫子楚的秦国质子身上，后来赌赢了，赚得盆满钵满。

面对宇文述的投诚，杨广自然不会拒绝。他特地将宇文述调到寿州（今安徽寿春县）任总管，那里离扬州更近。

宇文述告诉杨广，杨勇早就失去了皇帝的信任，被废是迟早的事，要想加速这一进程，还需要一些力量推动，而朝中真正能影响皇帝决策的大臣杨素就算一个。正好宇文述与杨素的弟弟杨约有些交情，可以由此联络上杨素。

宇文述为什么选杨素？因为当时大隋朝堂上的一号人物是尚书左仆射高颎，而且他还是杨勇的老丈人，和杨勇绑定得很深，基本没有倒向杨广的可能。杨素如今是尚书右仆射，被高颎压着一头，如果日后杨勇做了皇帝，杨素不会得到半点好处，依旧是千年老二，但如果登基的是杨广，杨素就有了升职的可能性。

这些年，杨素凭借从龙之功位极人臣，还利用杨坚的猜疑心理铲除了史万岁等政敌，扶持自己的亲信上位，却也因为野心过大，引起了杨坚的警觉。宇文述笃定杨素是个聪明人，不会拒绝合作。

宇文述进京了，顺利和杨约搭上了线。在接下来的一段时间里，宇文述成了一个资深古玩爱好者，在家中摆满稀奇古怪的玩意儿，拉着杨约一同观赏。每逢此时，杨约就会问东问西，其实就是想让宇文述把东西送给自己，而宇文述则每每让他得逞。此外，宇文述还经常和杨约一起赌钱，每次都不露痕迹地把钱输给他。

可当无功受禄到了一定程度，任何人都会有愧疚感。因此，杨约找个机会约谈了宇文述，让他有话直说。

宇文述摊牌道："实不相瞒，送你的这些都是晋王的赏赐。"杨约大惊失色："晋王为何要这样做？"宇文述道："您不必感到惊慌。为臣者自然要遵守本分，但聪明人更应该懂得审时度势。你们杨家功高震主，这些年得罪了多少朝臣，大人你还数得清吗？如今皇帝尚在，自然可以庇护你们，可如果有一天陛下驾崩了，你们杨家该怎么办？"杨约一脸茫然："你到底想说什么？"宇文述继续道："太子失爱于皇后，陛下也有废黜之心，这你应该是知道的。晋王殿下宽厚，深得陛下和皇后的欢心，只要你们杨家鼎力支持，晋王必将永记在心。"

宇文述的一番话说到了杨约的心坎上，也戳中了他的痛点。回家之后，杨约将宇文述的话转述给大哥杨素。

独孤皇后想废太子，杨坚也对杨勇一看一个不顺眼，就差直接宣布废黜他了。杨素最懂权衡算计，思来想去，最终决定联合独孤皇后废掉杨勇，带领家族更进一步。

过了几日，杨素拜见独孤皇后。席间，两人说到了太子杨勇的不堪，杨素试探道："皇后，晋王杨广孝悌恭俭，和陛下一模一样。"独孤皇后流着泪说道："你说得很对。晋王宽厚仁义，每次我派人去扬州，他都会亲自出迎，以示尊重，而他每次从长安返回扬州，都会因为母子分离而悲痛不已。晋王的妻子萧氏更是惹人怜爱，每次我派去奴婢，她都能和她们同寝共食。"杨素听了，低头叹息不语。接着独孤皇后话锋一转，抱怨起杨勇来："再看看太子，每次我派人去看他，总发现他和云氏混在一起，旁若无人。杨勇就是个亲近小人、防备至亲骨肉的人！"

至此，两个人就达成了共识，即杨勇是如此不堪而杨广又是如此完美。杨素临走之前，独孤皇后还送给他不少钱财，希望杨素谋划废太子一事。《资治通鉴》记载："后遂遗素金，使赞上废立。"

被低估的短命王朝：隋朝37年

杨勇被废

独孤皇后和杨素的密谋，已经是大隋高层公开的秘密了。杨勇虽然大大咧咧，面对这样的局面也坐不住了。他向术士王辅贤请教，王辅贤告诉他，白虹贯东宫门，太白袭月，这是废太子的征兆。见杨勇着急，王辅贤给他出了两个主意，一是通过诅咒等巫术，消灾解难；二是在太子东宫里建个庶人村，搭几间茅草房，穿上粗布衣服过几天平民的生活，装装样子，与此同时东宫还要向外散布一则消息，就说太子洗心革面，重新做人了。

王辅贤的这套行动引起了杨坚的兴趣。当时杨坚在仁寿宫中度假，听到消息特意派杨素到东宫调查情况。杨素到了东宫的大门口，却没有着急进去，而是在门外盘桓。杨勇进行政治表演就是为了讨好爹妈，早就做好了杨素来查看的准备，可一直等到太阳下山也不见杨素进门。杨勇的情绪剧烈波动，他觉得杨素是故意让他难堪，于是满腔怒火地跑到大门口，将杨素狠狠地羞辱了一顿，然后转头又回了东宫。

杨素挨了一顿臭骂，心情却美极了，开心地回去交差："陛下，传闻不假，太子果然顽劣不堪。臣在东宫门口好好候着，可太子跑出来将臣羞辱了一顿。不难看出，太子的怨愤极大，陛下不可不提早防备。"杨坚听了这话，对

三 兄弟阋墙

杨勇刚燃起的一点儿希望瞬间消失得无影无踪。

接下来的几天，独孤皇后指使亲信监视杨勇的一举一动，还本着无罪变有罪、小罪变大罪的原则，把打探来的情况添油加醋地说给杨坚听，把杨勇形容成一个心怀怨恨的暴徒。听了这些话后，杨坚终于决定下手，防患于未然。他将太子左卫率苏孝慈调往淅州担任刺史，把东宫将领编进朝廷卫府。独孤皇后还派亲信监视东宫，要求连极小的事都要向她汇报。

其实，这种安排对杨勇来说也不完全是坏事。一来，杨坚剥夺了杨勇的兵权，让杨勇犯不了谋逆大罪，也算是一种变相保护；二来，以前是杨素和独孤皇后说什么，杨坚就听什么，现在则是宫中派人前去监视，就可以掌握杨勇更真实的动向，免受别人挑拨。

这是杨勇最后的机会，可杨广不打算让自己的哥哥翻过身来，他决定再努力一把，给杨勇来个火上浇油。

杨广命手下段达前往长安，从内部瓦解太子的根基。段达用金钱开路，很快就拿下了杨勇的近臣姬威。段达道："姬威，我知道你是太子的亲信，但我有一言相告。"姬威问："你想说什么？"段达答："太子失德，陛下早就心知肚明，废黜太子已成定局。如果你能站出来举证太子，就可以获得大富大贵。"树倒猢狲散，姬威为自己考虑，选择依言照做。

既然是为了给予致命一击，仅给太子构造一个罪过肯定是不够的，更劲爆的罪证还在后面，只等在关键时刻抛出。

开皇二十年（600年）九月，杨坚从仁寿宫返回长安。第二天，他亲临大兴殿，准备和朝臣商量一件大事。

杨坚意兴阑珊地说："朕刚从仁寿宫回来，按理说应该神清气爽、兴致高昂，可为何总是愁眉不展呢？"

吏部尚书牛弘道："都是臣等不称职，才让陛下忧思过多。"

这话说得多谦卑、多到位啊，可杨坚却十分不满。最近太子的事儿闹得沸沸扬扬，朝臣们应该都明白他的心思。方才他假作闲谈随口一提，不过是为了抛砖引玉，让朝臣先提出废黜太子的话题，没想到他们竟然如此不上道！

牛弘是隋朝著名的历史学家，皇帝的心思他岂能不明白？然而牛弘的心里还存着一丝幻想，想为杨勇再说点好话。朝中这么想的不止牛弘一人，大殿内的气氛逐渐变得诡异起来：皇帝想说太子的坏话，朝臣们却憋着一口气，不愿配合皇帝。

杨坚只好自己继续说下去："仁寿宫离长安不远，可朕每次回来的路上都得提前安排保卫工作，搞得紧张兮兮，就像进了敌营。朕身为天子，晚上睡觉居然都不敢脱衣服，昨晚朕想上厕所，也不敢跑得太远，你们说这都是为了什么？"

大臣们唯唯诺诺，依旧不接话。独角戏不好演，杨坚略显尴尬，但已经到了这一步，已经是箭在弦上，不得不发了。只听杨坚一声大吼："太子左庶子唐令则何在？"唐令则应声出列，杨坚怒气冲冲质问他："东宫最近发生了那么多事，难道你一无所知吗？太子之所以走到今日，都是你们这些近臣平日里不规劝他向善的缘故，你知罪吗？"

直到此时，朝臣终于明白皇帝是真的打算拿太子开刀了，却也有点摸不着头脑，不知道杨坚这次怒从何处起。杨坚命人把唐令则押下去严加审讯，然后让杨素向朝臣说明情况。

杨素正色道："臣奉陛下的旨意，回京让太子捉拿刘居士的党羽，不料太子却说刘居士的余党都已伏法，他没办法捉拿，还扬言道，我杨素才是朝廷的尚书右仆射，应该由我去调查，此事和他太子府没有半点的关系。"

刘居士是贵族子弟，长安有名的恶霸，后来被人举报造反，杨坚便将他处死了。事实上，刘居士谋反本就是子虚乌有的事，让杨勇捉拿其党羽纯属没事找事，可杨勇的拒绝在此时显得格外扎眼。

接着，杨素继续拱火："太子激动之余还说起了往事。他抱怨说，陛下当年谋夺北周权柄，稍有不慎他就是第一个死的人，如今在朝中地位反倒不如几位弟弟。"

杨坚听到这里，对群臣说："朕早就觉得太子不能继承皇位，皇后也曾劝朕废黜他，不过他毕竟是嫡长子，朕希望他能改正错误，为其他兄弟做表率，因此一直忍让。朕不介意给你们说几件事。有一次，太子指着皇后身边的侍女说，她们迟早都是他的，这岂是为人子该说的话？太子妃元氏去世的时候，朕怀疑是他暗中下毒，为此曾经问他，可他却说，太子妃的父亲该死。后来朕的长孙杨俨出生，朕和皇后非常喜爱他，想将他抱进宫抚养，可太子却担心因为元氏一事朕和皇后会害孩子，居然屡次派人前来索要。"

群臣听得默然。杨坚顿了顿，又说："朕虽然不是尧、舜那样的贤明之主，可终归知道不能把江山社稷托付给这样的儿子。朕经过深思熟虑，决定废黜太子杨勇。"

杨坚对杨勇的指控究竟是不是确有其事，我们无从得知，不过从当时人们的反应来看，恐怕有些水分，因为杨坚的这番言论引起了部分朝臣的质疑和反对。左卫大将军元旻就劝道："陛下！废太子是国家大事，您如果颁布诏书，再后悔可就来不及了！希望陛下可以再派人仔细调查这些事情。"

杨坚避而不答，反而又叫出一人来："姬威，你给大家说说吧。"

姬威是太子近臣，杨坚让他入宫，摆明了是早有预谋。而有了皇帝做靠山，姬威说起话来底气十足：

"太子跟我说过，想从樊川到散关（今陕西西安南到宝鸡一带）划一块地出来做禁苑，就像汉武帝修建的上林苑一样。太子还说：'东方朔曾经劝汉武帝不要做这事，因此得了许多赏赐，这真是太可笑了。本太子没钱做赏赐，谁敢出来反对，我就杀了他，杀上百十来个人，耳根子也就清静了。'先前，太子左卫率苏孝慈被解除官职，太子气得浑身发抖，他挥舞着胳膊，扬言绝不会忘记此事，还发誓迟早有一天会找补回来。

"还有一次，太子找尚书省要东西，官员按照制度没给他，他愤怒之余扬言会找机会杀掉这几个尚书省的官员，让他们知道怠慢太子的下场。

"太子曾经请了一批女巫到自己宫中，暗中诅咒皇帝，说开皇十八年（598

年）就是父皇的忌日……"

杨坚打断了姬威的话："够了。谁不是父母所生，谁不是父母所养？杨勇昏聩暴虐到如此地步，朕如何能够再容忍他！即刻下诏，将太子和诸位王子囚禁起来！"

这下所有人都明白了，太子被废已成定局，只差把证据进一步坐实。

杨坚命杨素前往太子东宫调查取证。杨素明白，想彻底扳倒太子，寻常的证据没有用，和谋反挂钩才是最致命的。于是杨素派搜查队在东宫展开了细致的搜索，最后真的找到了一些东西：几千个火燧，几斛艾绒，千匹骏马。

其实，这些玩意儿都有来历。之前杨勇外出游玩，发现了一颗粗壮枯萎的槐树，便下令砍伐此树，将它做成了数千个火燧，打算赏给下人。而艾绒虽然易燃，却一般被拿来灸用，只能算一味中药材，和造反也没有半点关系。杨素最终将话题引向了那些马匹："太子殿下在宫中养了千匹战马，难道不是为了造反吗？"旁边的姬威也道："太子说过，要把仁寿宫围起来，饿死皇帝陛下。"

千名骑兵就能包围皇宫、饿死杨坚吗？杨勇闻言又气又恼，反驳道："杨素，听说你家养了几万匹战马，如今我只养了千匹马就是造反吗？"杨素本来就是强词夺理、恶意诬陷，自然没脸和杨勇辩论下去，于是咆哮道："将太子这里所有的精美家具全部搬到皇宫中去，让文武百官观赏观赏！"

杨素这是要让百官觉得杨勇贪图享乐，不适合做储君。杨勇对此没有一点还击之力，他终于明白，自己要彻底完了。

开皇二十年（600年）十月初九，杨坚召文武百官、皇室宗亲入宫，同时命杨勇赶赴武德殿。此时，废太子的诏书已经拟好，只差公之于众。杨坚在宫中安排了数十名全副武装的禁军将士，现场氛围极其肃穆。杨勇进殿后，还没来得及行礼，内史侍郎薛道衡便宣布了杨坚的旨意：将皇太子杨勇连同东宫的王子公主全部贬为庶人。

虽然已经预先想过，但文武百官还是感到震惊，也感到惋惜，唯独杨勇本人脸上波澜不惊。经历了这么多事,他已经从刚刚面临废太子风波时的绝望中走了出来。宣读诏书的官员话音刚落,杨勇就面带嘲讽叩谢道:"儿臣早就应该被斩首弃市,幸亏陛下垂怜,才苟活到今日。"说罢,他转身离开了武德殿。

群臣望着殿上的杨坚,谁也不敢乱发言。此时,杨勇的长子杨俨站了出来,情真意切地恳求道:"皇爷爷,我愿意做您的侍卫,以此为父王赎罪。"人心都是肉做的,面对皇孙的求情,杨坚还是犹豫了。

时间在一点一滴地流逝,大殿内的官员们屏住呼吸,心中升起希望,等待杨坚宣布决定。可就在这时,突然传来一道声音:"陛下,这种事都是除恶务尽,绝对不能留下任何祸患。"循声望去,说话的人正是杨素。

这一刀补得真够扎实。开皇二十年(600年)十月十三日,杨坚下诏,处死左卫大将军元旻、太子左庶子唐令则、太子家令邹文腾、太子左卫率司马夏侯福、典膳监元淹等人。属于前太子杨勇的势力就此烟消云散了。

杨坚称得上是一代明君,可明君不一定会管教孩子,也不一定对事事都能明察秋毫。至少在废黜杨勇一事上,杨坚就被独孤皇后和杨素误导了。但杨坚有句话说得很到位:太子府的一些官员非常失职,他们不仅没有帮到杨勇,还不停地推波助澜,最后让他走向深渊。就拿唐令则来说,他明明是杨勇身边最重要的谋臣,却没事就带着琵琶进宫给太子弹奏,把堂堂太子的东宫搞得乌烟瘴气。从这个角度看,他死得并不冤。

抛开唐令则等不称职的官员,左庶子裴政、右庶子刘行本、太子洗马李纲倒是货真价实的谏臣,可杨勇亲小人远贤臣,觉得谁能让他开心谁就是好人,因此对这三位谏臣的话从来都是左耳朵进,右耳朵出。这么看来,杨勇被废冤枉吗?似乎也不算太冤。

杨勇倒下了,太子之位不能空悬,谁来做新的太子呢?没有人拥有上帝视角,在当时的情况下,不管怎么看,作为杨勇对照组的晋王杨广都是最合适的人选。他成熟稳重、礼贤下士、孝顺友爱,简直就是一个标杆。

开皇二十年（600年）十一月，杨坚下诏，立晋王杨广为皇太子。为了避免重蹈杨勇的覆辙，杨广收敛锋芒，行事低调，敬事父母。

没几天，杨广就主动上表对杨坚说："儿臣认为，以后东宫幕僚不能再对儿臣称臣。"杨坚拿着这封奏表读了一遍又一遍，感到十分受用，深觉杨广就是自己理想中的接班人。后来，杨坚把监管杨勇的权力交给了他。

杨勇在武德殿上嘲讽杨坚后直接离去，十分潇洒，好像是看破了红尘，可一想到历史上大部分废太子的结局只有死路一条，就又后悔起来。杨勇想要求见杨坚，但这得经过杨广同意才行，于是他只能求到杨广头上："二弟，麻烦你给父皇说说，我想见他一面。""二弟，哥哥冤枉啊，你能帮帮我吗？"

一个双手端着猎枪的猎人，怎么可能放猎物一条生路呢？但杨广的人设是厚道老实，自然不能让人产生怀疑，留下话柄。于是每次杨勇提出请求，杨广都会表示理解，并且答应替他传话，只不过没有一次付诸实践。

无奈之下，杨勇只好爬到树上朝宫内大声喊叫，希望引起父皇的注意。杨坚自然是听不见的，但杨素觉得不能放任杨勇闹下去，于是对杨坚说："陛下，臣听说废太子杨勇的精神状况不太好，像是遭到恶鬼缠身了，为了您的安全着想，您还是不要去搭理他为好。"杨坚深以为然，何况他已经找到了太子之位的接替者了，于是对杨勇的见面请求置之不理。

枪打出头鸟

杨勇虽然已经被扳倒了，可对杨广来说，只要杨勇还活着，就是一颗定时炸弹，保不齐哪天杨坚心一软，就会把他放出来，到那时候可就麻烦了。还有蜀王杨秀和汉王杨谅，杨广想起他们，脑袋里就嗡嗡作响。

按规矩，皇位该由嫡长子继承，可杨广靠阴谋诡计把大哥杨勇踢出了局，自己上了位。既然杨广能做太子，其他人为什么不能呢？他的兄弟们对这个结果当然不服气，尤其是蜀王杨秀。

杨秀和杨广一样姿容俊美，性格豪爽，胆识超群，在朝野上下有很高的名望。如今杨秀正担任着益州总管，一直在蜀地生活。因为远离长安，缺少监督，杨秀行事无忌，出行的车马、居住的宫殿、身穿的服饰都逾越了制度的规定。不仅如此，杨秀还让杨坚批准他扩充王府的编制，增加王府的官员，简直就是把"野心"两个字写在了脸上。杨坚早前就曾对独孤皇后说，他活着的时候杨秀不会怎么样，但等杨勇登基称帝，杨秀必定会造反。为此，杨坚屡次派人谴责杨秀，还剥夺了他的部分封地。

听说大哥被废、二哥上位，杨秀心里充满了不甘。都是自家兄弟，别人不知道杨广的真实脾性，杨秀能不知道？他开始时常表现出对杨广的不满。杨广时刻记得父皇曾说杨秀以后一定会造反，因此对杨秀极不放心。

杨广把自己的忧虑讲给杨素听，两人一合计，决定除掉杨秀。随后，他们派遣一批批亲信奔赴蜀地，搜求杨秀的罪证。之后，杨素拿着这些"证据"很有技巧地时不时参奏一回。

杨坚对杨秀早有不满，如今见罪证确凿，便下令召杨秀回长安。杨秀预感回去没有好果子吃，想要赖不听调令。仁寿二年（602年）七月，杨坚封原州总管独孤楷为益州总管，命他接管杨秀的兵权，杨秀这才启程回长安。走到半路，杨秀越想越觉得不对劲：父亲是什么样子他比谁都清楚，几年前秦王杨俊就是被父亲活活逼死的！

杨俊本来是个好孩子，因为灭陈有功，被封为并州总管。后来，杨俊在辖下修了几座豪华的宫殿，杨坚听闻后就以奢侈为由免去了他的职务，命他返回长安闭门思过。大臣们都觉得杨俊是亲王，修几座宫殿属于正常消费，杨坚没必要拿此事做文章，可杨坚觉得王子犯法与庶民同罪，不愿赦免杨俊。

然而仅仅两年后，杨坚就给自己修建了避暑离宫——仁寿宫，为此几万民夫累死在工地，他多年来为自己树立的"勤政节俭"的形象也因此一事轰然倒塌。即便如此，杨坚还是拒绝赦免杨俊。

杨俊在府中幽闭十年之久，开皇二十年（600年）五月，年仅三十岁的他因长期抑郁重病不起。看破红尘的杨俊写了一封情真意切的奏表，希望缓和父子关系，没想到杨坚看到奏表不仅没有丝毫怜惜和悔过，还回信斥责道："朕辛苦一生换来君临天下，制定制度约束臣民，你是朕的儿子，不带头遵守，反而破坏它，朕都不知道该如何处置你！"杨俊心如死灰，一个月后黯然去世。

往事历历在目，杨秀思来想去，决定原路返回，重新夺回益州的控制权。然而到了城外他却发现，独孤楷已经布下天罗地网严阵以待。起兵造反是死路一条，回长安认错或许还有活路，杨秀无奈，只能北上，只不过在路上依旧磨磨蹭蹭，一直到十月才到达长安。

三 兄弟阋墙

父子见面，杨秀痛哭流涕，磕头认错，而杨坚一直沉默不言，既不谴责，也不宽慰，只说让杨秀先回府休息。

按杨坚的意思，秦王杨俊生活奢靡，他用为父之道训斥，而杨秀在益州残害百姓，他应该用为君之道来制裁。这么看来，蜀王杨秀的下场恐怕要比秦王杨俊更惨，这让朝臣感到非常恐惧。大家都劝杨坚没必要对自己的亲生儿子如此严苛，如果执意要处置杨秀，依照杨秀的桀骜性格，恐怕很难保全性命。可杨坚已经进入了一种偏执的状态，他怒吼道："朕把杨秀当街处斩也不为过，谁再多言就割掉他的舌头！"随后命杨素搜集罪证，打算给杨秀定罪。

把儿子交给敌人处置，这可算是送羊入虎口了。最懂杨坚逆鳞的莫过于杨广，他给杨素出了个要命的主意。

杨广命人做了个布娃娃，在上面写上杨坚和汉王杨谅的名字，用针刺进布娃娃身体，埋在华山脚下，随后吩咐杨素把它挖出来。杨素拿着娃娃向杨坚复命："陛下，杨秀对您心怀不满，暗中诅咒您和汉王。他还在京城散布谣言，说蜀中出现了不少祥瑞，暗指他有天子之相。"

这一番操作让杨秀直接成了十恶不赦的逆子。仁寿二年（602年）十二月，杨坚贬杨秀为庶人，将他幽禁在内侍省，不允许他和妻子见面，并株连了不少和杨秀来往密切的大臣。对于父亲的冷漠寡情，杨秀心知肚明，他已经放弃了求生，只说还有一个要求，就是希望杨坚能允许他和老婆孩子见上一面，并在他去世后赏他个好点儿的坟墓，让他的尸首能有个安置的地方。可杨坚不仅不予理会，还再次下旨，重申了杨秀的十条罪状，并讽刺道："朕为什么要答应你？朕都不知道你口中的杨坚和杨谅到底是谁。"

此时，秦王杨俊、独孤皇后已经相继去世，废太子杨勇被幽闭，杨秀也即将身死，杨坚只剩下杨广和杨谅两个儿子了。杨坚思及此，最终没有对杨秀下毒手。

想想杨坚曾经放出豪言，说他的五个儿子都是独孤皇后所生，隋朝不会像前朝一样发生兄弟内斗、骨肉相残的悲剧，现在看来，他的话还是说得太早了。而在事情发展的过程中，问题正出自杨坚和独孤皇后自己。

其实，杨勇友爱厚道，杨广聪明智慧，杨秀胆气豪壮，杨俊仁恕慈爱，杨谅更是家人的掌中宝，如果父母做得好，几个皇子恐怕不一定会做出内斗的事。杨广确实有心机，可他动手的前提是杨坚和独孤皇后已经有了废太子的想法，还几乎把想法摆在了明面上。杨坚和独孤皇后始终以自己的喜好去约束皇子，而且为了树立严刑峻法的威严，对亲生儿子也过度执法，最终酿成悲剧。

官僚集团、外戚集团和皇子集团是隋朝的权力三角，每一次政局变动，三方势力都会重新洗牌。现在杨勇被废，杨秀被囚禁，杨广做了太子，大隋变天了。

要说开皇年间的立储之争谁是背后最大的赢家，那一定是杨素。开皇十二年（592年），杨素是尚书右仆射，官居正二品，尚书左仆射高颎是他的顶头上司。杨勇倒台后，高颎被迫下野。仁寿元年（601年），杨素终于如愿以偿，实现了官场上最难的也是最后的半级跳，成了一人之下万人之上的权臣。

此时，距离杨素上次升官已经有十年之久。因为扳倒太子有功，他的弟弟杨约，甚至是他的叔叔辈、子侄辈也都跟着鸡犬升天。杨家一门官居尚书、刺史之职，头顶柱国、公卿荣誉的男性如过江之鲫，家族拥有的土地广袤到无法丈量，府库中存放的钱财多到无法估计，依附杨家的大臣不计其数，杨家成了名副其实的超级政治家族。

如果说杨素对付杨勇、收拾杨秀是为了向杨广表忠心，那么借杨勇的事大肆株连，收拾史万岁、柳彧等重臣，不停地招揽大臣，就是为了他自己了。

朝中有不少人对杨素的所作所为深恶痛绝，大理寺少卿梁毗曾经上奏杨坚："杨素仗着陛下的宠幸专权祸国，势力如日中天。朝中大臣纷纷依附，凡是得到杨素赞赏的就可以升官，凡是杨素看不顺眼的都会被打压。杨素还把门客安插到朝廷的关键位置，实在是居心叵测。"然而在杨坚看来，杨素举报杨勇是属于挽救大隋江山社稷于危亡的英雄行为，所以接到梁毗的奏折后杨坚龙颜震怒，直接将其下狱。

梁毗在狱中仍仗义执言，再次上书呈给杨坚，这一次他直击杨坚的灵魂。

"陛下，太子和蜀王被废时，朝中大臣都觉得痛心惋惜，唯独杨素和杨约兄弟上蹿下跳，喜形于色，他们兄弟是在视朝廷的不幸为杨家的大幸！仅通过太子和蜀王被废两件事，杨素兄弟就残害了多少大臣，陛下您数得过来吗？"

正如梁毗所料，杨坚看过奏章后立马嗅到了阴谋的味道，这个味道他太熟悉了。从西魏时期开始，关陇集团就依附在皇权左右，只要皇族衰落，他们就会想办法上去夺取利益。杨坚自己就是从北周皇室的孤儿寡母手中夺取江山的，而如今杨素的权势已经直逼当年的他了。

怀疑一旦出现，就不会轻易消退。杨坚告诉杨素，你是朝廷宰辅，不必事事躬亲，只需要每隔三五天到尚书省去一次商议大事即可。这是明显的敲打，让杨素收敛一下自己的虎威。在接下来的两年时间里，杨素的地位急剧下滑，他的弟弟杨约更是被贬为伊州刺史。

杨坚想一步步削弱杨素家族的权力，可这个工作还没完成，他就驾崩了。太子杨广登基，他便是历史上著名的隋炀帝。

杨广兑现了当初的承诺，加封杨素为正一品的尚书令，命他掌管全国政务。其实，杨广对杨素大权独揽的样子也颇有不满，但杨素家族的势力已经尾大不掉，杨素本人在明面上又没有太大的政治过错，杨广也只能伺机而动。

从隋文帝杨坚到隋炀帝杨广，隋朝的皇帝一直在致力于削弱关陇集团的势力，提高皇权的含金量，关陇贵族对此深感不满。如果杨素心再狠些，活得再久些，完全可以拉拢其他心生怨言的关陇贵族，和杨广打擂台。不过杨广很幸运，杨素早早就去世了，这个计划未能展开就被搁置了。可如果把目光放长远，杨广又很不幸，因为杨素的长子杨玄感最终完成了这件事，后来他联合失意的军事贵族，在杨广征讨高句丽最关键的时候发动了一场军事政变，间接导致杨广丢掉了江山。

　　历史就是如此的神奇，让人乍一听觉得意想不到，可细细品味却又觉得合乎情理。

三 兄弟阋墙

仁寿宫变局

仁寿二年（602年），独孤皇后去世，六十二岁的杨坚郁郁寡欢，孤独和寂寞成了常态。宣华夫人陈氏、容华夫人蔡氏虽殷勤服侍，可她们只能起到略微慰藉的作用。每日沉浸在失去皇后的痛苦之中，杨坚很快就缠绵病榻了。

仁寿四年（604年）正月，杨坚搬到仁寿宫大宝殿休养，命太子杨广监国。到了四月，杨坚已经沉疴难愈。七月，杨坚命尚书左仆射杨素、兵部尚书柳述、黄门侍郎元岩等重臣贴身侍候，命太子杨广在仁寿宫大宝殿居住。

七月十日，杨坚在仁寿宫大宝殿接见文武百官，与大家诀别，君臣伤怀不已。随后他细细嘱咐杨广，说下葬之事已经交给了擅长工艺机巧的何稠。

七月十三日，杨坚在仁寿宫大宝殿驾崩。

这个场面看起来君臣和谐、父慈子孝，一切都很正常，可后世史官的不同记载却让杨坚的驾崩有了两种说法。有人说杨坚是正常死亡，但也有人暗示他是非正常死亡，持后一种观点的人虽然没有点名是太子杨广下的手，却用煞有介事的笔法暗示，让杨广把弑父的帽子戴了一千多年。

杨坚驾崩前，一共有四个人在他身边，分别是杨素、柳述、元岩、杨广。

杨素，尚书左仆射，尚书省实际的主官。尚书省主官本该是正一品的尚书令，但尚书令的权力太大，凌驾于所有官员之上，于是杨坚一直让这个岗位空着。不过，隋朝的尚书左仆射只管兵部、吏部和礼部，其他部门由尚书右仆射主管。

柳述，吏部尚书兼兵部尚书，杨坚的女婿，兰陵公主的丈夫。当年兰陵公主的丈夫王奉孝去世，杨坚想给她再找一门亲事，候选人有两个，一个是晋王妃萧氏的弟弟萧玚，一个是太子杨勇的贴身侍卫柳述，后来柳述被杨坚选中，成了驸马。成了皇亲国戚的柳述三十几岁就身居高位，难免心高气傲。他人际关系很差，喜欢通过语言和行为打压下属，面对上司也不假辞色，不少大臣为此弹劾柳述不讲尊卑，可杨坚总是和稀泥。杨素是柳述的顶头上司，有时候觉得柳述写的公文不合理，就打回去要求他重写，可柳述就是不改，还对吏员叫嚣："告诉仆射，尚书不同意！"后来杨素因被杨坚猜忌而遭到打压，柳述则权柄日重，大有取而代之之势，对此杨素恨得牙痒痒。

元岩，黄门侍郎，隶属门下省。当时门下省主官是纳言，是皇帝的近臣顾问，下设黄门侍郎四人。元岩的级别只有正四品，不算高，而他具体是哪一派的人，史书上没有明确记载。

杨广不必多说，这几年在太子位置上坐得稳，是大隋王朝顺理成章的继承人。

这四个人可以说代表了大隋朝廷的各方势力。有他们在，大隋最高权力的交接本来应该很顺利，但在隋文帝杨坚驾崩前偏偏发生了两件事。

第一件事，《资治通鉴》记载如下："太子虑上有不讳，须预防拟，手自为书，封出问素。素条录事状以报太子。官人误送上所，上览而大恚。"意思就是，杨广觉得父皇随时会驾崩，自己需要提早防备，于是将担忧写了下来命人交给杨素，而杨素在给杨广的回信中逐条作答，结果送信的人把东西误交给了杨坚，杨坚看了内容非常恼火。

第二件事更加离奇：杨广在父亲的姬妾宣华夫人陈氏更衣的时候对其非礼，宣华夫人奋力抵抗，杨广没有得手。陈氏逃到杨坚的卧室里，声称太子无礼,杨坚大怒,捶着床说道:"杨广这个畜生,朕怎么可以将国家大事托付给他,独孤误了朕的大事!"随后他命兵部尚书柳述、黄门侍郎元岩赶紧去找废太子杨勇。柳述和元岩接到旨意,急忙起草了诏书。

杨素听说此事,找杨广拿主意,最后杨广决定逮捕柳述、元岩,同时派东宫的府兵进驻仁寿宫,交给左卫率宇文述、左宗卫率郭衍统领,禁止宫内人员随意出入。紧接着,太子右庶子张衡进入内殿侍奉杨坚,同时轰走了杨坚身边的宫女和太监。没过多久,宫内便传出消息:杨坚驾崩了。

同天下午,杨广派人给宣华夫人送了一个锦盒,宣华夫人以为这是杨广给她送的鸩毒,迟迟不肯打开。在使者的催促下,宣华夫人打开锦盒,发现是几枚精美的同心结。宣华夫人拒不接受,但宫女为了自保,最终逼迫宣华夫人服从。就在当晚,杨广强行侵犯了宣华夫人。

这是两个看似合理,实际上却充满各种矛盾的故事。

首先,杨素和杨广写信这事儿听着就不靠谱。杨坚让他们在仁寿宫伺候,两人同在一个屋檐下,哪里还要互相写信?纯属多此一举。而且写信总会留有痕迹,以杨素和杨广的政治敏锐度,在信中说些大逆不道的话着实令人匪夷所思。

其次,杨广强迫宣华夫人的事也不太靠谱。宣华夫人是南陈亡国之君陈叔宝的妹妹,后来进入杨坚的后宫。杨广夺储的时候经常给宣华夫人送礼物,让她帮自己说好话。

对杨广来说,宣华夫人身上有三个标签,即"女人""杨坚的宠妃""政治盟友",而"女人"这个标签恐怕是最不起眼的一个。作为政治人物,在权力交接的紧要关头,杨广思考问题应该是从利益角度出发。这些年,杨广一直在立孝顺厚道、谦虚谨慎的人设,为此隐忍十几年,临熬出头了却为一时痛快赌上政治前途,这绝不是他该有的做事风格。如果强奸父亲嫔妃的事传开,他就会丧失道德基础,就算能够勉强登基,也要花不少精力去平息舆论,再用后半辈子去消除负面评价,简直得不偿失。再说了,史书也没有记载杨广曾经惦记过宣华夫人，他为什么要突然在这时候强行非礼她？

而对宣华夫人来说，她一辈子都生活在尔虞我诈的宫廷中，趋利避害是她骨子里的基因，提前结交杨广就说明她已经在未雨绸缪，给自己的将来做打算了。在杨坚驾崩已成定局的情况下，宣华夫人就算真的遇到这种事，恐怕也会选择闭口不言——指控杨广非礼自己，等于得罪了未来的皇帝，把自己的路堵死。

除了上述的两个故事，赵毅还在《大业略记》中记载："帝事迫，召左仆射杨素、左庶子张衡进毒药。"马总则在《通历》中记载："令张衡入拉帝，血溅屏风，冤痛之声闻于外，崩。"不过这些文字的可信度也不太高。

不论是否发生了这些事，杨广都做了皇帝。他登基后立即办了三件事：第一，召杨素的弟弟杨约回长安，用他更换长安的防守主将，稳住了长安局势。事后杨广对杨素夸赞道："你的弟弟果然能够担当重任。"第二，诈称杨坚的诏命勒死了废太子杨勇，追封其为房陵王。第三，流放了柳述和元岩。

仁寿宫内或许没有严重的丑闻发生，但既然史书的字里行间留下了一些痕迹，当时应该还是发生了一些不可为人道的事。细细推敲，当时宫内最大的不稳定因素就是柳述。柳述是杨素的政敌。杨广做了皇帝以后，杨素的地位肯定要水涨船高，凭杨素睚眦必报的性格，到时候柳述就算不死也得脱层皮，他为自己谋后路也就不奇怪了。

结合史书上的各种记载，笔者有种猜测，杨坚也许真的在弥留之际给了柳述诏书，让他把废太子杨勇放出来。如果柳述能趁机扳倒杨广，扶立杨勇，那这番操作给他带来的政治收益将是很可观的，不过柳述没有兵权，不能调动仁寿宫中的卫兵，也无法调动长安城内的府兵，只能先把杨勇放出来，再拿着杨坚的诏书狐假虎威。柳述突然搞出来的小动作让杨素和杨广又震惊又后怕，他们不清楚这到底是杨坚的意思还是柳述自己的阴谋。关键时刻，杨广绝不会让煮熟的鸭子飞走，于是立即派兵入宫，先控制了柳述和元岩，再软禁杨坚。杨坚看杨广动了军队，本就不好的身体雪上加霜，体力不支而死。

总的来说，应该是杨广提前制止了柳述的阴谋，既然没闹出大事，他就不能以谋反罪处理柳述，只能按大隋律法将其流放。这就合情合理了。

当然了，在权力交接的过程中，杨勇是最无辜、最可怜的那个人，在各方谋划中，他自始至终都只是一颗棋子。后来，登上皇位的杨广杀死了杨勇，却释放了被杨坚囚禁的四弟杨秀，就算五弟杨谅造反，也只是将他废为庶民，终身囚禁。至于杨勇的儿子们，杨广一个也没动。

二十年后，李世民发动玄武门之变，杀死了他的两个兄弟，之后立即将十个侄子全部杀死，斩草除根。相比之下，杨广比李世民宽厚许多。

四 盛世帝王

四　盛世帝王

汉王杨谅造反

杨广是合法的储君，不怕朝臣质疑他得位不正，却唯独担心汉王杨谅。五兄弟中，老幺杨谅最得杨坚偏爱。当初，三个哥哥按照朝廷规定成年后就应到外地担任总管，杨坚因为宠爱杨谅，一直把他留在身边，直到杨谅二十三岁才让他外出任职。

杨谅的第一个职务是并州总管，他的权力大到什么程度呢？黄河以北的五十二个州全部归杨谅管理，而隋朝全境也就一百九十个州，相当于杨谅一个人就几乎管理着大隋三分之一的疆域。后来杨坚先是把秦王杨俊打入冷宫，又囚禁了蜀王杨秀，唯独让杨谅成了例外。

父母的宠爱会让孩子变得自信，可过度的溺爱却会让孩子丧失对世界最基本的认知，认为自己才是天下第一。

在并州，杨谅就是说一不二的王，可以自己造钱，可以招兵买马，日子过得十分舒坦。听闻大哥杨勇被废，二哥杨广上位，杨谅开始闷闷不乐。到了另一个兄长杨秀被废的时候，杨谅终于有了兔死狐悲的感觉，于是以突厥活动频繁为由不断壮大自己部下的军队。杨谅不停地招募亡命之徒以及没有户籍的流民，短时间内兵力就达到几万人。《隋书》本传记载："左右私人，殆将数万。"

不仅如此,杨谅还收编了前南梁将军王僧辩的儿子王颁、前南陈将军萧摩诃,让他们担任自己的军师。这两位都曾是南朝的将领,而隋文帝杨坚一直坚持关中本位的用人思想,因此他们没有晋升的机会,一直郁郁不得志。察觉到杨谅有谋反的心思,他们觉得机会来了,经常撺掇杨谅干一番大事业。

有兵有将,万事俱备,杨谅请来大师算命,得到的结果却不太吉祥,起兵的事就这样被耽搁下来了。

一次,突厥人侵犯边境,杨谅率军御敌,被打得丢盔弃甲。杨坚盛怒之下将八十余位将领发配到岭南,训斥他道:"你这小子,遵纪守法就行了,搞那么多私兵有什么用?等我死了,只要你有异动,别人收拾你就像收拾笼子里的小鸡一样!"

知子莫若父,看来对于杨谅不安分的心思,杨坚是心知肚明的。放眼大隋,杨坚口中能收拾杨谅的那个人是谁?当然是皇位的继承人杨广。不过,杨谅无视了父亲的提醒,而杨坚一边因为溺爱杨谅,一边则是仍在相信儿子们不会内斗,并未对他采取制裁措施。

面对一个坐拥五十二州、拥有几十万兵马的王爷,杨坚没有作为,杨广却不敢掉以轻心,这些年他一直在关注黄河以北的情况,只是碍于杨坚,没有直接动手。直到杨坚去世,杨广终于决定剪除杨谅的势力。

杨广派车骑将军屈突通带着伪造的先帝诏书去并州召杨谅回京,可让杨广没想到的是,杨谅和杨坚之间有个父子约定:如果真的是杨坚在召唤,诏书的"敕"字旁边会多加一点。此外,杨坚还给了杨谅一个玉制的麒麟兵符,两相印证,诏书才可信。

为了保护小儿子,杨坚真是煞费苦心。他原本是担心有奸臣谋夺杨家的江山,为避免这个小儿子被人矫诏骗到长安干掉,这才设计了双重保险,没想到触犯"保险机制"的人是杨广。

诏书刚到并州,杨谅就看出了破绽。他正愁找不到借口起兵造反呢,恰好二哥就假传了父皇的圣旨，这理由足够了！

　　造反是个高风险的活，不是人人都肯干、人人都敢干的。杨谅手下的官员大都拖家带口，所以很多并不想反。就连杨谅的谋臣皇甫诞、豆卢毓都劝他不要轻易举兵，理由是虽然他兵多将广，但仍不是长安方面的对手，而且君臣名分已定，逆风翻盘太难，如果失败，恐怕做个庶民都是一种奢望。可惜此时杨谅的眼里只有长安，只有皇位，什么谏言也听不进去。最终，杨谅将皇甫诞关了起来，随后传讯手下的各州县，起兵造反。

　　虽然响应杨谅的只有十九个州，即便如此，杨谅还是调集了三十万大军，与之相比，杨广手下兵马就显得单薄了，只有几万。杨广刚刚完成权力交接，还没在龙椅上坐稳，而这场仗的结果将决定那些骑墙派官员的态度，所以对杨广来说，这是一场关乎自己存亡的硬仗，不容有失。但幸运的是，他的对手是杨谅。杨谅虽然手里拿着一副好牌，却没有打好。

　　想要造反，最关键的是解决两个问题：以什么理由起兵？采用什么样的军事策略？

　　第一个问题，杨谅的回答是"唱言杨素反，将诛之"，这就大错特错了。杨谅要反的是杨广，那么他就应该打出"杨广弑君、淫乱后宫，人人得而诛之"的旗号，哪怕那些都是谣言，但至少很有针对性，也很有煽动性。或者还可以说"杨广处心积虑夺太子之位，逼杀杨勇，要为杨勇报仇"，这也很有杀伤力。总之，只要找到痛点就能对杨广釜底抽薪，颠覆杨广登基的合法性。

　　然而，杨谅却选择把矛头指向杨素。杨素充其量就是个臣子，如果他谋反，杨广自己动手收拾就行了，需要动用一个手握几十万精兵的王爷吗？何况，杨广只要说一句杨素是忠臣，杨谅的舆论旗帜就灰飞烟灭了。

　　在舆论上选错了方向还不够，杨谅在军事方面的谋划更加让人不忍直视。

　　杨谅起兵之后无所适从，竟然询问左右："咱们该如何打仗？"可见他压根不知道怎么打仗，只能听别人的。王颊告诉他，如果想杀到长安，就要任用关中人为将；如果想割据北齐的旧地，和长安打持久战，就要任用关东人为将。这话说得很有战略高度，可细细品来，却缺少对局势的深刻分析，对杨谅没什么帮助。

杨谅看起来是个枭雄，其实就是个被父母宠坏的孩子，骨子里懦弱无能，胸中缺乏雄韬伟略，更没有识人之明。

就在此时，王府兵曹裴文安给他提供了一个方案：杨谅在河东、河北、山东都有兵马，只要稳住后方，再派一路大军杀到长安，就能让京城震动。到时候杨广的兵力被牵扯，无暇顾及杨谅在其他方向上的动作，则杨谅的大事可成。

这个方案既留下了保存实力的后路，又创造了可打败杨广的机会，这对于杨谅来说简直妙不可言，所以他决定就这样干。

在杨谅的安排下，大将军余公理出兵太谷，前去攻打河阳（今河南焦作市）；大将军綦良率兵出滏口，奔黎阳（今河南鹤壁市浚县）而去；大将军刘建率兵出井陉口，攻取燕赵之地；柱国乔钟葵率军出雁门（今山西忻州市代县）；柱国裴文安、纥单贵、王聃率军直指京师。

事实证明，杨谅果然缺乏用兵经验，他犯的最大错误就是分散兵力。这个时候，河北、河南、雁门的地方势力还没表态，如果他们想袭击杨谅，杨谅出兵防备也没用；如果他们想跟着杨谅干，或者是要坐山观虎斗，杨谅一出兵反而把他们都逼成了敌人，让他们只能被迫起兵自保。尤其杨谅并不是集兵力于一处，而是遍地开花，最后只能把一副牌打得稀烂。

杨谅派出的几支军队中，裴文安的进展最顺利。他选了几百名精兵，命他们蒙上幂篱（妇女出门戴的面纱），谎称是要返回长安的齐王府亲眷，骗守将丘和开了门。就这样，裴文安兵不血刃地拿下了蒲州（今山西永济市），随后决定按照计划，带军队渡过黄河，与朝廷军队正面交锋。可就在此时，杨谅传来了最新指令：命纥单贵砍断黄河上的浮桥，大军据守蒲州，裴文安返回总部。听到这个命令，裴文安的心简直在滴血。造反的先机在于出其不意，让朝廷无法在短时间内调集大批军队，这样己方才有可能迅速占领长安，要是按照杨谅的命令，这事不就黄了？

面对裴文安的疑问，杨谅沉默以对，他沉默是因为没有底气。原来，杨谅此时已经开始后怕了，因为只要军队渡过黄河，他就要面对杨广。一个是生活在温室、没遭受过波折的花骨朵儿，一个是身经百战、足智多谋的政治老手，杨谅先露了怯，想打退堂鼓了。

杨谅觉得最稳妥的办法就是砍断浮桥，割据河东，观察局势走向，他的底气就是几十万大军，还有五十二个州的地盘。

然而，造反就是你死我活。杨谅早该知道，这件事要么别做，做了就得一条道走到底，如果心态游移不定，在军事上会丧失先机，在政治上则会让追随者泄气。

代州总管李景嗅到了机遇，第一个跳出来对抗杨谅的大军，双方交战，杨谅告负。

前线战事胶着，后方也不稳定。杨谅出巡，让亲信豆卢毓和朱涛留守，没想到豆卢毓怕被牵连，竟趁机杀了朱涛，不让返回的杨谅进城。幸亏有士兵认识他，放他进了城，杨谅这才得以反杀了豆卢毓等人。

做出了错误的战略选择，内忧外患就是杨谅必然要面对的结果。杨广瞅准时机，让杨素带着五千名精锐骑兵来到黄河边上。由于杨谅对长安方面的调兵遣将一无所知，这反而给了朝廷机会。杨素悄悄搜集了几百艘商贾的船只，一夜之间就杀到了蒲州城下，纥单贵兵败逃走，王聃举城投降。

杨广原本是被讨伐的一方，不料经杨谅的一番操作，反而使攻防位置发生了转变。形势大好，杨广任命杨素为并州道行军总管、河北道安抚大使，集结了几万兵马，准备一举拿下杨谅。与此同时，大将李子雄奉命到幽州征调兵马，准备对付杨谅在河北、河南的军队。

为了对付杨素，杨谅命手下大将赵子开带十万大军扼守在晋阳南边的霍邑，并在沿途五十里竖起栅栏，把守关隘。赵子开居高临下，朝廷的军队一时间拿他毫无办法。

杨素经过一番侦察，决定把主力留下，带人绕过霍山的悬崖峭壁，直接到赵子开的背后去。杨素下令，留下三百军士守营，剩下的人全部去冲锋，为南边的主力打开一道缺口。这样的决定让将士们很错愕：对面可是十万叛军啊，就这样去冲锋，岂不是等于送死吗？杨素知道，接下来的战争将决定许多人的命运，懦弱和胆怯就是战场最大的弱点。他让将士自愿选择，于是大家为了三百个守营的名额争得头破血流。不料，杨素随后以怯战为由，将这三百名士兵全部斩杀。

在杨素的铁血手腕下，全军将士只能去冲锋陷阵。随后，他们采取了杀伤力最大的火攻，搅乱了叛军阵型，十万叛军自相踩踏，伤者数万。

霍邑兵败，杨谅带着残余大军赶到蒿泽（今山西晋中市祁县、平遥县以西）。此地距离太原只有十里远，是杨谅的最后一道重要防线，如若再守不住，杨谅就彻底失败。不过，杨谅的军队兵强马壮，蒿泽又处于平原地带，适合打主力会战，综合来看，优势还是很大的。

然而天有不测风云，此时突然下起大雨，杨谅临时怯战，竟然要退军。王颁告诉他，杨素远道而来，孤军深入，本来是弱势的一方，如果我军先退，示敌以弱，反而会助长对方的士气，有害无益。但杨谅根本听不进去，只想着据守太原，和杨素打持久战。

杨素嗅到了战机，才不会给杨谅退守的机会，直接撵着杨谅一顿猛揍，使得杨谅还没回到太原就已经兵败如山倒了，这时候距离他起兵才只有两个月。最终，杨谅开城投降，这场闹剧就这样结束了。

大兴宫内，大隋君臣商议善后事宜。朝臣的态度很一致，认为杨谅谋反逆天，该杀。他们固然是在维护司法公正，可换个角度看，这也是因为皇帝杨广通过一场战争树立了自己的威严，这番表态其实也是一种政治站队。

杨广本可以杀杨谅，但他对弟弟还是心软了，何况杨谅之前手握大军都打不过他，更别提以后了。杨广有掌控局面的自信，留着杨谅还可以显示自己的宽厚仁德，何乐而不为呢？于是他宣布将汉王杨谅从宗室除名，贬为庶人，幽禁在长安。

不过，不杀杨谅不意味着不杀他的追随者。对于跟着造反的杨谅亲信和部属，杨广大开杀戒，被牵连的家庭多达二十万户。

自此，隋文帝杨坚的五个儿子，除了杨广，其他四个都以悲剧收场。当初杨坚为了大隋基业永固，特地将皇子们分封到各地，期望同胞兄弟能齐心协力保江山，可历史却和他开了个大玩笑。

杨广坐稳了皇位，接下来，他准备对大隋王朝进行一番大刀阔斧的改革。

被低估的短命王朝：隋朝37年

营建东都

仁寿四年（604年）十一月，杨广巡视完洛阳回到长安后，突然告诉朝臣，他想在洛阳修建东都。

也有野史说，杨广是因为自己命属木，长安为破木之冲，不适合他居住，所以才选择修建东都洛阳。当然，这种说法可信度不高。

关于修建洛阳的原因，杨广专门下了诏书解释，总结起来就是如下几条：

第一，隋朝需要安抚江南、山东、河北等地。

隋朝虽然已经是大一统王朝了，可是还没有得到南陈、北齐旧地百姓的完全认可。杨谅造反，黄河以北的十九个州都跟风起兵，这令杨广心生警惕。杨广事后追究，因卷入其中而遭处死、流放、贬斥的有二十万户家庭。他无非是想用这种残酷的方式告诉天下人，要顺从长安的大隋皇权。

但是，地方上对长安心有不满，责任也不全在地方。隋文帝杨坚在位时一直过分重用关中出身的官员，导致朝堂上基本都是关陇集团的势力，北齐旧臣、南陈士族皆被排挤，缺少出头的机会。

拿南陈的长沙王陈叔坚来说，昔日的王爷如今只能以卖酒、打零工为生，其他大部分皇室成员更是"并配于陇右及河西诸州，各给田业以处之"，连南陈后主陈叔宝本人也只能在去世后被追封个小小的长城县公。他们这样的境遇很难不让人生出唇亡齿寒之感。

杨广登基后想做出一些改变。

如果把大隋看成一家集团公司，那么只设置长安这个单一总部，就只能推进部分业务，可如果设置双中心、双总部，以后开展江南、河南、河北的业务就方便多了。

不仅如此，平定杨谅的叛乱后，杨广将几万百姓从河东迁到河南。这些人虽然不是什么十恶不赦之徒，但毕竟是潜在的危险分子，需要时刻监视，建东都能维护当地稳定。

第二，随着社会发展，洛阳成了最合适建都的地方。

一个都城是不是合格，一看位置，二看气势，三看交通。首先来看洛阳的位置。

秦汉时代，天下资源集中在关中地区，长安是天下的中心。到了隋朝，北齐旧地人口两千两百万，江南人口两百万，北周旧地人口一千两百五十万，天下的中心逐渐向潼关以东转移。

西晋时爆发永嘉之乱，政治世家集体迁徙到南方，加上他们门下的佃客、部曲和奴婢，有差不多九十万人在江南落地生根。随着东晋和南朝的宋、齐、梁、陈纷纷定都在建康（今江苏南京），几代人耕耘建设，江南的经济越来越发达，人口已经超过两百万，成了一块宝藏之地。杨广做了十年扬州总管，把江南的家底摸得一清二楚，深知这片土地的重要性。是从长安遥控江南，还是在位置更近的洛阳管理江南，答案不言自明。

其次再看洛阳的气势。

洛阳城北依黄河和邙山，南有伊水，是块妥妥的风水宝地，早就被历代帝王惦记上了，没有定都这里只是因为条件不允许。杨广的诏书就写道："自古皇王，何尝不留意，所不都者盖有由焉。或以九州未一，或以困其府库，作洛之制所以未暇也。"言外之意，定都洛阳要么需要天下统一，要么需要朝廷有钱，而这两个条件，杨广执政后的隋朝是完全具备的。

最后看看洛阳的交通。

长安所在的关中平原号称"八百里秦川"，可实际上可耕作面积小，根本养活不了几百万人口。尤其遇到旱灾，粮食价格飙升，长安很容易出现断粮危机。隋文帝杨坚在位的时候，关中就发生了几次灾情，逼得杨坚只能率大批人马来到洛阳，等到青黄不接的季节过去，才返回关中。

关中缺粮，就要从外地运送粮食，走水路是最方便的。历代的统治者都想解决长安的漕运问题，可当地的自然条件限制了他们。

黄河从上游带下来的泥沙在河道淤积，根本清理不干净，三门峡又是一道天险，水流湍急，运输船走到那里极容易翻覆。即便船只顺利过了黄河段，还要再经渭河，而渭河的河床底部也是沙土堆积，大船根本没法行走。过了渭河就没有水路可走了，运输队只能把粮食从船上卸下来，用车辆送进长安。

隋朝的粮食非常多，尤其是江南地区，可因为河道堵塞、水路不通等原因，运输的成本实在过高，使得江南的资源无法持续性地大量供给长安，这是很让人苦恼的事。

为了解决这个烦恼，杨坚总共修了四座国家级粮仓，分别是黎阳仓，位于卫州黎阳县；河阳仓，位于洛州；广通仓，位于华州；常平仓，位于陕州。杨坚规定，国家征收的粮食不必再运到长安，存在这四个粮仓即可。另外还下令，老百姓只要帮朝廷运送四十石粮食，就可以免除征戍。

隋朝实在太富有了，从各地运来的粮食源源不断，建粮仓只能缓解一时，杨坚还是没有从根本上解决粮食运输难的问题。

开皇四年（584年），杨坚命宇文恺修建广通渠。广通渠自大兴城西引渭水，一直到潼关县靠近黄河的地方，总计三百余里。广通渠解决了长安到黄河的水运问题，可是面对从江南到黄河、从黄河沿岸州县到黄河的水运问题以及黄河本身的疏通问题，杨坚在此后的二十年时间里一直束手无策。正因如此，杨广继位后才会不惜人力财力推进河道工程。

与长安相比,洛阳的交通就要顺畅多了,它位于黄河边上,周围水系发达,不存在漕运困难一说,江南的物资很容易就能送到这里。这是先天的便利。

第三,长安的城市建设本身就有问题。

长安的历史过于悠久,经历无数的战火摧残,又多次被仓促重建,城市的排污系统、空间布局等都非常落后。

到了隋朝,长安城内道路泥泞,粪便随处可见,水源遭到污染,连崇尚节俭的杨坚都忍受不了,所以才决定在龙首原南坡修建一座新的都城,定名"大兴城"。

大兴城的建造工程由宇文恺设计、高颎主导实施。整座城市由宫城、皇城和郭城组成,总面积超八十四平方公里,是汉代长安城的二点四倍,明清北京城的一点四倍,同时期拜占庭王国都城的七倍,后来杨广修建的洛阳城也只有四十七平方公里,因此大兴城是当时世界上最大的城市。

大兴城于开皇二年六月动工,十二月竣工,第二年三月便投入使用,前后加起来只花了九个月。这么庞大的工程,却只用了如此短的工期,留下的问题必然不少:城市的道路修得很宽,可道路基础材料全是泥土,没有夯实,每逢雨天,到处都是泥巴,人走车压,主干道面目全非;排水设施倒是设计得很好,可杨坚是个抠门的主儿,不想投入太大,于是只修了一条排水沟,整个城市的日常排泄全部靠这条水沟,因此生活污水横流,城内恶臭漫天。另外,大兴城地势偏低,到了夏天空气湿度大,酷热难耐。

两年之后,杨坚终于因为大兴城的体验感太差,命宇文恺在岐州建了一座华丽程度不逊于长安宫城的仁寿宫,而大兴城这个烂尾工程,后来就留给了杨广解决。而杨广在登基后也不愿忍受在旧都里生活,于是,新建东都便成了他的选择。

其实,还有一个在诏书中没说明的原因,就是杨广想远离关陇集团的影响。长安是关陇集团的根,把政治中心搬离,关陇集团的影响力自然就减小了。

那么，关陇集团究竟厉害在哪里，竟让皇帝这么忌惮？

其一，前面几个王朝的皇帝都出身关陇集团，皇帝这个位置今天你坐，明天他坐，更迭频繁，这对于统治者来说是个心结。

其二，关陇集团靠着血缘和姻亲关系在朝中编织起一张盘根错节的关系网，当初杨坚被北周皇室打压的时候受到过关系网的保护，可现在，杨家升格为皇室，关陇集团的关系网就成了皇权的掣肘，杨广自然就不想保留它了。

其三，关陇集团排斥南陈和北齐的士族，遏制寒门学子，尤不利于统治。为此，杨坚推行科举制度，想要给这些人一个进身之阶，但因为关陇集团的反对，改革压力大，且制度并不完善，所以提拔的官员很有限。只要迁都到洛阳，离开关陇集团的势力圈，科举制度就能真正发挥选才的功能了。

作为皇帝，需要有统筹全局的视野、兼收并蓄的理念。把隋朝做成地区性的政权还是全国化的政权，杨坚和杨广父子当然会选后者，而要做到这一点，不光要吸纳各地人才，还要融合各地的文化，这都需要摆脱关陇集团的影响。

隋文帝杨坚是"帝一代"，对关陇集团还有很大的包容，而"帝二代"杨广常年生活于江南，远离长安，接受了更多的南方文化，拉拢了更多的南方士人，对关陇集团自然没有好感，于是在上位后对关陇集团实行各种打压（李渊、李密就是典型）。后来在第二次高句丽战争中，杨玄感团结了几十个贵族子弟发动政变，便是关陇集团对杨广的报复。

综合种种考虑，修建东都洛阳已成定局。不过在建都之前，仁寿四年（604年）十一月，杨广下诏"发丁男数十万掘堑"，从龙门（今山西河津市）到长平（今山西高平市）、汲郡（今河南卫辉市）、临清关（今河南焦作市修武县境内），再越过黄河至浚仪（今河南开封市）、襄城（今河南许昌市襄城县），最终通向上洛（今陕西商洛市商州区）。数十万民夫利用已有的山峰和河流掘长堑，修成后长达九百公里，成为拱卫长安、洛阳的重要防御工事。

负责营建洛阳城的是杨素、杨达、宇文恺。大业元年（605年）三月，工程勘察、设计图纸、取料、后勤保障工作完成，工程进入到实质性建设阶段。

洛阳由宫城、皇城、郭城构成。由于地形的关系，宇文恺放弃了传统的对称格局，让宫城和皇城坐落在城市的西北部，整个城市呈南宽北窄的不规则长方形，洛水由西向东穿城而过，将城市分为南、北两区。

杨广虽然强调"宫室之制，本以便生，今所营构，务从俭约"，但宇文恺考虑到大兴城是个半吊子工程，所以在建造洛阳的时候很舍得下本，建成后的整座城市功能齐备，宫殿群宏伟壮观，可以用"奢华"来形容，绝对担得起首都的名头。

但奢侈的背后是普通百姓承担的巨大代价。史书记载，每个月忙碌在洛阳工地的民夫多达两百万人，而秦始皇修长城动用的劳动力也才一百万人。如此大的手笔，已经能看出杨广的急功近利。他丝毫不体恤民力，而这将成为他治理国家的最大隐患。

城市落成，杨广将附近的百姓和各州的富豪共计几万户迁进城中，粗略估计，给洛阳增加了十几万的人口。有人、有钱、有漕运，加上拥有南市、西市、北市三个市场，洛阳迅速繁荣起来。

人口集中之后，杨广又修建了两个国家级粮仓，其一是兴洛仓，位于今河南省郑州市巩义市河洛镇，可储粮两千四百万石，号称"天下第一仓"；其二是回洛仓，位于今河南省洛阳市小李村，可储粮三亿五千万斤。

新皇帝刚上任，就把政治中心从长安转移到洛阳，这对山东氏族和江南士族来说是一种政治示好。大隋王朝正在展示它的包容性，杨广此举是在帮助皇权辐射全国。

建东都洛阳只是一个起点，杨广胸怀天下，已经在心里编织好了一幅恢宏壮丽的江山蓝图，更多的工程和改革将会随之而来。

被低估的短命王朝：隋朝37年

大运河工程

洛阳的工程还没结束，尚书右丞皇甫议就接到了杨广的旨意，让他前往河南、淮北征调民夫，修建通济渠。举世闻名的大运河工程就此拉开序幕。

通济渠是隋朝大运河的一期工程，起点在今河南省荥阳市汜水镇的板城渚口，出黄河而下，经郑州、开封、商丘、淮北、宿州，在今江苏省淮安市盱眙县境内联通淮河，全长六百五十公里。

同年，杨广又下令推进大运河的二期工程——邗沟。

邗沟是吴王夫差时期就挖掘成的人工河道，年久失修，运输不通。杨广发动十万民夫进行疏通，最终打通了山阳（今江苏淮安市淮安区）到扬州的水运通道。

大业四年（608年），杨广又开始进行大运河的三期工程，即将黄河支流沁水南引，连通黄河，再通过古卫水北上，一直流到涿郡（今北京市）。

大业六年（610年），大运河的四期工程江南运河开始修造，这条运河从今江苏省镇江市引长江之水经无锡、苏州、嘉兴，一直联通今浙江省杭州市的钱塘江。

随着永济渠、通济渠、邗沟和江南运河的连通，杨广构建起以洛阳为中心，西到长安、北到涿郡、南到余杭的运河通道，解决了水运难的问题。

大运河相当于一条大动脉，使得杨广将自己在政治、经济、军事、文化等方面的政策渗透到王朝各个角落。而这还只是运河提供给朝廷的便利。朝廷以外，民间也可以利用大运河的便利，进行文化和商业的交流，扬州、杭州、开封等城市成为运河沿岸的贸易中转站，发展成中国古代历史上极其繁荣的城市。

放在中国历史的大棋盘上，隋朝大运河是媲美长城的千古工程，隋朝以后的历代王朝都在享受着它带来的便利，其历史价值是无法估量的。拿唐朝来说，其版图直达西域，唐玄宗时期放弃府兵制度而转为在边境搞职业化的边防军，军需来源基本依赖江南供给，大运河就是运输命脉。安史之乱起，唐玄宗逃出长安，各地藩镇自顾不暇，大唐王朝全靠江南吊命，大运河同样功不可没。

后人背靠大树好乘凉，可大隋王朝这个栽树人却成了唯一的买单者，并为此付出了惨痛的代价。

仅通济渠一个工程，就有一百万人忙碌在大运河沿线。由于工期紧张，老百姓日夜苦干，累死的、饿死的、病死的、被打死的不计其数。此外，河道工程一般在枯水期施工，中国的枯水期普遍从秋季开始，到次年春季，刚好是农民收获和播种的日子。一个家庭的主要劳动力给国家服役，自己家里的农活就只能耽搁，但给国家的赋税照样要交，口粮要留，这样下去根本撑不了几年。

如果只是挖运河也就罢了，杨广还要求在通济渠的两岸栽种无数棵柳树，并要求修建可供车马行走的御道，还在从长安到扬州的路上修建了四十余处行宫。

皇图伟业的背后堆砌着累累白骨，那是无数个支离破碎的家庭。

大运河有利于千秋万代，其实如果杨广愿意花十到二十年的时间徐徐图之，相信老百姓也不会有太多怨言，可他偏想用几年时间就弄好这个大工程，逼得老百姓活不下去，最终引发了全国性的农民起义。

"劳民伤财"四个字，杨广未必不理解，可他为何执意要这么急迫地修大运河呢？

对于这个问题，古来有许多说法，《隋炀帝艳史》《隋唐演义》《说唐演义全传》就说杨广修大运河是为了下扬州，而下扬州是为了看琼花。

相传，扬州有一个小伙子叫观郎，有一天他在河边散步，看到一只受伤的白鹤，心地善良的他便将鹤带回了家。后来观郎结婚，被救助过的白鹤衔来一粒种子作为礼物。观郎将种子埋进土中，长出了一株琼花，它每隔一个小时就会变换一种颜色，绚丽多彩，举世罕见。杨广听说后打算来看琼花，但琼花却自行凋零了。

另一个版本说，杨广有个妹妹名叫杨琼，杨广想将她据为己有，杨琼羞愧难当，选择了自杀。杨广为了掩盖真相，将妹妹的尸体安葬，没想到下葬之处竟长出了一株奇异的花朵，颜色洁白如玉，花香沁人心脾，时人称之为"琼花"。杨广听说后想来看看，可琼花自行凋落，直到杨广死后第二年才再次盛开。

这些光怪陆离的故事全都出自明清小说，当然都是杜撰的。事实上，历史上杨广修通济渠确实是为了下扬州，可下扬州的真正目的是收拢江南士族的人心，维护江南的政治稳定。

不过，如果只是为了安抚江南，修一条通济渠也就行了，而疏通邗沟、修江南大运河、将杭州湾和扬州连接起来，则完全是出于更高层面战略上的考虑了。

自从西晋末年永嘉之乱后衣冠南渡，东晋和南朝偏安江南，中原和江南就彻底割裂了，两边经济少有互通，文化也各自发展，犹如两个不同的世界。对于江南的富庶，北人或许知道，但也只是一知半解。杨广曾做了十年扬州总管，最了解江南的发展潜力。为了大隋王朝的长远发展，杨广最终决定开通大运河。

至于后来将北边的永济渠也纳入大运河体系，则是为了另一种目的。

杨广登基后，在北巡时发现高句丽的使者和突厥人暗中勾结，于是他责令高句丽派人到长安认错，可高句丽国王高元无动于衷，杨广最终决定讨伐高句丽。可高句丽位于朝鲜半岛，距离中原很远，如果开战，军粮和战略物资的运输压力很大，修永济渠的很大一部分原因就是降低物资的运输成本。

南巡扬州

修东都洛阳，开凿大运河，杨广接下来要做的就是南巡扬州了。他走的每一步棋都是经过深思熟虑过的，要么是为了王朝的经济发展，要么是为了王朝的政治稳定。

有诗曰："烟花三月下扬州。"春天的扬州最是灵气逼人，可杨广巡幸扬州却避开了这个时节。大业元年（605年）八月，杨广启程，九月到达扬州，于次年三月返回洛阳。如果是为了游玩，杨广这么安排简直是辜负良辰美景。由此看来，他的南巡并非为游玩，而是另有深意。

当初在修大运河的时候，黄门侍郎王弘就带着另一路人马在江南督造船只了。等大运河竣工的时候，王弘也完成了任务，带着船队来到洛阳。

终于，杨广乘坐龙船，开始了他的扬州之旅。据唐代杜宝所撰杂史《大业杂记》记载，此次南巡的船队共有五千余艘，其中包括一艘龙舟，一艘翔螭，九艘浮景舟，三十六艘漾水彩舟，五十二艘五楼船，一百二十艘三楼船，二百五十艘二楼船以及不少其他各类舟船。整个队伍从第一艘到最后一艘，首尾相接绵延两百多里。

整个船队分为三个部分。领头的第一个部分是皇室的船队，也就相当于头等舱。供皇帝乘坐的龙船叫"小朱航",以金玉作装饰,船高四十五尺(大约十三米),宽五十尺(大约十五米),长两百尺(大约六十六米),总共有四层,层高在三米左右,房间内宽阔舒适。龙船顶层设置了正殿、内殿和东西朝堂,俨然是移动的皇帝起居室,中间两层有一百二十个房间,最下面则是宦官居住的房间。

明朝初年,郑和下西洋时使用的战舰长一百二十五米,宽五十一米,最大的战舰长达一百四十八米,宽六十米。不是杨广不想造这么气派的大船,而是隋朝大运河的标准宽度是四十步,也就是约六十米,只能供小型船只航行。

皇室的船队中还有萧皇后乘坐的龙船,叫"翔螭舟",其结构和小朱航一样,只是稍微小一点。其他嫔妃坐的是"浮景舟",其余宫眷则乘坐"漾水彩舟"。

中间船队,也就是第二部分船队中的船只,拥有"朱鸟""苍螭""白虎""玄武""飞羽""青凫""陵波"等稀奇古怪的名字,是给王子、公主、大臣、僧尼、道士、蕃客们乘坐的,相当于商务舱。这些船除了载人,还装有各地进献的稀奇特产。

古代的船在海上靠风航行,在运河里就只能靠纤夫拉动了。杨广下江南时,整个船队仅纤夫就有八万余人。纤夫是干粗活的,肯定要穿破破烂烂的衣服,可杨广是个讲排场的皇帝,给每个纤夫准备了一套锦彩袍,立马就显得高端了。

第三部分也就是最后一批船,是供朝廷十二卫士兵乘坐的小船。杨广规定,这批船不允许征调纤夫,不允许骚扰百姓,所有船只都由士兵自己做纤夫。

除了水中的船,岸边还有随行的骑兵,沿途可见蔽野的旌旗,气派到了极致。

龙船所过之处,地方官员争相巴结,进献奇珍异宝和美味佳肴,唯恐落了下风,随行人员根本吃不过来,只能在临走时将食物遗弃或掩埋。

杨广也知道自己此行确实铺张浪费，可他还是选择了这么做，因为此次巡视扬州，目的是宣扬大隋国威，让地方官府敬畏皇权。为了加强效果，他特意规定运河沿岸方圆五百里的官员都要向他进献特产。他在乎的是特产吗？当然不是，他想要的是让地方官员都看到朝廷的权威，不再心生谋逆的想法。

除了宣扬国威，还要安抚江南。随行的队伍中有一位叫沈婺华的女人，此人是南陈后主陈叔宝的后妃，饱读诗书，颇有见识。南陈灭亡后，沈婺华和陈叔宝一起被送往长安。仁寿四年（604年），陈叔宝在洛阳病逝，而沈婺华依旧过着养尊处优的生活。杨广此行带着沈婺华，就是为了向南陈百姓示好。

当然，只带一个女人还远远不够，想要江南彻底融入大隋社会，还要给予当地人切实的利益。

前面说过，隋文帝杨坚奉行的国策是关中本位。啥叫关中本位？总结起来就一句话，不信任来自北齐和南陈故地之士。

灭掉南陈后，杨坚在当地设置了吴州、洪州、广州、桂州等八个州，任命来自北方的亲信为总管，管理南陈遗民。这也就罢了，杨坚还下令毁掉了建康城中所有能唤起民众记忆的建筑，焚毁了南朝皇室使用过的器物。

一个政权想俘获人心需要恩威并施，威是证明自己的强大，恩是让老百姓意识到投靠能得到保护，生活状态能比以前要好。可杨坚信奉丛林法则，眼里只有暴力，这导致江南百姓对南陈皇室的想念没有断掉。

开皇十年（590年），江南爆发起义，战火波及了几十个州。杨素镇压了叛乱，随后杨广临危受命，坐镇扬州，开始了长达十年的怀柔安抚。当时，杨广找到了吴郡世家的骨干、江南士族的代表陆知命，并说服了他们归降大隋。陆知命替杨广游说江南的地方豪强，最终说服了十七个城池归降。之后，杨广又不费吹灰之力收编了陈正绪、萧思行等三百余名叛军首领。

大隋立国之时以儒学为尊，佛教和道教都排在后面，这是因为隋文帝杨坚需要靠儒学拉拢门阀士族，稳定人心。等他坐稳了皇位，掌握儒学最终解释权的门阀士族反而成了中央集权的绊脚石。仁寿元年（601年），杨坚以官办学校的水平参差不齐，连儒学基本要义都搞不清楚为由，废除了长安和地方的学校，只保留国子学，此举将儒学彻底打入了冷宫。

北齐是儒学的发源地，南陈虽然崇尚佛教，但儒学同样是当地知识分子安身立命的根本，杨坚削弱儒教的操作严重打击了山东士族和江南士族的归属感，这成了坐镇江南的杨广亟待解决的问题。

南北朝时期，外族入侵，中原内战，老百姓看不到生活的希望，只能把精神寄托在宗教上，以此忘却尘世间的苦难。南朝百姓格外信奉佛教和道教，杜牧曾有诗写道："南朝四百八十寺，多少楼台烟雨中。"形容的就是南朝佛教流行时的盛况。正是因为这个背景，杨广选择把安抚当地的突破口放在民间，放在宗教上。

智𫖮大师是当时的佛教领袖，南陈灭亡后遁入庐山，开始了隐居生活。开皇十一年（591年），年仅二十三岁的杨广在扬州总管府的金城殿内举办了一场"千僧会"，邀请江南的许多佛教领袖出席。为此，杨广亲上庐山，与五十四岁的智𫖮大师一番深谈，最终凭借自己对佛教的理解打动了智𫖮大师，成功请他参会。智𫖮大师为杨广受菩萨戒，给予他佛门"总持菩萨"的法号，杨广拜智𫖮为师，给予他"智者大师"的尊号，师徒正式结缘。

开皇十七年（597年），杨广再次邀请智𫖮大师到扬州。当时智𫖮大师虽然病体沉重，可他被杨广崇尚佛教的诚心感动，心里也念着师徒之情，因此执意下山，最终在路上圆寂。杨广此前为智𫖮大师修建了三十六座寺院，大师圆寂后又遵照他的遗嘱，在天台山（今浙江台州市天台县）建造了一座古刹。杨广登基后将之重新命名为"国清寺"，那里最终成为佛教天台宗的总部。

这一次下扬州，杨广带了大批的和尚、道士，就是想再次告诉江南百姓，大隋尊重佛教和道教，大家有共同的精神信仰，希望以此获得民间的认可。

除了在精神上贴近百姓，还要施以切实的恩惠。杨广大手一挥，免除了江淮百姓一年的赋税，免除了扬州百姓五年的赋税。江淮的犯人也全部获得恩释，得以回家。

稳定了民间，还要对付江南士族，在这方面，杨广要比杨坚的心思细腻很多，因为他懂他们要什么。这次来江南，杨广也没有忘记恩待南陈贵族。

首先，杨广将陈叔宝的六公主陈婤封为贵人，对昔日的南陈皇室释放了最大的善意。随后，他一纸诏书将各地的陈氏子弟召回京城，随才叙用。隋文帝时期，陈氏子弟随陈叔宝到长安，没有获得任何官职爵位，只得了几亩田地，在皇室的监督下勉强度日，有了杨广的恩德优待，他们终于翻了身。据统计，陈朝宗室成员做县令的就多达二十一人，做郡守的有七人，三品大员以上的有五人。

杨广巡视江南的这番操作，让江南百姓、南陈士族、宗教组织都看到了大隋的强盛，也给了他们实际的好处，稳定江南的政治目的算是达到了。不过，此次巡幸也留下了巨大的问题，给民间带来了极大的人力财力的消耗。

其实，杨广没必要带着数十万人完成安抚江南这件事，尤其是他的巡幸队伍中还有大批后宫家眷。巡视虽然不像战争那样会快速损耗王朝财富和人口，但综合成本毕竟太高，还是很耗费国力的，而最终为这件事买单的只能是普通老百姓。

明明有其他选择，最终还是选择了劳民伤财的路，由此也可以看出杨广的统治风格：精力旺盛，凡事喜欢亲力亲为；爱面子，爱排场，不懂体恤百姓；性情急躁，不懂得控制办事的节奏。

一个人的性格是很难改变的，对一个国家来说，这样的统治风格非常危险。

四　盛世帝王

北巡草原

大业三年（607年）正月，杨广在洛阳举办了一场规模盛大的博览会，专门展示隋朝的服装、礼仪、器物。为了彰显大隋的辉煌气派，杨广特地邀请了番邦王子、异国贵族、大隋的宗室成员以及文武大臣参加。

参展的人中，有一位身份尊贵的嘉宾——东突厥的启民可汗。当年突厥爆发内战，启民可汗被哥哥都蓝可汗打得落花流水，逃往长安寻求隋文帝杨坚的庇护。仁寿元年（601年），杨坚派杨素出征，帮启民可汗重新夺回了东突厥的汗位，启民可汗便率领族人归附了大隋，时常到长安觐见。

隋文帝是个节俭的皇帝，不太注重国家的形象。拿他自己来说，每天戴顶乌纱帽，毫无天子的威严和形象，大隋官员的服装也没有统一的标准，分不出等级尊卑。到了杨广这里，一切都有了章程，天子可以戴通天冠、远游冠、武冠、皮弁，出入不同场合需要穿不同的服饰，文武官员也根据各自的品级穿着不同材质的衣服，衣服上绣上不同的图案，而且他们衣服的品质也得到了提升。

启民可汗在长安待了这么多年，别说博览会，连高级别的聚会都很少参加，这一次真的被杨广的大手笔惊呆了。会后，他立即表示要改穿隋朝的服饰。杨广很满意启民可汗的表态，但还是委婉地拒绝了他。服饰是一个民族文化的外在表现，使用隋朝服饰，等于东突厥要彻底和大隋成为一家人，即便启民可汗愿意，东突厥的贵族和百姓会同意吗？如果因为这事引起东突厥内乱，大隋好不容易构建的北方和平局面就要毁于一旦。

这笔账怎么算都是亏的，于是杨广一边哄着启民可汗，一边赏赐他其他东西，最终把他送回了东突厥。

大国外交，除了软实力的博弈，有时候还必须要亮出自己的拳头。光让启民可汗一个人看到隋朝的强大没用，草原上还有那么多的部落首领，得让他们都看到才行。

大业三年（607年）四月，杨广突然下旨，要巡视北方。

杨广已经规划好了这次北巡的路线：大部队在今山西一带开始就把阵仗搞起来，随后行进到榆林（今内蒙古托克托旗黄河南岸），从这里进入蒙古草原，在东突厥的大本营接见草原各部落的首领，再向东巡视涿郡，从河北、河南返程。言外之意，这不是一次单纯的草原旅行，而是又一场政治安抚。

北巡大队里基本上是巡视江南的原班人马，全部人员加起来有五十万。临行之前，为稳定后方，杨广专门下了一道诏书：免除关内百姓三年赋税，随行的车驾不允许践踏农民的禾苗，如果遇到走不通的路，需要重新开通，可按照开路所占用的土地面积计算损失，调用附近粮仓的粮食补偿老百姓。

由于有大批的军队随行，杨广担心会吓到启民可汗，于是让长孙晟提前赶到东突厥，向启民可汗表达来意。启民可汗听说皇帝要来视察，兴奋得睡不着觉，先后派自己的儿子拓特勒、兄长的儿子毗黎伽特勒前去迎接。启民可汗甚至想亲自迎接，被拒绝后又召集奚、霫、室韦等几十个部落的酋长，提前守候在东突厥的总部，态度虔诚地聆听长孙晟的教诲。

长孙晟是隋朝著名的政治外交家，一生都在研究突厥，拥有很高的威望。同时他也是杨广的近臣，非常清楚杨广的心思。这一次，他决定把活干得漂漂亮亮的。

东突厥牙帐内，长孙晟宣读完圣旨，就蹲在门口仔细端详起地上一棵不起眼的杂草，说道："可汗，这棵草很香啊。"启民可汗不明所以，凑近闻了闻，问道："并无特殊的香味啊？"

发现启民可汗没听懂自己的意思，长孙晟又说道："天子巡幸之处，诸侯都要亲自打扫，净街相迎，以此显示对天子的诚挚之心。如今我却在您的牙帐外看到了草，还以为这是您特意给陛下留的香草呢。"

启民可汗顿觉惶恐，道："这是我的罪过！我的一切都是大隋天子赐予的，能得到报效陛下的机会，又怎敢轻视呢？突厥人不懂礼仪，幸好有您提醒。"话音刚落，启民可汗就抽出佩刀，开始亲自割草，随行的部落首领见状，也纷纷加入大扫除的行列。

这一次启民可汗学乖了，不光铲了自己家门口的杂草，还顺着杨广的巡视路线开辟了一条长三千里、宽一百步的迎宾大道，从榆林直通涿郡。

长孙晟从东突厥返回，将启民可汗的表现活灵活现地演示了一遍，杨广下旨狠狠褒奖了长孙晟一番。

大业三年（607年）六月，启民可汗带着奚、室韦等部落的首领前往榆林行宫参拜杨广，吐谷浑、高昌等西域政权也相继派人前来朝拜。这让杨广十分欣慰，不过他觉得这些还不够，特意安排朝廷的十六卫府兵，总计十多万大军，在边境举办了一次声势浩大的军队行动，把这些部族首领们看得目瞪口呆。

到了草原，杨广的身份自然是客人，客人就要听从主人安排，住到启民可汗安排的地方去。但很显然，这不符合杨广高高在上、掌控一切的气质，他想反客为主，而且想让突厥人真情实感地羡慕大隋的文物之盛，于是让建筑大师宇文恺设计了一顶帐篷。

突厥人住的帐篷叫"突厥帐"，可以拆卸，随车马移动。它的形制很像现在的蒙古包，但是要比蒙古包高，用木棍搭成方格纹样，用粗绳横拦两道，使木棍组成的方格分成三组，顶上没有天窗，一面设置帐门，方便人员出入。如果说这种传统的突厥帐好比普通民宅，那么宇文恺设计的帐篷就是顶级配置的别墅了，因为它可以同时容纳数千人。

帐篷做好后，杨广邀请各部落的首领在帐篷里，欣赏歌舞，突厥人就像刘姥姥进了大观园一样，对所见所闻均感震惊。大家为了表示敬意，进献了无数的草原牲口，《资治通鉴》载："争献牛羊驼马等数千万头。"杨广也不吝啬，回赠了大批丝绸锦缎，还送给启民可汗一批中原的车马仪仗，允许他以后上表不称臣，位在王侯之上。直到此时，才算是宾主尽欢。

光举办聚会还不够，在榆林的时候，杨广又下旨：征调北地的民夫，修筑一条西起榆林、东至紫河（今内蒙古南部的浑河）的长城。这段长城长约三百公里，修建耗时二十来天，动用的人力高达百万人。

当然，这段记录可能有夸张的嫌疑，因为榆林地处大隋边境，人烟稀少，朝廷在短时间内征调百万人几乎不可能。但杨广强行上马这个工程，而且逼着大臣去征调民夫、筹集钱粮，这个事是肯定存在的，因为太常卿高颎、礼部尚书宇文㢸、太常丞李懿都曾对此提出过异议。

大臣们的意见很统一：首先，大隋刚巡视过北地，与少数民族的关系可以说正在蜜月期，现在却突然单方面修筑长城，便显出防备姿态，这就像是给双方关系泼了一盆冷水，岂不是前功尽弃吗？其次，杨广带着五十万人巡视北境，每天都在烧钱，几乎掏空了府库，如今又要修长城，国力实在是难以为继。

高颎带头进谏，不出所料被杨广直接怼了回来。高颎不忿，私底下和同僚吐槽说杨广和前朝的亡国皇帝一个德行，还说启民可汗和大隋走得太近，早已熟知了大隋地形，有朝一日必定会成为大隋的心腹之患，照这样下去，大隋恐怕就危险了。除了高颎，光禄大夫贺若弼、礼部尚书宇文㢸也有抱怨之语，多是说皇帝过于奢侈。

高颎是废太子杨勇的姻亲，杨广曾经的政敌。不过杨广登基后并没有贬斥他，还让他位列九卿（太常卿）。站在杨广的角度看，高颎没有记着他的好也就罢了，还在大臣面前说他的坏话，这事实在不地道。更何况，《大业律》

有明确规定，臣子不能私下议论皇帝的不是，而高颎的议论还发表在北巡的时候，这是明显的谤毁朝政。因此，杨广听闻消息气得直接处死了高颎、宇文弼、贺若弼。

客观地说，高颎文能安邦，武能定国，是大隋贤相。他支持杨广宣扬国威的想法，因此跟着杨广修建洛阳、挖大运河、巡视江南。可凡事都有个度，有多大的家业就办多大的事，透支王朝家底的做法注定不能长久，尤其是在荒无人烟的边境修长城这种事，明显是杨广在一意孤行。高颎忧虑的不只是这一件事，也是看透了杨广不恤民力的本性。忍耐到了极限，自然需要发泄，只不过在北巡期间闹情绪确实不太妥当。

反过来再说杨广，他有自己的政治理想，这没问题，可他太过得意忘形了。北巡期间，他犯的最大的错就是擅杀谏臣。像高颎这种位高权重、功劳赫赫的大臣都能被冤杀，其他人怎么敢再进言？此后，朝臣为了自保，要么闭口不言，要么趋炎附势，政治风气被败坏了，皇权不再受到制约，结局可想而知。

那些都是后效，此时杨广还看不到，他正一心扑在北巡上。大业三年（607年）八月，杨广的车驾从榆林出发，经过云中郡（今山西大同市）溯金河而上。五十万人、十万匹战马和无数的战车，浩浩荡荡的队伍行走在草原上，一路上旌旗蔽天，黄沙漫漫。

队伍里最显眼的当数宇文恺设计的一款"观风行殿"，上面可以容纳数百个侍卫，下面安装车轮，整个大殿可以在草原上移动前进。随行的还有一款"行城"，周长两千步（约三千米），以板为干，衣之以布，饰以丹青，楼橹悉备，说白了就是一座神秘莫测的移动城堡。杨广坐在观风行殿里，犹如下凡天神，以至于十里之外的部落还没见到他的本尊就开始朝御驾行礼。

随后，杨广亲临启民可汗的营帐，在那里再次接见了各部落的首领。突厥王侯以下的贵族纷纷匍匐在他面前，不敢直视他的眼神。杨广傲视群雄，心情非常愉悦，当场赋诗一首：

>呼韩叩头至，屠耆接踵来。
>
>怎比汉天子，空上单于台。

在杨广的眼中，汉武帝打败匈奴、建造单于台是虚有其名，如今他让突厥人跪拜在自己面前，心服口服地称臣，才是真正的宣扬国威、名扬万世。他甚至觉得，他的功绩不是汉武帝可比的。

直到此时，北巡活动还一切圆满，可启民可汗偏偏在这个时候给杨广引荐了一位高句丽使者，而这位使者就是那只致命的蝴蝶，引起了杨广内心的惊涛骇浪，进而在一定程度上改变了大隋的国运。

史料记载，这位高句丽使者早就到了东突厥，希望说动启民可汗与高句丽合作，共同对抗大隋。启民可汗原本抱着侥幸心理，想隐瞒高句丽使者来访的事，然而杨广的北巡让他意识到东突厥和大隋根本不是一个级别的对手。更何况，杨广恩威并施，突厥各部落都向他投诚，如果启民可汗这时候动了歪心思，隋朝随时可以扶持另外一股势力取代他。思虑一番后，启民可汗还是担心惹祸上身，最终选择把高句丽使者交了出来。

关于高句丽使者出现在东突厥一事，杨广既没有惊讶，也没有愤怒，他想先听听朝臣们的意思。

黄门侍郎裴矩率先发表了自己的看法。他认为，高句丽是商纣王叔父箕子建立的政权，自汉朝以来就是中原政权的附属，如今大隋立了国，高句丽却自立为国，这是挑衅。先帝杨坚在位时就想教训高句丽，只不过遇到内乱，最终耽搁了。如今启民可汗率领突厥众人归降大隋，大隋正好可以借这个机会，胁迫高句丽称臣纳贡。

裴矩的话说到了杨广的心里，于是他对那高句丽使者说道："朕是因为启民可汗愿意尊奉大隋，才亲自到他的营帐。朕明年就会到涿郡，你回去后告诉你们的国王，只要真心归降，朕也会这样待你们，如果不来朝见，朕会亲自去巡视你们的国土。"

可是，大国外交只放狠话是没用的，也需要用实力威慑。启民可汗是因为看到了大隋的强大，这才愿意归降，而高句丽孤悬辽东，其国王高元对中原知之甚少，对隋朝的军事实力完全没有概念，如果光听杨广说的这些话，只会觉得他是在说大话，因此根本没搭理。

杨广没等来高句丽的表示，深觉受到挑衅，终于在大业七年（611年）下令讨伐高句丽。

命运的齿轮一旦开始转动，那是谁也抵挡不了的。针对高句丽的战争一旦开打，隋朝就走上了由盛转衰的下坡路。

安抚西域

杨广是个闲不住的人，从草原回来后，他的目光开始转向遥远的西域。

西晋灭亡后，西域脱离了中原王朝的控制，丝绸之路也失去了往日的辉煌。南北朝时期，中原的统治集团疯狂内斗，无人踏足西域，其状况如何渐渐鲜有人知。

但对于新生的大隋王朝来说，西域不受掌控是一件无法接受的事，只是这时候大家看西域已经像看一片陌生地带了。那里有多少政权，地理地貌是什么样子的，风土人情如何，人们一无所知。

杨广早就在关注西域，他听说有大批的胡商在张掖做生意，于是让时任吏部侍郎裴矩前往张掖，监管当地市场。

为什么选裴矩呢？因为当初杨广担任灭陈主帅的时候，裴矩就是元帅府记室，负责收集南陈的地图、户籍，做事周到细心，和杨广配合默契。后来在平定岭南、安抚突厥的过程中，裴矩又展现了不怕困难、敢于冒险的品质，这让杨广大加赞赏。最关键的一点在于，裴矩能准确理解杨广的战略意图。

裴矩的工作是监督当地交易情况，于是，他整天游走在胡商中间，找他们聊天胡侃，话题包括你从哪里来，你的国王是谁，他性格怎么样，你的国家有多少人，你们那是什么风俗，有几条河流几座山，你们都吃什么……一来二去，裴矩居然整理出了一本涉及西域四十四国的《西域图记》，还有一张记录了西域所有国家和重要交通节点的地图。

裴矩告诉杨广，现如今，西域诸国与隋朝之间有三条贸易通道，分别是：

北道：从伊吾（今新疆哈密市）开始，经过铁勒部突厥王庭（今新疆巴里坤湖附近），最后到达拂菻国（今伊斯坦布尔）。

中道：从高昌（今新疆高昌区）开始，经焉耆、龟兹、疏勒，度葱岭，又经镬汗、苏对沙那国、康国、曹国、何国、大小安国、穆国，最后到达波斯（今伊朗）。

南道：从鄯善（今新疆鄯善县）开始，经过于阗、朱俱波、喝盘陀，度葱岭，又经护密、吐火罗、挹怛、忛延、漕国，最后到达北婆罗门（今印度）。

裴矩献上奏表，核心观点有三个：首先，以大隋的国威之盛、军队之骁勇，跨越昆仑山收服西域易如反掌，只不过突厥和吐谷浑横在中间，所以西域诸国对中原的朝贡不通；其次，西域诸国已经向大隋暗送秋波，希望成为大隋的臣子；最后，西域胡人经商多年，积累了很多财富。

说来说去，裴矩就一个意思：只要皇帝愿意，西域就能拿下，而拿下西域不仅有政治上的收益，还能得到经济上的巨大利益。

裴矩的奏表彻底勾起了杨广的兴趣。经略西域的诱惑性实在太强了，杨广当即赏给裴矩五百匹布帛，提拔他为黄门侍郎，命他全权负责西域事务，之后每天召见他以了解西域情况。两人交谈之间，便为大隋征伐西域诸国的行动定下了基调。唐朝史臣在《隋书·西域传》中曾经评论过这段历史：

自古开远夷，通绝域，必因宏放之主，皆起好事之臣。张骞凿空于前，班超投笔于后，或结之以重宝，或慑之以利剑，投躯万死之地，以要一旦之功，皆由主尚来远之名，臣殉轻生之节。是知上之所好，下必有甚者也。炀帝规摹宏侈，掩吞秦、汉，裴矩方进《西域图记》以荡其心，故万乘亲出玉门关，置伊吾、且末，而关右暨于流沙，骚然无聊生矣。

客观地说，唐朝史臣的评价没错，裴矩一辈子都在经略西域，不管是出于为国谋利的公心，还是想出政绩的私心，他都希望杨广打通西域丝绸之路。在西域事务的处理问题上，君臣二人不谋而合。

裴矩领命后很快就返回了张掖，与西域诸国联系，向他们阐述大隋国策，通过威逼利诱等各种方式拉拢了不少盟友，以至于在杨广北巡之际，高昌、伊吾的使者直接跑到其驻地榆林表达了称臣纳贡的意思。

接下来，大隋要搞定的就是西突厥和吐谷浑了。

西突厥活跃在天山一带，其统治范围为今中国新疆西部和中亚地区，当时的统治者是处罗可汗。

处罗可汗怀有做突厥大可汗的人生理想，可他生性残暴，刻薄寡恩，敏感多疑，这样的性格根本撑不起他的野心。他惦记铁勒人的财富，发动了军事偷袭，又怀疑薛延陀部叛变，杀害了几百名酋长，最终迫使铁勒和薛延陀反叛，西突厥因此元气大伤。

处罗可汗的缺点虽然很多，但他却是一个大孝子。裴矩摸清了处罗可汗的家庭关系网，得知处罗可汗的母亲向氏先是嫁给了他的父亲，其父死后改嫁给他的叔叔，后来归降大隋，如今定居在长安。

大业四年（608年）正月，西突厥王廷迎来了一位神秘的贵客，此人是杨广的使者，大隋兵部侍郎崔君肃。崔君肃在西突厥王庭宣读了杨广的诏书，表示希望处罗可汗归降大隋，向大隋称臣纳贡。

处罗可汗一开始态度倨傲，坐着听完了崔君肃宣诏。崔君肃见状，就正色警告他："大隋强，你弱，你就该夹着尾巴做人。"

四　盛世帝王

国强则外交强，国弱则外交弱，有大隋做靠山，崔君肃就是这么强硬。而在强硬表态后，崔君肃又进行了一番动之以情、晓之以理的劝说。

"自从突厥一分为二，你们互相打了几十年，谁也灭不了谁，就因为双方实力相当。东突厥的启民可汗为什么向大隋称臣？因为他收拾不了西突厥，想靠大隋的军队消灭你。如今大隋已经同意了启民可汗的请求，大军整装待发。你的母亲担心西突厥灭国，向我们的天子匍匐谢罪，请求他派使者招降你，说你一定会归降。天子可怜你的母亲，所以派我出使。如今可汗倨傲无礼，拒绝称臣，你的母亲就会失信于天子，恐怕会暴尸街头，到时候兵戈一起，可汗你的下场可想而知。"

处罗可汗或许确有几分孝心，可如果真孝顺，也不会让母亲一个人留在长安不闻不问，因此他孝顺的名头恐怕也只是后世史官给他找的一种托词罢了。真正威慑到处罗可汗的是大隋的军力，尤其是杨广在北巡期间组织的军事演习，实在太过震撼人心。至少在短期内，处罗可汗还不想和大隋较量，于是他挑选了一批汗血宝马，命人送到了长安。

西突厥称臣纳贡后，就该轮到吐谷浑了。

吐谷浑的开国者是辽东鲜卑族的王子慕容吐谷浑。他和家族闹翻后，负气出走，骑着马到了今天的甘肃境内，见马群不肯再往前走，便决定驻扎下来。后来他领着族人在此地站稳脚跟，繁衍生息，最终建立了以自己名字命名的政权。

吐谷浑是个重视汉文化的政权，招纳流亡的汉朝读书人，仿照中原的制度构建自己的朝廷，比如他们也有王、公等爵位，还有尚书仆射、郎中等官职。就这样，吐谷浑将版图越扩越大，最终成了西域的超级霸主，统治地区包括临羌城（今青海湟源县）以西、且末（今新疆且末县）以东、祁连山以南、雪山（今昆仑山、巴颜喀拉山、阿尼玛卿山）以北的大片地盘，非常广袤。吐谷浑的都城叫"伏俟城"，是"王者之城"的意思，位于水草丰茂的青海湖畔，非常适合部落繁衍生息。据考古发掘，伏俟城东西长二百二十米，南北宽二百米,墙基宽十七米,高十二米,规模不大。这是因为吐谷浑以游牧为主,伏俟城只是政权的象征。

吐谷浑人的经济来源主要有三种,即自养牲口、商业贸易和抢劫。历代国王都很亲近中原,办事也讲规矩,可到了伏允可汗这里,一切都变了。伏允可汗一边给大隋进贡,一边打探大隋的情报,还和突厥搞利益交换。杨广十分厌恶这位做事两面三刀、奸诈狡猾的伏允可汗。

当时,铁勒部族和西突厥闹掰了,和东突厥也不对付,于是上书请降。杨广和裴矩意识到这是个难得的机会,便接受了铁勒部族的归降,但提了个条件:做大隋的马前卒,攻打吐谷浑,作为投名状。

这招借刀杀人太厉害了,因为一来隋朝不用消耗自己的军力,二来名义上是铁勒部落向吐谷浑开战,和隋朝无关,如果出了什么问题,隋朝拥有从中斡旋的空间。

大业四年(608年),铁勒部族从且末入境,悄悄经过柴达木盆地,向吐谷浑发动了偷袭。伏允可汗被打得措手不及,逃到了隋朝的西平郡(今青海海东市乐都区)。

伏允可汗希望大隋皇帝救自己一命,杨广等的就是他这句话,立刻派宇文述出兵西平郡、安德王杨雄出兵浇河郡(今青海海南藏族自治州贵德县),前去助伏允可汗一臂之力。伏允可汗一看这阵仗,心里却犯起了嘀咕,因为这看起来是南北夹击,要是中了套,自己就得完蛋,于是赶紧率部兵向西遁逃。

伏允可汗的出尔反尔成了大隋铁骑征讨吐谷浑的最好理由。隋军以秋风扫落叶之势接连攻下了曼头(今青海海南藏族自治州共和县西南)、赤水(今青海海南藏族自治州兴海县东南)二城。宇文述大军斩杀三千多人,俘虏了两百名吐谷浑贵族、四千多名百姓。此战过后,吐谷浑政权彻底瓦解。

第二年,西域传来消息:伏允可汗率领余部复归旧地。大业五年(609年)五月,杨广巡视西平郡,指挥大隋铁骑一直杀到伏俟城,彻底扫清了吐谷浑的残余势力,伏允可汗不知所终。不过隋军虽然胜利,付出的代价也挺大,毕竟是在高原作战，又是在不熟悉的战场，左屯卫大将军张定和大将军梁默皆力战身亡。

战事到了这里，大家都以为可以班师回朝了，可杨广突然提了个问题："自古以来，天子都需要到全国巡狩，而江东的几位皇帝却喜欢待在深宫，不与百姓相见，是何道理？"

这其实是个严肃且复杂的话题。对皇帝来说，如果不了解民间的疾苦，不接地气，会造成两个不良后果：一是做不到感同身受，无法制定体恤百姓的政策；二是不了解国家底细，不了解民间的运行规则，执政时就会像盲人摸象。

中国历史上有四百多位帝王，其中称得上贤明之君的帝王大部分要么在民间摸爬滚打过，要么有长期的宫廷之外的生活史或军旅史，剩下一小部分的身边则一定存在有丰富的地方生活或者工作经验的臣子，而帝王本身也一定善于纳谏。

所谓听话听音，大臣们很明白杨广说这番话的意图——皇帝这是想巡视西域了。

于是，杨广率领一干人等向河西走廊进发。河西走廊是一条西北—东南走向的狭长地带，东起乌鞘岭，西至玉门关，夹在北部山脉（马鬃山、合黎山和龙首山）和南部山脉（祁连山和阿尔金山）之间，东西长约一千公里，南北宽一百至两百公里不等，最窄的地方只有几公里，一路上有酒泉、敦煌、武威、张掖四大重镇。早在汉代，朝廷就在这里驻屯了军队，为丝绸之路保驾护航。

想进入河西走廊，就要穿越高耸入云的祁连山脉。自古以来，连通山脉两边的最方便的道路就是大斗拔谷，这里有条羊肠小道，北起峡谷口，南至俄博岭，绵延二十七公里，最宽的地方四米，最窄处仅有一米。因为大斗拔谷在山脉之中，所以时常被极端天气笼罩，白天可能还是晴空万里，到了夜晚就会冰雪交加，气温骤降。

杨广这次西巡带了十几万人，由于道路崎岖，他们放弃了许多辎重，到了晚上遇到极寒天气，帐篷只够贵族使用，其他人只好露宿山间。可晚上雨雪不断，天气严寒，露宿山间是一定会要人命的。果不其然，一半的人都被冻死在了路上，其中甚至包括杨广的胞姐乐平公主杨丽华。即便如此，杨广还是坚持走完了全程。

穿越祁连山脉后，杨广一行人来到了张掖。杨广在此接见了高昌、伊吾等二十七个西域国家的首领，让他们佩戴中原的金玉饰品，身穿绫罗绸缎，欣赏大隋的歌舞表演。杨广还发动武威、张掖的百姓穿着最漂亮的衣服，乘坐精美的马车涌入街道，营造出周围几十里的地方人头攒动、一派繁华热闹的气象。

杨广投入了巨大的成本，收获也不菲。西域诸国被大隋的奢华惊呆了，对大隋越发信服，高昌、伊吾等国更是直接献上了自己的国土。

杨广大手一挥，设置河源、西海、鄯善、且末四郡，将吐谷浑和西域诸国纳入了版图。粗略估算，吐谷浑东西跨度一千多公里，南北跨度一千公里，国土面积超过一百万平方公里，再加上西域诸国，大隋这次新增的国土面积可能超过两百万平方公里。在中国历史上，这是青海全境第一次被纳入到中原政权的版图中。《资治通鉴》记载："是时天下凡有郡一百九十，县一千二百五十五，户八百九十万有奇。东西九千三百里，南北万四千八百一十五里。隋氏之盛，极于此矣。"

在大隋铁骑的威慑下，脱离中原控制长达数百年的丝绸之路再次回归中原政权的怀抱。为表庆贺，杨广大赦天下，并下令将中原的罪犯迁到吐谷浑境内，用大隋的统治制度管理当地。此后，大隋王朝和后来的大唐王朝以开放包容的姿态继续影响着西域诸国，推动了中华民族的民族融合进程。在这个方面，杨广算得上功在千秋。

杨广在西北待了两个月，足迹遍布整个河西走廊，最远处到达玉门关。这座由汉武帝派人修建起来的关隘，堪称古代中原政权的边境国门。从长安到玉门关，直线距离就有一千五百公里，行走的实际距离则有数千公里。路途遥遥，杨广是中国历史上第一位也是最后一位亲临这里的皇帝。

之后，杨广就踏上归途，与他同行的还有西域各国的代表，他们将到洛阳，亲眼看看中原的繁荣昌盛。

大业六年（610年）正月，洛阳城端门外，杨广安排了精彩的歌舞表演，仅吹拉弹唱者就有一万八千人，数十里外都可以听到喧天的锣鼓声。这场表演持续了足足大半个月，耗费的钱财是天文数字。

大隋给西域各国的感觉就一个，财大气粗。西域诸国觉得有钱赚，纷纷提出要和大隋做生意。对此，杨广满口应允，命人将洛阳的三大集市装修一新，店面都是统一风格，还仿照西域风格设立帐幕式的店面，放在地上卖的菜也要用龙须席垫着。时值冬天，市集里的树光秃秃的，他又让人给树缠上五彩斑斓的布帛，强行营造出一种热闹繁华的氛围。

杨广还规定，凡是西域商人经过市集，酒肆饭店都要主动热情地请他们进门，拿出最好的酒菜招待。客人吃饱了要买单的时候，商家必须表示拒绝，连拒绝的说辞都替他们想好了——"中国丰饶，酒食例不直取"。

如此行为已经超过了寻常的待客之道，就连胡商都觉得莫名其妙，他们问道："大隋也有贫穷到没有衣服穿的百姓，为何不送给他们，而要把布帛缠在树上？"隋朝官员听到这话，只能羞愧地低头不语。一切都是皇帝的意思，他们只是办事的。

重新开通丝绸之路明明是应该举国欢庆的大好事，朝廷借此实现了政治目的，民间也能获得实实在在的经济利益。若是朝廷有家底，花点钱彰显国威无所谓，可杨广的所作所为实在超过了限度，如流水的开销只能让老百姓买单，这就是成为变相压榨民力了。尤其是在对西域的优惠政策常态化后，丝绸之路沿途的百姓越发苦不堪言，《资治通鉴》记载："由是百姓失业，西方先困矣。"

当开疆拓土、夸耀国力成为百姓的负担时，这个行为就注定不可持续。杨广虽然享受了一时的虚荣，可时间长了，终归要尝到急功近利、铺张浪费带来的恶果。

被低估的短命王朝：隋朝37年

安定南方

历史上每一个雄才大略的帝王都渴望建功立业、开疆拓土，杨广也不例外，他对于开拓疆域的野心直接摆在了明面上。现在东部、北部和西部都搞定了，南方绝不可能成为漏网之鱼。

负责开拓南方的是前交州道行军总管刘方，他是尚书右仆射杨素的亲信。隋文帝仁寿二年（602年），刘方就打到了交趾国（在今越南北部），回到长安后，有人告诉刘方，南边还有个国家叫林邑（在今越南中部），那里有很多世所罕见的宝贝。

这些宝贝就是金矿、玳瑁、沉木香等。其实，南朝的几个政权都知道林邑，还掠夺过他们的财富。杨广登基后，刘方被任命为驩州道行军总管，于大业元年（605年）奉命前往林邑，准备一探究竟。

林邑王梵志派兵骑乘大象对付隋军。刘方在地面挖了许多坑，再用草皮掩盖，交战之际，大象纷纷掉进坑中，被隋军弓箭射杀。然而，梵志始终不肯投降，最后出海逃亡。刘方攻占其首都占城，刻石纪功而返。

西汉时期，汉武帝就曾征服过林邑，在此设立了象林县。杨广要超越汉武帝，林邑就不会是南征的终点。东南亚地区气候湿热，隋军水土不服，加上征战辛苦，军队伤亡人数高达五成，即便刘方本人也在归途去世。

然而刘方生前打探到了一个消息：林邑的南边还有个叫赤土国的政权。赤土国就是如今的苏门答腊岛，因其国土呈红色而闻名。

发生在林邑的战争，想必赤土国王也听说了。敌人过于强悍，正面迎敌吃力不讨好。赤土国王思来想去，最终写了封国书决定归降隋朝。

大业三年（607年），杨广派常骏访问赤土国，受到了隆重的接待。第二年，赤土国进贡了许多东南亚特产。后来，杨广命屯田主事常骏、虞部主事王君政带着上好的丝织品，从南海郡（今广东广州市番禺区）乘舟南下。

屯田主事和虞部主事隶属尚书省工部，前者负责开荒种田，后者负责山泽、苑囿、供顿。很明显，这不是简单的国事访问，杨广是想让他们勘察赤土国的地理地貌，顺便摸清楚周围还有哪些国家，打算将它们一块并入大隋的版图。

大业四年（608年）十月，常骏等人到达赤土国的边境。赤土国王派遣婆罗门鸠摩罗前去迎接，大队又走了一个多月才抵达首都。

面对大隋皇帝派来的使者，赤土国拿出了十足的诚意，热情招待常骏、王君政等人。常骏以赤土国为中心，让其他使者前去联系东南亚地区的政权，扩大了大隋王朝和东南亚地区的沟通与交流。

事情办完后，常骏和王君政带着金芙蓉冠、龙脑香、香水等特产，还有赤土王子那邪迦返回洛阳交旨。

大业元年（605年），隋朝的水师在东南沿海巡逻，恰好天高云淡，风和日丽，士兵们发现远处烟雾缭绕，很像是一座岛屿，便把这一发现上报朝廷。因该岛远远望去，蟠旋蜿蜒，若虬浮水中，人们就称之为流虬，后改为流求。

杨广对这事非常感兴趣。大业三年（607年），羽骑尉朱宽奉命出海，费了九牛二虎之力上了岛。可大隋官话和当地方言完全不同，实在无法沟通。朱宽无奈之下，只好绑了个当地人带回中原。

大业四年（608年），杨广再次派朱宽前往流求，此次出使的任务很明确：

不管是什么样的政权，让他们的首领赶紧来洛阳朝拜。

朱宽轻车熟路，很快就到了岛上。这一次，朱宽在当地人的带领下见到了流求的首领，也不知用了什么样的沟通方式，居然将杨广的意思完整地传达给了他们。

没想到，流求首领拒绝了，表示称臣不行，不服来打。朱宽只得先行撤退，并带走了几件流求人的盔甲和服装，算是此次出使的成果。

大隋君臣对朱宽带回的盔甲等物感到陌生，也不知道流求人的底细。正好日本推古朝的外交大臣小野妹子携国书来隋，了解了来龙去脉后，向隋炀帝解疑道："此夷邪久国人所用也。"邪久国即日本史书所称的掖久（也作夜久、夜句）国，在今日本鹿儿岛县大隅半岛之南的屋久岛。既然被小野妹子称为"夷"，说明当时邪久国并不属于日本，而是一个独立势力。

大业六年（610年）正月，杨广以虎贲郎将陈棱和朝请大夫张镇周为主将，让他们带着一万大军从舟山群岛出发，沿着东南海岸线，直奔流求。

流求国王欢斯渴剌兜仓皇之下，只能组织数千士兵守卫国土，可不管是身体素质还是武器装备，流求人都不是隋军的对手，均被杀死。

大隋兵分五路，一直打到流求都城波罗檀洞，双方在此地激战了一天，欢斯渴剌兜被杀，王子欢斯岛槌和数千名流求百姓被俘虏回中原。就这样，流求正式成了大隋的附属国。

杨广登基六年，从未停下向外开拓的脚步，无数的百姓和军人都在为皇帝的这个意志效命，这是事实。不过，开疆拓土和建立霸权是两个不同的概念。一个合格的皇帝，任期内的版图如果收缩了，不管是为了和平的妥协，还是军事上的失败，都是无法容忍的。但说到建立霸权，事情就复杂了。国家需要强权，但世界不需要霸权。因为霸权的本质是压迫，是不公平，注定无法长久。国家可以因强而霸，但会因霸而衰，好战而亡。英国历史学家汤因比认为，帝国衰落的共同特点在于"对外的过度扩张和社会内部扭曲的扩大"。在帝国建立霸权的过程中，一定会消耗大量的社会资源，最终引起社会各阶层的不满。

建立超级帝国容易，但维护霸权的成本太高。

杨广显然是既想要强权，也想要霸权，可维护霸权要付出的代价是巨大的。比如，隋朝在边境设置郡县，要派官员治理，派军队驻守，需要大批钱财。隋朝不缺钱粮，但把军用物资送到千里之外的边疆，运输成本就是军资的好几倍。为了接待四面八方的使者，隋朝出钱出人，民间疲惫不堪。老百姓为了服役，常年在外奔劳，时有伤亡，民怨极大。

有十万家底的人，每天会算计着过日子，有千万资产的人，偶尔会盘点家底，权衡有些事能不能干。杨广自认为是超级富豪，觉得家底是可以无限挥霍的，可再厚实的家底，也经不起没完没了的折腾。

当折腾到整个国家都被拖累拽下马的时候，统治根基就动摇了，亡国的丧钟也随之敲响。

五 战争泥潭

一 征高句丽

大隋王朝灭亡的导火索,就是征讨高句丽。翻看这段历史,人们在倍感震撼的同时又不免觉得惋惜。

中国古代历史上,似乎从来没有如此难打的战争。这场战争横跨了两个王朝,共计四位帝王出兵征讨,隋文帝和唐太宗均折戟沉沙,杨广因此而灭国,唐高宗焦头烂额,差点放弃,最终惊险取胜。

那么,高句丽究竟是什么来历?

6世纪,朝鲜半岛上高句丽、百济、新罗三个政权并立,就像汉朝末年的魏、蜀、吴,三者连年交战。

在三国争霸的过程中,高句丽长期稳坐头把交椅。究其原因,是5世纪北燕被北魏灭国后,数十万北燕官员和百姓涌入高句丽,带去了先进的制度、文化和手工业,尤其是北燕军队加入,大大提高了高句丽军队的战斗力。

因为实力强,高句丽一直想统一朝鲜半岛,还想跨过鸭绿江,占据辽东地区,这就和北朝政权有了直接的利益冲突。因此,高句丽的地缘政策是与接壤的北朝政权为敌,奉远方的南梁、南陈等南朝政权为正朔。

隋文帝杨坚灭陈的时候,高句丽就在大隋的东北边境整饬军备、广囤粮食。数年之后，高句丽联合靺鞨骑兵侵犯大隋的东北地区，隋文帝封汉王杨谅、上柱国王世积为主帅，命他们率领三十万大军，分水、陆两路讨伐高句丽，并下诏废黜了给予高句丽国王高元的官职和爵位。

谁也没想到，这一仗隋军竟然战败了，对此史书中记载的官方解释如下："时馈运不继，六军乏食，师出临渝关，复遇疾疫，王师不振。"好在隋军虽然无功而返，浩大的阵势还是吓到了高元，他主动上表，自称"辽东粪土臣元"，算是给了隋文帝一个面子。但高元是奸诈狡猾的老狐狸，嘴上认了输，心里却不服。后来他派出使者联络启民可汗，想一起找大隋的麻烦，却被北巡的杨广撞个正着，这成了杨广征讨高句丽的理由。

杨广对高句丽早有想法。鉴于当年隋文帝的军队主要输在了后勤保障上，所以杨广继位之后开挖了直通涿郡的大运河，方便把各地的粮食源源不断地送到辽东战场。

大业七年（611年）二月，杨广先礼后兵，给高句丽下了一份诏书：

"辽东粪土臣元，高句丽原本就是中原的藩属国，你却丝毫没有朝拜天朝上国的觉悟。此次大隋出兵辽东，教训你们是一方面，最重要的是天子想到涿郡巡视民情。为此，天子特地封赏河北诸郡和山西、山东地区年满九十岁以上的老者为太守，八十岁以上的为县令，让他们享受当官的待遇。"

这道诏书写得很霸气，表现出了对敌人的蔑视和不屑一顾，不像是宣战，更像是恩赐，根本没把高句丽放在眼里，带着一种随便去逛逛的轻松姿态。

可这是杨广的真实心理吗？是，也不是。

这些年，杨广北巡突厥，安抚西域，南征流求，将皇权威严传及四海，面对小小的高句丽，他确实有资格骄傲。随着自信心的膨胀，杨广甚至开始觉得自己是无所不能的，所有人都会是他的手下败将，所以他选择御驾亲征。

不过，杨广的内心还是有忌惮的，因为他的父亲在辽东吃过败仗。所以这一次，杨广足足花了一年的时间备战。

首先，杨广预料陆路进攻会有难度，提前给幽州总管元弘嗣下了一道旨意，让他前往东莱海口（今山东烟台市龙口市），造三百艘大船备用。

其次，杨广让全国各地的军队到涿郡集合，等候朝廷的调遣。

大业七年（611年）四月，杨广抵达涿郡的行宫，随后下令，调派江淮以南的水手一万人、弩手三万人及岭南的排镩手（划船的人）三万人前往涿郡集合。

五月，杨广命河南、淮南、江南的官府督造五万辆新式战车，送到高阳（今河北保定市）备用。

七月，杨广调派江淮以南的民夫以及运粮船前往黎阳仓和洛口仓，将国库的粮食运送到涿郡备用。

经过紧急筹备，涿郡集结了一百一十三万大军以及数不清的军备物资。然而，"一将功成万骨枯"，暴力机器顺利运转的背后，是无数家庭的破碎和牺牲。

这一次，仅陆路运送粮食的百姓就有几十万，他们服役的时候刚好是农忙季节，可为了完成杨广下达的任务，很多土地都只能任其荒芜。这也就罢了，运送军粮的时候还遇到黄河沿线暴雨倾盆，牛车陷在泥里根本不动弹，百姓只能眼睁睁看着粮草被淋湿、时间被耽误。

暴雨波及范围甚广，河南、山东等地三十多个郡遭遇水灾，数十万人无家可归。但征伐高句丽已是箭在弦上，朝廷根本不考虑天灾对百姓的影响，依然强横地要求必须在规定时间内把足够量的粮食运到，否则就要依军法严惩。押运官员为了保住自己的乌纱帽，只能更加疯狂地压榨百姓，累死的人不计其数。

催赶无济于事，民夫们要么无法上交足额的军粮，要么延误了交粮时间。他们面临严重的处罚，第一个想到的就是逃跑，可如果偷偷逃回老家，地方官府还是会抓他们定罪，为了活命，他们只能躲到深山老林里做流民。

天灾人祸，流民增加，这是农民起义的先兆。杨广知道后方不稳定，为此发过一道诏书："朕征伐高句丽，全国上下莫不协助，朝廷文武亦尽心尽力，百姓舍家弃口，家里很少有余粮，这些情况朕都清楚。因此各地郡守要多照顾出人出力的家庭，如果他们的家里缺乏粮食，从国库拨给，如果家里有土地，但家人身体不好，可以号令富裕之家帮他们打理田地。朝廷攻伐高句丽期间，各地官员务必保证留守的妇幼老小有饭吃。"但是根本无济于事。

讨伐高句丽不能叫停。大业八年（612年）正月，大隋正式进入战前总动员的阶段。杨广对此胸有成竹，认为可以一战即胜。不过，这时偏偏有人跟他唱反调。

杨广叫来了昔日的老朋友、合水县令庚质，问他道："高句丽不过是一个小郡，朕如今率领大军前去征伐，你认为朕的胜算如何？"

庚质答："大隋当然打得过，但臣不希望陛下亲临前线。"

杨广的脸色很难看，问："朕的大军已经集结，难道没看到敌军就要撤退吗？"

庚质答："陛下，如果战事失利，会影响天子威信，您只要派大将倍道兼行，出其不意，掩其不备，必能一举攻克。所谓兵贵神速，迟缓则会无功。"

杨广道："既然你害怕，就留在这里吧。"

杨广本来希望听到来自老朋友的赞歌，可庚质选择了泼冷水，这让杨广非常失望，但他顾念旧情，饶了庚质一命。

就在此时，掌管皇帝御用器物的右尚方署监事耿询同样苦谏杨广不要御驾亲征，希望他留在涿郡。杨广正竭力克制的怒火一下就被点燃了，他立刻下令将耿询推出去斩了。最后，在右屯卫将军何稠的苦苦哀求下，耿询才保住一条命。

从两位大臣的意见来看，他们并不反对战争，只是反对杨广兴师动众地御驾亲征。确实，古往今来哪有调动百万军队远征的？为了养活这支军队，后勤保障人员就要两百多万，天下可用的劳动力一共才有多少？更何况，隋军中不仅有军人，还有大批的官员、番邦国王和使臣，甚至有和尚、道士、艺人、女眷。说白了，杨广这一趟就是过去宣扬国威的。

面对大臣一再提出的反对意见，杨广会怎么想？第一，朝臣是在关键时候涨高句丽的士气，灭自家的威风；第二，这帮人在洛阳的时候鸦雀无声，到了前线却一个比一个会说，有邀名卖直的嫌疑；第三，到时候他只是坐镇中军，不会亲临一线，没有任何危险，明明可以趁机树立天子威严，可朝臣却不懂他。

其实所有人都看出来了，这次隋军的任务根本不是打仗，而是给杨广撑场面。兵部尚书段文振也看透了杨广的心思，他在路上已经病重垂危，但还是特意写了一道奏折，直言高句丽人奸诈狡猾，千万不要相信他们口头上的认错服罪，最好快速将战线推进到平壤城，如果让战事拖到雨季，粮食供应不上，绝对会出大问题。对于这份奏言，杨广选择了忽略。

大业八年（612年）正月初二，刚愎自用、一意孤行的杨广正式下诏：

> 大隋左十二军，出镂方、长岑、海冥、盖马、建安、南苏、辽东、玄菟、扶余、朝鲜、沃沮、乐浪十二道。
> 大隋右十二军，出黏蝉、含资、浑弥、临屯、候城、提奚、蹋顿、肃慎、碣石、东暆、带方、襄平十二道。
> 二十四军在平壤城会师，然后一起进攻，拿下平壤城。

杨广给二十四军挑选了正职大将军一名，亚将一名，组建了四十队骑兵，四十队步兵，每队一百人。此外，他还给每路大军配备了一名受降使者，这个使者不受任何军事长官的指挥，主要工作就是负责接纳投降的高句丽将领。

正月初三，第一支军队正式开拔，往后每天开拔一支军队，两军相隔四十里，二十四路大军花了二十四天才全部出发。之后出发的是由朝廷十一卫及三省六部九寺的官员组成的"天子六军"（内、外、前、后、左、右六军），这支军队上路花了六天，加上其他如后勤民夫、各色闲杂人等，整个队伍全部上路总共用了四十余天。隋军首尾相接，旌旗蔽日，鼓角相闻，浩浩荡荡，从涿郡一直蔓延到辽水附近。这是中国古代历史上对外征战规模最大的一次，空前绝后。

三月十四日，隋军来到辽河，准备过河决战。杨广把渡河的任务交给了工部尚书宇文恺。宇文恺最终把突破口选在了辽河又浅又窄的地方，随后命人分几段修造浮桥，造完之后合起来，再利用河水的浮力将其推送到河的对岸。浮桥很快就做完了，可古代没有激光测距，隋军把浮桥推到对岸的时候，尴尬的一幕出现了：由于对距离估算失误，浮桥还差一截，根本够不着岸。

此时，高句丽守军已经闻讯赶到战场，开始破坏隋军的浮桥了，隋军将士只能跳到水中与他们短兵相接，为大军渡河争取时间。可高句丽军站在地势更高的陆地上，用弓箭和长矛攻击，一时间隋军伤亡惨重，辽水都变成了红色。

在冲锋的队伍中，有一位叫麦铁杖的猛将，此人曾是绿林好汉，后来被官府收编，跟随杨素作战，屡立战功，被封为左屯卫大将军。麦铁杖重义气，懂感恩，一直感念朝廷对他的恩德，于是在关键时刻站了出来，咆哮道："我受国家恩惠，今日就要为国家战死！"

麦铁杖带着三个儿子麦孟才、麦仲才、麦季才冲上高地，杀得敌军尸横遍野，为隋军撕开了一道缺口。遗憾的是，浮桥的运力有限，隋军主力无法及时支援，麦铁杖逐渐体力不支，力战身亡。

隋军虽然顽强无畏，但高句丽人更加凶悍，他们为阻止隋军入侵自己的国土而奋勇作战，凭借以高打低的优势，疯狂地屠杀隋军将士。

最终，在辽水之战中，左屯卫大将军麦铁杖及虎贲郎将钱士雄、孟金叉等大批大隋将士力战至身亡。

杨广没想到，自己会在辽水遭遇迎头一击。听闻麦铁杖战死，他痛哭流涕，伤心欲绝，暂缓了此次进攻。

随后，杨广准备了一笔赎金，找高句丽换回了麦铁杖等人的尸体，下诏追封他为光禄大夫、宿国公，加谥号"武烈"，并追封了其他在此次战役中死去的将士。

宇文恺主持过大兴城的修建、洛阳城的营造、六合车的设计等，竟然会在一座浮桥上出现这么大的纰漏，这是所有人都没想到的。辽水之战的失败，宇文恺责无旁贷，但杨广选择了宽容。在他看来，这个时候惩罚宇文恺没有任何好处。隋军死伤惨重，将士们的愤怒和屈辱正在心中发酵，这将是摧毁高句丽的力量。

杨广让右屯卫将军何稠修建了两座浮桥，成功将大军送到辽河东岸。隋军与高句丽军交战，杀敌一万多人，并将辽东城围了起来。

辽东城位于今辽宁省辽阳市的东北隅，是高句丽管理辽水区域的军事重镇。这座城池拥有内外两重城垣，内城是官署区，外城是商业区，原本是属于中原政权的，名曰"襄平城"，被高句丽占领后才改为"辽东城"。

此时，杨广已经视辽东城为大隋的城池了，因此发布诏书，大赦天下，派刑部尚书卫玄、尚书右丞刘士龙安抚辽东百姓，免除了他们十年的赋税。

隋军包围了辽东城，只要主将一声令下，立马就可以将它夷为平地。可既然杨广在前线亲自指挥，这仗打与不打、要怎么打，都得由他亲自定夺。

杨广召来了特邀嘉宾——西突厥的曷萨那可汗和高昌国王麹伯雅，请他们观摩辽东城攻取战。

杨广命何稠建造了一座"方圆八里，墙高十仞"的六合城，在城墙上插满了隋军旗帜，又在城中建造了一座观风行殿，而他自己坐在观风行殿中，俯视着辽东城内外的一切。这种居高临下的感觉让杨广很满足，表达了他对高句丽人的蔑视和威慑，可在高句丽人看来，阵前这么做无异于玩闹，决定在正面战场一决胜负。

被低估的短命王朝：隋朝37年

陷入泥潭

大业八年（612年）五月，杨广正式下令攻取辽东城。将士们跃跃欲试，打算为自己加官晋爵积攒军功资本。不料，杨广在进攻之前突然又向众人宣布："咱们隋军不远千里来讨伐高句丽，不是为了让大家建功立业的，而是让大家吊民伐罪来的。"

什么叫"吊民伐罪"？就是慰问受苦的人民，讨伐有罪的统治者。

因为出征目的是"吊民伐罪"，杨广便对军队提出三个要求：第一，不允许孤军深入，偷袭敌营；第二，大军分为三路，只要作战就要互通消息，不允许单打独斗；第三，所有军事决策都要提前奏报给皇帝，不允许自作主张。

明明是严肃而残酷的战争，活脱脱被杨广搞成了过家家。但即便如此，作战主将也有信心碾压敌军，可关键时刻杨广又下令："如果高句丽守军举旗投降，各路大军必须停止进攻，等待朝廷的使者前去纳降。"

杨广绝对想不到，就是这道命令成了大隋王朝的吊命索。

隋军浩浩荡荡地征讨高句丽，其行军路线、军队数量、作战思路都是摆在桌面上的，对敌人而言不存在任何秘密，哪怕是这道新制定的作战命令，高句丽守军也都知道了，他们知道该怎么利用。

五　战争泥潭

仗一开打，辽东城果然无力抵挡隋军的进攻，城内很快就举起了白旗。然而，战场上任何口头上的投降都没有任何可信度。兵法上明明白白：两军交战，我军应该一鼓作气，活捉对方主将，消灭对方的有生力量；若对方举起白旗，我方就应该立即进城交接防务，控制局面。遗憾的是，大隋的前线将领没有军事决策权，杨广又说一不二，没人敢违背他的命令。隋军只能停止进攻，向杨广汇报，等钦差大臣前来办理招降手续。

此时此刻，杨广正在辽水边上和各部族首领交谈，等使者赶来给他报信的时候，高句丽守军已经趁机修复了破损的城墙，重新投入了战斗。

既然高句丽不服气，那就继续打，可高句丽打不过就投降，降了再叛。兵法有言："再而衰，三而竭。"隋军将士不知道被欺骗了多少次，最后丧失了冲锋陷阵的动力。

战事一直持续到六月。六月十一日，杨广终于坐不住了。一会儿是捷报，一会儿是战报，就是没个准信，堂堂正义之师，难道打一个辽东城都要这么费劲吗？

经验告诉杨广，辽东城内的高句丽军队不应该是隋军的对手，所以他气急败坏地亲自来到前线，召集了所有将领，责备道："公等自以官高，又恃家世，欲以暗懦待我邪！在都之日，公等皆不愿我来，恐见病败耳。我今来此，正欲观公等所为，斩公辈耳！公今畏死，莫肯尽力，谓我不能杀公邪？"意思是说，你们这些人，自以为官高位重，家世显赫，欺负朕不懂军事。在洛阳的时候，你们就不希望朕御驾亲征，就是怕朕看你们打败仗。朕大老远地跑来辽东，就是想监督你们，你们因为怕死而不尽心打仗，是欺朕不敢杀你们吗？

明明是杨广自己瞎指挥，才造成现在的被动局面，可他轻飘飘的一句话，就把锅甩给了流血流汗的隋军将士。隋军之中，上到带兵将军，下到基层士卒，心里全是委屈和不服。

杨广不再信任将领们的指挥能力了，他驻跸于辽东城附近，决定亲自督战，扳回局势。但这世间最难控制的就是人心，如今的隋军士气低迷，无心再战，自从杨广坐镇指挥，虽然每天都在打仗，可没能再获得什么战果。

其实，辽东城一地的战争胜败不会影响大局，因为杨广安排了二十四路大军，每一路都有自己的行军路线，只要有军队能推进到平壤城，就可以展开决战。

这些军队中，行军最顺利的是右翊卫大将军来护儿率领的水军。来护儿的战斗经验无可挑剔。昔日，杨素奉命镇压江南高智慧的叛乱，来护儿带着几百艘快船偷渡，端了敌军老巢，帮助隋军获胜，因此得到了杨广的夸赞。杨广下扬州的时候，特意赐给来护儿一堆奖赏，命他回乡祭祖，还让三品以上的官员到他家里做客。

杨广的宠爱和信任，就是来护儿冲锋陷阵的最大动力。

来护儿率领江淮水军渡海之后，直接开赴离平壤城六十里的地方，并在城外打败了高句丽军。平壤城是高句丽都城，是高句丽王权的象征，只要打下这里，高句丽的各路守军就会如同失了根的草木般枯萎，到那时，大隋此次的征伐也就成功一大半了。

来护儿想要主动进攻，他的小心思可能有几个：第一，他刚打了胜仗，觉得敌军不过如此，所以心气很高；第二，高句丽的主力都在北部边境，平壤城防务空虚；第三，一旦拿下平壤城，他就是首功，这个诱惑太大了；第四，谁最先进城，谁得到的战利品就最多。

来护儿刚把自己的想法抛出来，就遭到了副将周法尚的质疑，他的理由是杨广严令各军不能轻敌冒进，要等大军集合后再攻城。

在巨大的利益诱惑面前，来护儿选择了违背皇命，铤而走险。他率领4万精兵，与高句丽人在平壤城外的内空寺展开了激战。没多久，高句丽军开始撤退，稍微有点经验的将领都应该意识到这是对方的诱敌计策，可惜一心向前冲的来护儿没有察觉到战场上的危险气息，反而大手一挥，率军涌入了平壤城。

正常情况下，来护儿应该先铲除城中的武装力量，控制高句丽国王高元和高句丽的高级官员，接管高句丽的重要府衙，再派人守住城门。然而，来护儿在不清楚城中军力守备、没有控制任何敌方首脑的情况下,办的第一件事居然是纵军烧杀劫掠。

这一切都是高句丽人精心设下的骗局,没想到来护儿轻易就上钩了。

军队一旦没了纪律,就是一群乌合之众。就在隋军贪婪地劫掠金银财宝的时候,埋伏多时的高句丽精兵一拥而出,对怀抱珠宝又毫无防备的大隋士兵发起了攻击。

这是一场惨无人道的屠杀,四万精兵进城,最终活着出来的只有几千,其他人只能埋骨他乡。高句丽守军一直追杀隋军到大同江边,多亏周法尚稳住了阵脚,隋军才没有全军覆没。

这本是隋军距离成功最近的一次。老天爷明明给了来护儿难得的历史机遇,可他终究输给了人性中的贪婪和狂妄,最终功亏一篑,实在是可惜。

至此,大隋的水军已经近乎全军覆没,杨广想翻盘,只能靠另外的几支陆军了。

大隋的陆军大约有三十万人,主将有左翊卫大将军宇文述、右翊卫大将军于仲文、右翊卫将军薛世雄、左骁卫大将军荆元恒。他们计划从泸河镇(今辽宁锦州市)、怀远镇(今辽宁辽中区)出发,渡过辽河,穿越辽东丘陵,在鸭绿江的西岸集合,然后一起向平壤城推进。

因为辽东道路坎坷,军备物资运输无法通畅,加上辽东丘陵、朝鲜半岛都是隋军不熟悉的作战区域,为了防止出现未知风险,杨广要求每个士兵携带足够支撑百天的军粮,加上重型铠甲、各式武器、衣服、雨具、取火用具,每个士兵的平均负重高达三石(一百二十斤)。这已经不是军人正常的负重了,谁都受不了。杨广或许也猜到士兵难以忍受时会在半途丢弃物资,因此传下军令:"遗弃米粟者斩。"

士兵实在背不动了要怎么办呢?人都有投机取巧的心理,大家都在想,军队已经准备了充足的物资,就算把自己的那份丢掉,也可以吃别人的,因为主帅不会眼睁睁地让自己的士兵饿死。于是每到深夜,就有士兵偷偷把粮食埋在营帐的地下，减轻自己的负重。而当所有人都抱着投机取巧的心理时，随之而来的就是灾难。

到达鸭绿江的时候，宇文述和几位将领命人盘点粮食，发现很多人都已经没有吃的了，其中丢弃军粮最严重的就是宇文述的大军。将士们没吃的，仗根本没法打，宇文述进退两难，气得头都麻了。

就在此时，高句丽的宰相乙支文德来了。他嘴上说自己是国王高元的使者，专程前来投降，实际上是想探听隋军的情报。

右翊卫大将军于仲文已经得到杨广的密旨，只要高元和乙支文德来军中投降，就先拿下再说。就在于仲文想动手的时候，慰抚使、尚书右丞刘士龙却提出了反对意见。

慰抚使是皇帝专门派到军中处理敌军投降事务的，不受任何将领节制，但于仲文手里有密旨，也有特事特办的权力。这就相当于双方都拿着尚方宝剑，就看谁强势、谁立场坚定了。可于仲文是个优柔寡断的人，经过一番博弈，最终败给了刘士龙，乙支文德就这样被放走了。

乙支文德前脚刚走，于仲文后脚就后悔了，他感觉自己好像被刘士龙忽悠了，急忙派人去请乙支文德返回，可哪里还能请得回呢？

于仲文放走了敌国宰相，怕杨广问责，便嚷嚷着要发兵追击，将功补过。宇文述一听就不干了：老子军粮都没有，难道要一路饿着肚子过去？不干！

于仲文嘲讽道："宇文将军有十万雄兵，却拿不下小小的高句丽，有何颜面去见皇帝？我知道现在追击大概率会无功而返，可那又怎么样？古代军队能成大事者，就因为军中只有一个做主的人，如今你们各怀鬼胎，这仗还怎么打？"

宇文述无奈之下，只能带着面黄肌瘦的将士们硬着头皮加速追击。

前方的乙支文德得到消息，心里乐开了花。隋军明明没有军粮，还要强行追击，这对高句丽来说简直是送上门的好事。他传下军令，且战且走，不要和隋军纠缠。

有高句丽一方的"配合"，宇文述等人一日之内七战七捷，胜利的喜悦慢慢冲淡了缺粮的烦恼。隋军继续深入，最终在离平壤城三十里的地方安营扎寨。就在此时，乙支文德又送来了投降的口信，他说："如果隋军能够撤退，高句丽国王将亲自前往大隋陛下的驾前请罪。"

之前杨广再三声明，说隋军是来"吊民伐罪"的，不是来建功立业的。如今宇文述已经打到平壤城，而且得到了乙支文德的口头投降承诺，便自觉可以向杨广交差了。而且敌军已经退守到平壤城，隋军又缺粮，宇文述没把握一举拿下平壤城。权衡利弊之后，宇文述决定答应乙支文德的请求。

然而，隋军刚撤退，乙支文德就率军从四面包抄而来，隋军只好且战且走。到了萨水（清川江），隋军渡河过半，后军就遭到了高句丽人的偷袭，左屯卫大将军辛世雄当场战死。

隋军军心越打越涣散，撤退起来毫无章法。士兵们狂奔一天一夜到了鸭绿江边，在大将军王仁恭的支援下才稳住阵脚。

来护儿打了败仗，后来就一直躲在海湾里观望战况，连隋军主力打到平壤城他也没有出战的想法。听说宇文述等人溃败，来护儿更是偷偷摸摸地返回了中原。

杨广派出的三路大军全线失利，第一次征讨高句丽实际上已经失败了。

七月二十五日，杨广下达撤军的命令。为了这场战争，杨广调动了数百万人，以至山东、河北等地出现农民起义，最终无功而返。他还把西突厥可汗、高昌国王都带到战场，本意是让他们看棒打狗头，最终却被看了笑话，前期积累的威信荡然无存。

史书记载，隋军的出征大军回来的只有两千七百人，可事实上，这个数据是存在问题的。隋军虽然打了败仗，但真正在战场上被杀的屈指可数，很多人都是因为逃亡或掉队而失散的，卫玄的军队甚至做到了全身而退，其余将领也带着部分人马返回了基地，还有七十万将士驻守在大后方，根本没有参加作战。来护儿的水军损失惨重，最后也有上万人顺利返回。这么看来，大隋王朝并未伤到根本，但隋军士气大伤，杨广颜面无存，无数军备物资白白浪费，这是确凿的事实。

杨广盛怒之下，诛杀了拿着鸡毛当令箭的慰抚使刘士龙，同时缉拿了于仲文、宇文述等战将。不过，杨广并没有大开杀戒，而是派人调查了兵败的真相，得知于仲文刚愎自用，轻率出击，最终将他贬为庶民，而其他主将则予以释放。

如果说这次战争有什么收获，那就是大隋在辽水西岸设立了通定镇（今辽宁新民市辽滨塔村），作为辽东郡的治所。这样一来，辽水东边有个辽东城，辽水西边有个辽东郡，大隋和高句丽注定要在此地争个你死我活。

一场战争的失败，绝不是因为单纯的某一个因素，也不会只是某一个人的责任。就这次征伐高句丽来说，大隋军队的后勤保障跟不上、隋军不熟悉辽东的丘陵和山地地形等，都是导致失败的重要原因。但是在极端困难的情况下，大隋的水军主力、陆军主力依然打到了平壤城，不得不说隋军是一支虎狼之师，只是杨广的旨意束缚住了他们的手脚，扼杀了他们的战斗力。这口锅，杨广无论如何是甩不掉的。

第一波起义高潮

杨广不惜民力发动战争，最后失败而归。他做错了事，就要付出代价，承受百姓的怒火。

就在高句丽战争如火如荼的时候，河北、山东等地的起义已经有了燎原之火，而隋朝的第一波起义高潮出现在大业七年（611年）的冬天，当时起义军主要分布在黄河流域的三个地区：

山东，起义军首领主要为四人：王薄、张金称、孙安祖、刘霸道。
河北，起义军首领主要为两人：高士达、窦建德。
河南，起义军首领主要为一人：翟让。

中国古代的起义活动大多是农民起义，全因农民遭受的横征暴敛最为沉重。赤脚的不怕穿鞋的，只要统治阶层压榨完农民的生存资源，活不下去的农民就必定会揭竿而起。

隋朝农民起义的种子在很早之前就已经埋下了。杨广登基后，接连干了许多大事：修建东都洛阳、南巡扬州、北巡草原、修建长城、西征吐谷浑……而这些大事无一例外，都要征调大量男丁。男丁从哪来？除了西北、西南地区，全国各地的百姓都接到过朝廷的调令，只不过山东、河北、河南人口多，距离都城近，是朝廷征调最频繁的地方。

根据《中国人口通史》的数据，大业五年（609年），隋朝的户籍人口达到了四千六百多万，全国户数为八百九十万户，因为依附豪门贵族的浮客、部曲、奴婢、客女以及官户、匠户、乐户、佃农等人口未纳入统计，实际人口可能有五千五百万。

平均算下来，大隋每户约有五位家庭成员，其中应该包括一个成年男丁和一个老年男丁。也就是说，隋朝的四千六百万户籍人口中，实际可用的男丁只有一千八百四十万名。

本来，以隋朝的国力同时上马几个大工程不是什么大问题。可问题在于杨广的节奏太快了，修洛阳城征调了两百万人，挖大运河用了两百万人，修长城用了一百万人，第一次高句丽战争征调府兵一百一十三万人，后勤线上则动用超过一百万人——仅这几个大项目，就先后征调了七百多万人次。如果算上出行以及其他大小战争的征调，全国一半的男丁都在给朝廷服役。服役的百姓常常是刚刚忙完这里，就得马不停蹄地赶往下一个目的地，实在是不堪其苦。

征调的人数多、频率过于密集只是问题的一方面，基层官员根本不惜民力，这是问题的另一方面。

为尽快完成朝廷任务，基层官员督促服役百姓昼夜加班，不听话的就用鞭子抽打，丝毫不体恤百姓。于是在修洛阳宫、挖大运河、运输粮草的过程中，大批民夫累死、病死在工地上。资料记载，为了尽快修建水军的战舰，为高句丽战争做准备，老百姓只能站在水中工作，以至腰部以下腐烂生蛆。

这样的描述也许有夸大，但百姓受的苦却是真真切切的。为了缓解百姓压力，朝廷也出台了一些措施，例如给百姓分土地，也免除了赋税。可是，作为主要劳动力的男丁天天忙着为朝廷服役，根本没时间照顾家里，百姓即便有了土地，也是要么长满荒草无人耕种，要么被卖给了地方豪强，换取全家老小的生活费。渐渐地，百姓越来越过不下去，可朝廷的征调、盘剥没有一日减少。活不下去了，一些绝望的人决定反抗。

王薄，山东邹平人，铁匠出身。王薄有几个特点：

第一，家境贫寒，穷困潦倒。铁匠的工作仅能糊口而已，恐怕这辈子都没有什么发财致富、实现阶层跃迁的机会。

第二，会念书、会写诗。在古代社会，不管是什么身份，但凡会点儿诗文，骨子里都会有点自命不凡的傲气、不甘寂寞的躁动。

第三，为人聪明，很懂得察言观色，也懂得把握时机。

沉重的徭役压得人们喘不过气，大家都在骂朝廷、骂昏官，可没人敢站出来闹事。有一天，王薄趁大家情绪快要失控时学起了陈胜和吴广，在人群中喊了一嗓子："兄弟们，去要死，不去也要死，索性反了！"

王薄的叫喊犹如黑暗中的一束亮光，将所有的沉默和愤怒都唤醒了。大家纷纷来到他身边。有了带头的，有了支持的，起义这事儿就成了大半。很快，王薄自称"知世郎"，意思就是"自己知道天命所归"，随后正式造反。

口号对于起义来说是一等一的重要，黄巾起义时有"苍天已死，黄天当立，岁在甲子，天下大吉"，后来的李自成也高喊着"打开城门迎闯王，闯王来了不纳粮"。这些口号简单明了，朗朗上口，利于流传。不过如果要论历史上最厉害的造反口号，非陈胜、吴广的"王侯将相宁有种乎"莫属。仅仅八个字，却极具煽动性和感染力。而王薄是个有文化的人，为了营造舆论，他埋头苦思，写下了《无向辽东浪死歌》。

王薄敢在大隋强盛时期跳出来和皇帝作对，是很让人佩服的。不愿再受压迫的百姓纷纷聚拢在他周围，隋朝时期第一支规模达数万人的农民起义军就这样在山东诞生了。

起义这种事就像病毒，拥有极其恐怖的传染速度。有了王薄起义军做榜样，各地纷纷出现反抗的火苗。

孟让，齐郡（今山东济南市）主簿，也算当地的头面人物。杨广打高句丽的时候，孟让就是搞搞文书和对外联络工作，汗都不用流，更别说流血了。孟让虽然生活安逸，却看不惯朝廷对百姓的压榨，最终揭竿而起，做了一支起义军的首领。

孟让起义的真实动机是什么？孟让虽然是齐郡有头有脸的官员，但在朝廷没有人脉，晋升成为郡守几乎是不可能的，主簿就是他这辈子的仕途天花板了。

长期窝在一个地方，前途无望，想靠暴力手段发泄愤怒，同时实现阶级跃迁，这才比较符合一个人的真实心理。

不过，孟让起义没多久就跑去投奔了王薄，随后辗转各地，一直被官军追着打。

除了以王薄、孟让为代表的上述两种人，另一批起义的骨干是绿林好汉。他们不愁吃穿，手里有粮有钱，碰到社会动荡时期可以迅速拉起一支起义军。刘霸道就是其中的一个。他的祖辈曾做过官，因此家底很殷实，可他偏偏游手好闲，爱广交朋友，门下食客有几百人。听说王薄造反，刘霸道也生了做皇帝的心思，因此广撒钱财，很快就招募了十万人，自己取了个番号，名叫"阿舅军"。

最让人意想不到的起义参与者是地方上的豪门望族。一般来说，这些势力庞大、盘根错节的家族，其成员要么在朝中担任显赫职务，要么头上有公、侯等勋爵光环。他们是利益既得者，一般会选择拥护朝廷。如果朝廷有能力镇压起义，他们会坚定站队支持；不过，如果朝廷实力衰颓，他们往往会挟天子以令诸侯，或者趁机起兵夺取政权。唐高祖李渊就属于这一类，并取得了最后的成功。

五　战争泥潭

二征高句丽

随着王薄揭竿而起，大批农民依附而来，社会各阶层也纷纷响应，河北、山东、河南、江淮、江南各地都出现了起义军。杨广调派官军前去镇压，效果却并不好。

这个时候，大隋最应该做的是保持稳定，可杨广并不这么想。

大业九年（613年）正月，杨广下诏，命天下精兵再次在涿郡集结。

朝臣都知道杨广的脾气性格，清楚二征高句丽不可避免，因此没有过多阻挠。大家就一个要求：皇帝千万别去前线了，打仗的事交给将军就好。

左光禄大夫郭荣极力劝阻，说皇帝的身份太尊贵了，御驾亲征就是杀鸡用牛刀。太史令庾质的理由更直白：皇帝亲征，战争的成本太高了！可杨广完全听不进去，因为他在辽东丢了脸面，他必须亲自把它捡回来。

如果这次派个将军过去，万一真的搞定了高句丽，岂不是说明第一次战争就是因为他才失败的？岂不是说他的指挥水平还不如一个臣子？这是他无论如何不能接受的。

面对劝谏，杨广拒不听从。他还反驳太史令庾质道："我自行犹不克，直遣人去，安得有功？"意思就是说假如我亲自去都不能取得成功的话，那别人去就更不行了。从这个回答也能侧面看出杨广的刚愎自用，他唯我独尊的性格和统治风格，为大隋日后的分崩离析埋下了伏笔。

朝臣知道劝不动，劝一次没用后也就彻底闭嘴了。不过这一次，杨广自己提出想做点改变。

第一个改变：后勤保障。

一征高句丽时，杨广把后勤基地放在了泸河镇、怀远镇，距离鸭绿江还有几百公里路程，不少将士们无法承受运输压力，丢掉了粮食和辎重。因此这一次，杨广特意把后勤基地放在了辽东古城（今辽宁丹东市境内），将士们从这里背上行囊就可以渡过鸭绿江，行军路程短了不少。而且隋军控制了江北的城池，可以源源不断地向高句丽的方向运送粮食。

第二个改变：军队成分。

一征高句丽时，府兵是主力部队，问题在于府兵是临时征调的农民，平日用的是锄头农具，最大的愿望是过老婆孩子热炕头的日子。没有长时间的专业军事训练，就不会有彪悍的作战能力；没有频繁的战争锤炼和长期的军纪建设，就不会有坚韧的毅力和钢铁的纪律。所以，府兵打仗基本是听号令一拥而上，顺风局可以碾压对手，逆风局则必然溃败。之前宇文述在平壤城稍微遇点挫折，十万大军就军心不稳，这就是明证。

军队职业化的问题已经引起杨广的关注。他虽然不能立刻改变府兵制，却需要一支专业的军队，在打攻坚战的时候能顶上去，为府兵做表率。

在这样的背景下，历史上赫赫有名的骁果卫诞生了。

骁果卫相当于皇帝的禁卫军，将士主要来自关中，身强力壮，骁勇善战，装备骑枪和马刀，身穿明光铠。这些人都是职业军人，杨广免除了他们家中的徭役，给他们发固定工资。参军是自愿的，待遇还好，骁果卫没理由不卖力打仗。

第三个改变：作战策略。

一征高句丽时，杨广宣传"吊民伐罪"，要求不能搞突袭，不能单独作战，还在军中安插抚慰使，极大限制了主将的自主性和战斗力。这一次杨广要求主将"便宜行事"，即不论单兵作战、孤军深入、突然袭击还是屠城，都由主将说了算，而杨广只要最后的结果——高句丽国王高元跪在他的面前求饶。

大业九年（613年）二月，杨广下诏，命越王杨桐、户部尚书樊子盖留守东都洛阳，代王杨侑、刑部尚书卫玄留守西京长安，之后钦封宇文述和杨义臣为主将，开赴辽东。

杨义臣是鲜卑人，关陇子弟，参加过平定突厥、吐谷浑、汉王杨谅的战争，作战勇猛，在战场上总是身先士卒，是大隋不可多得的猛将和良将。宇文述也是关陇子弟，在前一次征高句丽的战争中率军打到首都平壤城，熟悉朝鲜半岛的情况，因此被杨广再次起用。

四月二十七日，杨广一行渡过辽水，逼近辽东城。

为了保险起见，杨广决定兵分四路：杨广率领骁果卫攻打辽东城；宇文述和杨义臣带兵前往平壤；王仁恭出扶余道前往平壤；来护儿率领水军前往平壤。

这一次，杨广没有搞花里胡哨的宣誓典礼，到了辽东城就立马开战。然而，云梯攻城、挖掘地道、冲车破城，凡是能想到的攻城手段隋军都用了，收效却不大。

游牧民族打仗的优势在进攻，劣势在防守，农耕民族则恰好相反。高句丽是农耕民族，守军又是硬骨头，在上一次的交锋中他们已经摸清了隋军的攻城手段，对这些早有准备。因此，在随后的二十几天里，隋军束手无策，伤亡极其惨重。

就在这时候，一个叫沈光的军士引起了杨广的关注。

隋军会使用一种叫"冲"车的武器，也叫"临冲吕公车"，这是一种安有八个车轮、高五层的攻城装置，最下面一层是推着车前进的士兵，上面四层则站满了士兵。冲车高十几米，士兵站在车中可以直接与守军交锋，也可以利用冲梯竿破坏城墙。

当时，辽东城墙经过加固，冲车的力量根本无法毁坏它，而沈光竟然提着武器，顺着四十五米长的冲梯竿爬上城墙，杀死了十几名高句丽守军。一时间，高句丽守军纷纷围上来针对沈光，直至将他挤下了城墙。沈光从十几米高的城墙上坠落，眼看就要摔得粉身碎骨，但他突然抓住一根垂着的绳索，竟然又借着巧劲再次爬回城墙之上。

沈光的表现就像武林高手一般，极大地鼓舞了隋军的士气，也让杨广眼前一亮。

杨广坐镇辽东，其实也是为了观察新招募的骁果卫的表现。沈光的表现让他格外兴奋，随即加封沈光为五品朝散大夫，赐给他宝刀和良马，并提拔他做了亲兵。

从此时起，骁果卫开始获得杨广的信任，日后更是成为他身边最得力的警卫。

杨广注意到，以高打低是伤亡率最小的攻城策略，于是他命人做了一百多万个布袋子，命士兵装满土，从辽东城墙一直向外堆，最后形成一道宽三十步且与城墙齐平的斜坡，取名为"鱼梁道"。这样一来，隋军可以直接走上鱼梁道与敌军肉搏。隋军还配备了一种八轮楼车，把鱼梁道夹在其中，两边比鱼梁道高，隋军可以站在楼车上用弓箭射杀敌人，掩护其他人进攻。高句丽守军根本无法抵挡隋军的人海战术，照这样下去，拿下辽东城指日可待。

与此同时，宇文述已顺利抵达鸭绿江边，而王仁恭在新城（今辽宁抚顺市顺城区境内）遇到高句丽的数万大军，连战连捷。这一次，大隋似乎占尽优势。

杨素家族浮沉

二征高句丽进行得很顺利,这时候河南却传来消息,说楚国公杨玄感反了。听闻消息,杨广的脑子发晕,直觉告诉他,这次出征恐怕要提前结束了。

杨玄感的造反之所以很危险,原因主要有几个:第一,杨玄感负责督运粮草,他造反意味着大军缺粮,无法持续作战。第二,杨玄感坐镇黎阳,离东都洛阳不远,而大多数官员的家眷都在洛阳,叛军如果包围洛阳,在辽东战场的官员和将军会因为担心家人的安全,而无法安心打仗。第三,杨玄感是杨素的儿子,关陇集团新生代的领袖,号召力太强了,如果不尽快扑灭,引发的连锁反应将不堪设想。

其实,杨玄感挑这个时候造反,是件挺让人吃惊的事。

一般来讲,第一波起义的人会是农民,第二波是地方豪强,等到局势失控、天下大乱,朝廷忙不过来了,门阀贵族们才会加入,给自己谋利益。

杨广之前为了打仗虽然损耗了一些国力,但没有撼动根基,大隋还是一匹站着的胖骆驼,实力不容小觑。虽然农民起义军很多,不过超级战将张须陀正在镇压,起义军被打得东躲西藏,只能在夹缝中求生存,天下局势也谈不上不能收拾。另外,杨广虽然因为一征高句丽不成而心里窝火,却没有迁怒于朝臣，展开大屠杀。现在这个时候，属于吃晚饭有点早，吃午饭却有点迟，很尴尬。

那么杨玄感为什么要造反呢？这要从他的经历说起。

杨玄感是杨素的儿子，弓马骑射、读书作文样样精通，而且美须髯，体貌雄伟。

杨家是超级豪门，杨玄感自小接受的是精英教育，很早就步入仕途，做了刺史。杨玄感上任后，撒出亲信，收集地方官员的善政和劣迹，总能在关键时刻拿出这些情报控制场面，把地头蛇治得服服帖帖，政绩卓著。在隋文帝时期，杨玄感就已经官拜二品柱国，和父亲杨素的品级一样，每逢上朝，父子二人都是站在一起。后来还是隋文帝觉得这样让杨素没面子，强行给杨玄感降了一级。

在那个年代，关陇集团盘踞朝堂，而杨玄感是关陇集团里最耀眼的新生代，"官二代"都喜欢聚在杨玄感的身边。自身条件优越，家族背景雄厚，身边又都是争相与他交往的名士重臣，杨玄感的性格渐渐变得清高自傲、刚愎跋扈。

杨素去世后，杨玄感袭爵，成为楚国公，官至礼部尚书。古话说得好，"人往高处走，水往低处流"，可看看杨玄感，反倒走了下坡路。

当年杨素有众多官职和头衔，包括尚书令（正二品）、司徒（正一品）、太子太师（从一品）、楚国公，无论是实权官职，还是爵位荣誉，都是大隋最高级别的。可杨广给杨玄感的只有礼部尚书一个职位，级别只是正三品，在六部中也只能排第三，这对于很多年前就已经做到二品（虽然是勋爵）的杨玄感来说，无疑是仕途的倒退。

在杨广的新朝廷，杨玄感不被重用，杨家在走向没落。而杨广这样做，其实有两个原因。

第一个原因，杨广想加强中央集权，因此一直在打压关陇子弟。除了杨玄感，李渊和李密都在打压名单中。

五　战争泥潭

　　李渊后来是唐朝的开国皇帝，可他一直到三十八岁，履历上也只有谯州刺史、陇州刺史、岐州刺史、荥阳太守、楼烦太守等记录，这对出身于关陇贵族的他来说可谓庸碌之极。

　　李密的曾祖父是西魏柱国大将军李弼，祖父李曜是北周邢国公，父亲李宽是隋朝的上柱国、蒲山郡公。李宽去世后，李密做了皇帝警卫。对寻常人来说，这可谓是人生荣誉，可对关陇贵族来说，这实在是太丢脸了。每次值班，李密都心不在焉，东张西望。有一次，杨广碰到正在站岗的李密，发现他眼瞳黑白分明，觉得他不同于常人，于是就让宇文述将他调离了亲卫府。

　　此事过后，李密干脆称病不出，抱着《史记》和《汉书》闭门苦读，不问世事。有一次，李密骑着一头大黄牛，准备外出寻访著名学者包恺（研究《汉书》的宗师，学徒达千余人），没想到在路上偶遇了权臣杨素。两人一番攀谈，杨素觉得李密是个人才，将他引荐给了自己的儿子杨玄感。

　　杨玄感心高气傲，却不受杨广重用，早就心存不满，而李密有一颗骚动不安的心，两人志趣相投，迅速成了知交好友。杨玄感曾经问李密："隋朝国祚难以长久，如果出现变乱，谁更能成事？"李密自信地回答道："两军对决，威慑敌人，我不如你。招揽天下英雄，使人心归附，你不如我。"

　　杨广打压杨玄感的第二个原因很有针对性：杨家势大，已经威胁到了皇权。

　　杨家的当家人是谁？杨素。他是什么身份？一人之下万人之上的权臣！以杨素的身份，为什么会结交李密这样的人呢？史书说李密的谈吐不凡，很有见解，言行举止也有气质，因此吸引了杨素。但真正到了杨素这个级别，不会在意才华气质这些东西，谁更有利用价值才是他更看重的。真正让杨素折节下交的原因，是李密拥有关陇集团的家世背景。

　　其实杨素生前就已经生出异心，他不遗余力地提拔和培养亲信势力，因此引起了隋文帝杨坚和隋炀帝杨广的强烈忌惮。

　　杨坚晚年看透了杨素的想法，苦于找不到实际证据，轻易拿杨素家族开刀会引起朝野地震，进而影响大隋的统治，只好选择疏远杨素。

到了杨广时，因为杨素有拥立之功，所以杨广重用他，但与此同时也在时刻防着他。后来杨素身染重病，杨广给他送了一碗成分不明、药效不明的汤药。杨素明白了杨广的暗示，于是拒绝服药，最终一命呜呼。杨素去世后，杨广这才真正放心了，甚至对近臣说，假如杨素不死，迟早要犯灭九族的大罪。

父亲和大隋两代帝王之间的恩怨，杨玄感亲眼见证，心知肚明。对于如今杨家被杨广打压猜忌，杨玄感心中有恨。他继承了父亲的野心，虽然心高气傲，对读书人却特别客气。《隋书》本传说他"性虽骄倨，而爱重文学，四海知名之士多趋其门"，可见，其结交范围居然扩展到了全国，不臣之心暴露无遗。除此之外，杨玄感还极力拉拢京城的贵族，比如韩世谔、赵元淑、虞绰等。

在骨子里不安分的杨玄感看来，造反就是杨家唯一的出路，而对于他的想法，杨氏家族的老一辈不仅知道，还给予支持。

杨广巡视河西走廊，在穿越大斗拔谷的时候，遇到恶劣天气，禁卫军的战斗力严重下降，当时杨玄感就想发动兵变，杀死杨广。只不过杨玄感的族叔杨慎让杨玄感放弃了这个想法，因为当时的大隋稳定繁荣，朝臣和皇帝一条心，百姓安居乐业，造反时机还没到。杨玄感被说服了。

既然硬的不行，那就曲线救国，杨玄感开始筹划重新赢得杨广的信任。

当时，杨广到处巡幸和征伐，极度崇尚武力，因此杨玄感找到兵部尚书段文振，掏心掏肺地说："尚书大人，我杨家世受天恩，无数人因此眼红，我如果不在边塞立点儿功劳，如何堵住天下悠悠之口呢？如今边境战事频繁，我杨玄感甘愿受朝廷驱使。您身为兵部尚书，应该明白我的拳拳报国之意。"

只要马屁拍得好，没有搞不好的关系。杨玄感的奉承让段文振很受用，他转身就将此话转述给了杨广。有一天上朝，杨广特意提到此事，夸赞了杨玄感忠君报国的想法，还评价道："将门必有将，相门必有相，这话真不假。"言外之意，杨玄感有可能继承杨素的衣钵，主持大隋的朝政。

杨广忌惮杨素家族，可主要策略是打压，而不是连根拔起。看到杨玄感投诚，杨广的态度也开始缓和，让他参与军国大事。二征高句丽时，杨广命杨玄感在黎阳督运军粮物资，给足了信任。不过，杨玄感却一心想把杨广拉下马。

杨玄感谋反

杨广为二征高句丽做准备，杨玄感和亲信王仲伯、赵怀义商议，故意延迟发粮，意图破坏东征。杨广见粮食迟迟不到，便派使者催促。杨玄感回复说，路上强盗土匪太多，粮食经常遭到抢劫，他既运粮又剿匪，这才慢了。杨广这时候看杨玄感还是戴着点滤镜的，因此还是信了。而那些被截留的粮食，自然成了杨玄感为自己造反准备的军粮。

杨玄感的二弟杨玄纵在辽东。杨玄感派心腹传信，让他秘密返回黎阳。杨玄感还派了一路使者偷偷潜进长安，把好友李密和三弟杨玄挺也接到了黎阳。

造反需要军队，杨玄感为此安排了一位从"辽东战场返回"的士兵，声称水军主帅来护儿因为延误了出发的日期，害怕被杨广追责，起兵谋反了。大业九年（613年）六月，杨玄感借机下令关闭黎阳城，并让周边几个县征调可服兵役的男丁送到黎阳。

虽然是贼喊捉贼，可杨玄感的身份摆在这里，还是能骗到人的。不过杨玄感还是不放心，毕竟他才是真正的造反者，现在以平叛名义征调服兵役者，日后到了战场上，这些士兵还会跟着他干吗？想到这里，杨玄感瞄向了一直干着脏活累活、心里颇有怨气的民夫。他又招募了五千名运粮百姓和三千名纤夫，凑齐了一万人，随后任命赵怀义为卫州刺史、东光县尉元务本为黎州刺史、河内郡主簿唐祎为怀州刺史，准备起事。

当时，治书侍御史游元在黎阳督运粮草，杨玄感对他开门见山："当今圣上是个暴君，为了征讨高句丽使自己陷于绝境，这是老天要灭他。如今我要率义兵诛杀无道昏君，您愿意跟着我干吗？"

游元冒着引颈就戮的风险反驳道："想当年，你的父亲深受朝廷恩遇，杨氏一门也都跟着身居高位，现在正是你们杨家报效国家的时候。你的父亲尸骨未寒，你却想着造反，这怎么能行？我只有一死而已，不能从命。"

杨玄感最缺的就是时间，而说服游元投降又是个浪费时间的活，于是他选择了最直接的方式：杀掉游元。

中国人说话办事自古以来就讲究"师出有名"，因此就算是造反的人，也喜欢在事前写一篇"讨伐檄文"，把对手说成十恶不赦的魔鬼，把自己营造成正义的化身。游元是大隋官员的代表，他是第一个反对杨玄感的官员，却不会是最后一个，而他的态度本应该给杨玄感敲响一记警钟——现在他有钱有粮还有人，但还差一个造反的理由。奇怪的是，杨玄感竟然没有发布讨伐檄文，直接开干了。

杨玄感召集部众，义正词严地说："主上无道，不以百姓为念，天下骚扰，死辽东者以万计。今与君等起兵，以救兆民之弊，何如？"

杨玄感全在拿高句丽战争说事儿，针对的就是因服役而苦不堪言的百姓，他的目的达到了。听了这些话，那些干苦力的百姓自然欢呼雀跃。可是，这种情绪只能持续很短的时间。当参与造反的老百姓拿着武器和朝廷的正规军交锋，却毫无还手之力的时候，他们的情绪就会被恐惧支配，战前被激发出来的一点点激情将不值一提。

杨玄感还犯了一个致命错误：只顾讨好庶民阶层，忽略了官僚集团。当时官僚集团控制着洛阳，本应是杨玄感最该拉拢的势力，可杨玄感却忽略了他们，以至于怀州刺史唐祎听说杨玄感造反，立马跟他翻了脸。听闻杨玄感起兵，李密从长安赶了过来。朋友再次见面，杨玄感丝毫不掩饰内心的喜悦，说道："李兄，你一直以拯救天下百姓为己任，如今机会摆在你的面前，你将如何做呢？"李密兴致高昂地回复道："我早就给你想好了，有三条路可供你选择。"

皇帝远在辽东，离涿郡尚且有一千公里，他的北边是突厥、奚等游牧民族，南边是无边无际的大海，只有中间一条通道。如果能够立刻整军北上，占据涿郡和辽东的通道，堵住皇帝的归路，高句丽肯定会偷袭其后。到时候只需一个月，东征大军就会因缺粮而不战自溃。这是李密给杨玄感出的上策，擒龙之术。

关中兵精粮足，可以直取长安，之后招揽天下英雄豪杰，据险而守。到时候就算皇帝返回洛阳，对此也无可奈何。这是李密给杨玄感出的中策，釜底抽薪。

洛阳位于天下之中，又是大隋的重要城市，可率精兵昼夜兼行直取洛阳，以此为基础号令四方。不过，怀州刺史唐祎已经回洛阳通报消息，如果百日之内拿不下洛阳，叛军的处境会很不妙。这是李密给杨玄感出的下策，孤注一掷。

李密的几条计策听起来很厉害，可细细想来，其实每一条都存在问题。

上策是擒龙，可杨玄感凭什么来对付杨广？一方面，杨玄感的舆论工作没做好，大隋的官僚集团不一定买他的账，到时候叛军极有可能还没到涿郡就被地方军队歼灭了。另一方面，朝廷尚有几十万的府兵，还有一支战斗力惊人的骁果卫，而且以逸待劳，而杨玄感只有万余乌合之众，装备的武器也只有大刀和柳条编织的盾牌，没有铠甲，没有弓箭，没有攻城器械。想用这么一支堪称简陋的军队截断杨广的归路，根本没有任何成功的可能。

中策是攻打长安，然而天下最难啃的硬骨头就是潼关和长安城。潼关素有"一夫当关，万夫莫开"的美名，在历史的长河中扼杀了多少枭雄问鼎天下的梦想。此外，镇守长安的卫玄忠于朝廷，根本没有投降的可能，且他戎马一生，在一征高句丽的时候全身而退，可见其能力出众，与其交手胜算不大。

下策是攻占洛阳，可洛阳难道是好打下来的吗？李密可能有种误解，觉得洛阳没经历过战火，当地守军没有实战经验，所以被攻下来的机会很大。但他忽略了一个问题：一座城池的防御指数基本是由物资储备和府库财富决定的，而洛阳在这方面拥有顶级配置，十分易守难攻。

杨玄感虽然不能说十分擅长军事，但心里有杆秤，权衡利弊之后还是选择了下策。他有他的理由：文武百官的家眷大都在洛阳，攻打洛阳会让杨广投鼠忌器，而且洛阳离得近，如果路过而不取，就是自露胆怯，让天下人笑话。

军队是杨玄感拉起来的，自然由他做主。杨玄感命三弟杨玄挺率两千将士越过邙山向洛阳进军；四弟杨积善率三千将士出偃师，沿洛水向洛阳进军；他自己则率领三千将士向洛阳进发。

此时，镇守洛阳的是杨广的孙子越王杨侗，主事的是户部尚书樊子盖。得知杨玄感造反，他们命河南令达奚善意率领五千精兵抵御杨积善，将作监、河南赞治（负责文书草拟工作）裴弘策率领八千精兵抵御杨玄挺。

官军有精良的武器装备，按理说打起仗来应该占优势，可叛军是为了理想打仗，士气完全碾压了官军。像这样小规模的战争，军队士气在一定程度上可以决定结果，果不其然，第一战官军全面溃败。

如果这时候裴弘策和达奚善意逃回洛阳守城，问题也不大，可裴弘策不愿认输。他收拢残兵败将，强行和杨玄感交战，结果又一连吃了五次败仗。

一次打不过，可能是运气不好，可五次都打不过，那就是实力不够了，至少得知消息的洛阳军民是这样认为的，他们觉得杨玄感天命在身，是个战神。杨玄感很会抓时机，当下便屯兵于洛阳上春门，并搞了个"发布会"，一把鼻涕一把泪地说："我是隋朝楚国公，有钱有粮，不缺吃穿，为什么冒着全族被灭的风险造反呢？我都是为了拯救天下的黎民百姓，拯救你们于水火啊！"

老百姓一想，这话没毛病，于是集体戴上了滤镜，又是送酒又是送肉，犒赏杨玄感的大军，还鼓励家中孩子跟着杨玄感干一番大事业。

隋朝百姓不知道杨家和皇族的恩怨，更不会去想如果拿下高句丽，国家会有多少好处，也不知道天下大乱后又会生出多少灾祸。他们以为只要参加了起义军，家人就能过上好日子。就这样，他们成了野心家的马前卒，做了上层斗争的炮灰。

不管怎样，老百姓是被鼓动起来了，可怎么搞定隋朝的官员呢？直到此时，杨玄感才终于想起了讨伐檄文。

杨玄感想让大臣韦福嗣执笔作檄。韦福嗣是隋朝的内史舍人，平时负责起草诏书，笔杆子功夫一流，如今虽然是俘虏身份，却被杨玄感待为上宾。然而韦福嗣忠于朝廷，一心想逃回洛阳。如果写了这篇讨伐檄文，就真成了叛军一党，所以他明确表示拒绝："楚国公，这事儿我干不了。"

李密看穿了韦福嗣的真实意图，劝杨玄感说："韦福嗣此人不可靠，心存观望。明公初起大事，而奸人在侧，必为所误，请斩之以谢众，方可安定军心。"可杨玄感偏爱韦福嗣的才华，相信他不会有二心，依旧将他养在军中。

杨玄感最后还是自己动笔写了篇讨伐檄文，大致的意思是这样的：

> 先帝打下江山，圣上既然继承了皇位，就应该好好打理，可他却大兴土木，使得民生凋敝；沉溺于酒色，荒淫无道；耽玩鹰犬，以至地上跑的牛羊、天上飞的鸟雀也深受其害；亲近小人，致使朝廷朋党倾轧；为了打仗，轮输转运不止，百姓苦不堪言……

在讨伐檄文的结尾之处，杨玄感扬言："先帝曾经给我父亲杨素留下一道密诏，上面写着，如果太子杨广可以辅佐，你就尽力辅佐，如果他是个不孝不贤的子孙，你就把他废了。"

不知道杨玄感是不是读过刘备在白帝城向诸葛亮托孤的故事，可杨素不是诸葛亮，杨广也不是后主刘禅，杨玄感更是没有资格说什么废皇帝的话，托孤故事恐怕只是杨玄感为了让自己师出有名罢了。

五 战争泥潭

杨玄感很想把杨广黑批得体无完肤,可绞尽脑汁也只能找出这些罪名。值得注意的是,杨玄感的檄文中并没有出现诸如杨广弑杀杨坚、欺凌父亲妃嫔的事。也就是说,至少在隋朝末年,不管是在统治阶层还是在坊间都没有这方面的故事流传,贞观史臣在编修史书的时候也找不到任何记录。

杨玄感兵临城下,又发布了讨伐檄文,洛阳守军还是有压力的。越王杨侗年仅九岁,户部尚书樊子盖担起了城池的防务工作。

樊子盖出身官宦世家,在很多地方担任过郡守,治理地方的经验非常丰富,但杨广真正欣赏的是他对朝廷的忠诚和清廉公正的品格。把洛阳交到樊子盖的手上,杨广很放心。

问题在于,樊子盖长期在地方做官,突然晋升成为户部尚书,很多人都不服,对樊子盖有强烈的抵触情绪。尤其是朝廷官僚有自己的圈子,樊子盖初来乍到,完全融不进去。洛阳官员抱起团来,也不向他汇报军情,根本不拿他当回事儿。

就拿裴弘策来说。裴弘策奉命平叛,啥也没干成,后来孤身逃回洛阳。樊子盖不仅没有惩罚他,还鼓励他整军再战,没想到裴弘策竟然公然违抗樊子盖的军令,撂挑子不干了。

洛阳安则前线安,洛阳危则前线危。樊子盖是杨广的亲信,自然要以杨广的利益为重,如今洛阳城危在旦夕,如果容忍裴弘策这样的刺儿头在,那就什么事都干不成了,于是樊子盖砍了裴弘策的脑袋。国子祭酒杨汪觉得樊子盖虚张声势,于是昂着高傲的头颅挑衅樊子盖。樊子盖二话不说,又想砍掉杨汪的脑袋,吓得杨汪跪地求饶,才保住一条性命。

就这样,樊子盖通过霹雳手段,实现了令行禁止。这原本是一件好事,可一传十,十传百,故事就变味了。

杨玄感攻打洛阳已经有一段时间了,周边郡县的官军纷纷赶来支援洛阳,可他们听说樊子盖杀了败军之将裴弘策,霸道武断,全都吓得不敢进城。杨玄感趁机派人前去游说,将四十多个朝廷勋贵网罗到了自己的麾下,其中就包括:

>   杨恭道：隋朝宗室，观王杨雄之子。
>
>   来渊：水军主帅来护儿之子。
>
>   韩世谔：上柱国大将军韩擒虎之子。
>
>   虞柔：金紫光禄大夫虞世基之子，其叔父是后来的大唐宰相虞世南。
>
>   周仲：义宁郡公、右武侯大将军周罗睺之子。
>
>   裴爽：户部侍郎裴蕴之子。
>
>   郑俨：大理寺卿郑善果之子。

这些人无一例外，全都是大隋的权贵子弟，并且在朝堂担任要职，现在却不约而同地站到了杨玄感的阵营里，究竟是为什么呢？就算震慑于樊子盖的手段，就算被杨玄感的魅力打动，也不至于有这么多的权贵转换立场为他卖命。

究其根本，还是要从政治利益的角度去考虑。

前面说过，杨广登基后一直在限制关陇集团的势力，打压权贵子弟，提拔山东、江南的士族。二征高句丽前，杨广下过一道诏书，限制朝廷勋贵入朝为官，剥夺了他们建功立业的机会——这才是权贵们人心背离的深层次原因。

杨广行事过于急躁，一下就把权贵都得罪了。既然跟着杨广没前途，他们瞅准机会自然要改换门庭。

五　战争泥潭

一场闹剧

有了朝廷权贵的加盟，杨玄感的兵力飙升到五万。和洛阳方面相比，杨玄感似乎才是名副其实的官军，而洛阳的守军不过是负隅顽抗之辈。

杨玄感传令：分兵五千把守慈涧道（今河南洛阳市西），分兵五千把守伊阙道（今河南洛阳市南），韩世谔率兵三千包围荥阳，顾觉率兵五千攻打虎牢关。

叛军军威大振，一时间洛阳震惊，长安震惊。

但震惊归震惊，洛阳毕竟是大隋的东都，防御能力还是很强的。洛阳外城由夯土筑成，城墙厚度在十五到二十米之间，这个厚度军队是无法摧毁的。城池高度没有详细记载，汉唐长安城墙高度是十二米，元明城墙是在隋朝洛阳城的基础上修建的，高度是十三米，由此推断隋朝洛阳城墙的高度也在这个区间。只要城门不开，杨玄感就只能在城外的荒郊野地里无计可施，想靠手下的士兵攻克洛阳，纯属白日做梦。

就在杨玄感一筹莫展的时候，他的一个强劲对手出现了。

刑部尚书卫玄负责长安的防务，在杨广出征的日子里只要守住长安就是大功一件，可杨玄感偏赶在这时候起兵，还纠集了这么多的权贵子弟一起闹事，这让他很心烦，很愤怒。卫玄年逾古稀，经历过各种政治斗争，见惯了朝堂上的背叛，本来应该处在坐看庭前花开花落的宠辱不惊的人生状态，现在却淡定不起来了。如果放任杨玄感这样闹下去，大隋就真要完蛋了，所以卫玄决定带着手下的四万大军支援洛阳。

卫玄虽然年纪大，可办起事来毫不手软，在路过华阴的时候派兵掘了杨素的坟墓，将杨素挫骨扬灰，甚至把杨家的祖坟都铲平了。之后，他以最快的速度在最短的时间内赶到洛阳战场，和杨玄感在洛阳城北干了一仗。

杨玄感听说自家祖坟被掘，悲愤交加，因此亲自上阵杀敌，骁勇异常。部下看到杨玄感奋勇当先，也士气大振，勇猛冲锋。卫玄部损失惨重，且战且走，随后在金谷（今河南洛阳市东北）和叛军形成对峙之势。

此时，杨玄感的兵力已经暴增到十万，卫玄意识到，如果放任杨玄感逐渐强大下去，朝廷会非常被动，所以他决定孤注一掷。

据史料记载，卫玄率部在邙山之南与杨玄感展开主力决战，一日之内，双方交战十余次。杨玄感的弟弟杨玄挺中箭而亡，这成了此战最大的转折点。因为弟弟被杀，杨玄感悲痛不已，放缓了进攻的节奏，卫玄抓住机会极力猛攻，险中得胜。

杨广一直在关注着中原局势，犹豫着是否回洛阳。大臣苏威告诉他，杨玄感虽然有小聪明，却胆大心不细，成不了大事，反倒是要防备那些心怀叵测、想浑水摸鱼的人，杨广最忧虑的也是这一点。史载："帝又闻达官子弟皆在玄感所，益忧之。"

就在此时，有人告诉杨广，斛斯政叛逃了。

斛斯政是兵部侍郎，主管隋军的军务，位高权重。他早就和杨玄感暗中勾结，商议谋反，后来又帮原在辽东的杨玄感二弟杨玄纵回到黎阳。杨玄感起兵后，隋炀帝下令调查杨玄感的党羽，斛斯政怕受到惩罚，选择叛逃到高句丽。

斛斯政其实有很多选择，一是投奔杨玄感，二是逃到北境，三才是投奔高句丽。但杨玄感前途未卜，或许能成功，但大概率会失败，而前往北境也没什

五 战争泥潭

么可以依靠的。思来想去，斛斯政还是逃到敌人高句丽那边。

杨广起初不想退军，可随着斛斯政的叛逃，隋军的动向直接成了明牌，仗根本没法打下去了。六月二十八日，杨广下令丢弃所有粮草、器械、攻具、营垒、帐幕等，连夜撤离。

大半夜，隋军军营里乱哄哄的，高句丽守军担心这是隋军的阴谋，反倒闭门不出，加强了警戒。第二天上午，他们故意在城中敲锣打鼓，看到隋军毫无动静，才敢派人探查，可即便如此，探子也不敢确认这究竟是不是阴谋。

两天以后，高句丽人坐实了消息，终于决定派兵追击。此时，杨广已经渡过了辽水。

返程期间，杨广命宇文述、屈突通星夜兼程赶往洛阳。水军主帅来护儿更积极，军令还没到，他就率大军赶了回去。

本来按照杨玄感的剧本，在杨广的大军赶回来之前，他应该早就拿下洛阳了，没想到樊子盖守得城池固若金汤，卫玄又在一旁顽强抵抗。此时此刻，他觉得自己就像同时被人拉住了两条胳膊，根本使不出力气。

眼看宇文述、屈突通、来护儿逼近洛阳，杨玄感只能兵分三路去阻挡。洛阳战场的局势短时间内发生变化，叛军将士的士气日渐低迷，杨玄感没有好的应对办法，其郁闷可想而知。

对此，叛将杨子雄提出了一个解决办法："既然咱们士气低下，您要不称个帝，振奋一下人心？"

杨玄感起兵造反，表面上说是为了黎民百姓，实际上当然还是为了自己。对于杨子雄的提议，杨玄感十分心动，可事关重大，他慎重地询问了李密的意见。

李密说道："昔日陈胜想称王，张耳苦谏最终被流放；曹操想加九锡，荀彧力谏而被杀。如今我李密恐怕要步其后尘了，即便如此我还是要说。咱们虽然打了胜仗，可到目前为止，周边的郡县并没有主动响应我们。洛阳固若金汤，援兵却在慢慢靠拢，咱们应该先拿下关中，再考虑做皇帝。"

杨玄感不傻，明白有时候梦想确实只能在梦里想一下。不过虽然事不能成，他还是很满意提出这个想法的杨子雄，杨子雄由此成了杨玄感倚重的骨干。

随着屈突通、宇文述加入战场，樊子盖也领军出战，杨玄感接连战败。七月二十日，杨玄感放弃对洛阳的包围，西进占领了永丰仓，通过开仓放粮收买人心。随后他散布流言，声称自己已攻克洛阳，这次西进就是要拿下长安，以此来壮叛军声威。

到达弘农宫（今河南三门峡市陕州区境内）时，杨玄感受到父老乡亲的热情款待。百姓告诉杨玄感，弘农宫中积存了很多的粮食，而那里守卫空虚，很容易被攻下。

杨玄感的军队吃了几次败仗，士气一泻千里，好不容易碰到个软柿子，肯定要上去捏捏重拾自信心。何况弘农宫有很多宝贝，正好拿来鼓舞士气，一举两得。

杨玄感打算拿下弘农宫之后再继续西进，可他忘了弘农太守是隋朝宗室蔡王杨智积，此人素来谨慎小心，对局势看得很清楚。

听说杨玄感来攻，杨智积与下属商议："杨玄感听说朝廷大军将到，所以才要谋取关中。为今之计只有牵制住他，让他无法进军，这样不出十天，咱们就可以将他抓住了。"

杨智积知道杨玄感好面子，于是爬上城楼，对杨玄感破口大骂。杨玄感不是个能沉得住气的人，容忍不了别人对他的羞辱。于是他下定决心要攻下城池，杀死杨智积，挽回尊严。

李密实在看不下去了，劝说道："兵贵神速。你蒙骗众人向西进军，为的就是趁人不备夺取潼关，如今追兵将到，你怎么能在此地停留耽误？要是不能占据潼关，退又无地可守，到时将士们一哄而散，你该如何保全自己？"然而杨玄感被激得情绪上了头，根本听不进去劝告。

杨玄感对弘农宫发起了冲锋，并在城门口放了一把大火，想用火势逼退官军。没想到杨智积比他更狠，居然在城门内放了一把更大的火，杨玄感的大军想要进城，就必须穿越熊熊大火。

杨玄感耽误了三天的宝贵时间，弘农官却迟迟打不下来，最后他还是选择西进，但为时已晚。叛军到达阌乡（今河南灵宝市境内）的时候，宇文述、来护儿、屈突通率军赶到，杨玄感且战且退，一日之内遭遇三连败。

八月初一，杨玄感在董杜原（今河南灵宝市西北）与官军决战，无奈叛军已是残阳西斜之势，无数叛军将士成了官军的刀下亡魂。杨玄感看到大势已去，带着弟弟杨积善奔上洛（今陕西商洛市洛南县境内）而去。

轰轰烈烈地开始，灰头土脸地结束，杨玄感无法接受这种挫败。

到达葭芦戍（在今河南灵宝市西南）的时候，杨玄感突然决定不跑了。他对弟弟说："我不能落到官军手里受辱，你杀了我吧。"杨积善手起刀落，亲手杀死了哥哥。

按照杨积善的计划，他要先杀哥哥，再抹脖子自杀，可还没等他下手，追兵就将他擒住了。随后，杨积善与杨玄感的首级一起被送往杨广的驻跸之所高阳。

至此，杨玄感叛乱被完全镇压，为时仅两个月。

叛乱余响

杨玄感起兵造反，为什么失败了呢？

失败的第一个原因：个人能力不足。

总结一下历史上造反成功的人，身上都有几个核心特点：一是隐忍，二是怀柔，三是会用人。

什么叫隐忍？

元朝末年，朱元璋割据金陵，兵精将广，自称"吴国公"。明明有优势，但在张士诚、陈友谅、方国珍称王称帝的情况下，他还是采纳了隐士朱升提出的"高筑墙，广积粮，缓称王"的方略。

说白了，隐忍就是面对极致的诱惑还能克制自己的欲望，是明明有实力却愿意暂时低头隐藏自己的实力，是受到挑衅还可以一笑置之。

杨玄感抵制不住内心的欲望，不管是在时机未到的时候起兵造反，还是在弘农宫受辱后明知追兵在后，还是要和杨智积死战到底，这些都说明他是个性情中人。这样的性格，注定他的路走不远。

什么叫怀柔？

该妥协的时候妥协，该认输的时候认输，清楚自己的目标，曲线前进。唐朝的开国皇帝李渊起兵造反时，为了搞定河东的士族，对他们许诺了种种好处，将大家的利益和他的前途绑定，这才换得了士族为他卖命。可杨玄感没有任何收买、拉拢的智慧，一言不合就是干，把本可以不是敌人的人都逼到了对立面。

什么叫会用人？

既然要夺取天下，就必须不拘一格用人才，但凡有一技之长的人，都要招揽他、任用他，可是杨玄感招揽了那么多有能力的权贵子弟，却根本不用他们。在杨玄感的核心圈子里，除了他的两个弟弟和好朋友李密，少有其他人才。而杨子雄因为阿谀奉承了一番便成了叛军中的骨干。杨玄感经营的完全是一个封闭的人脉圈子。

事实上，隋末的起义军有九成都在用人方面存在问题，哪怕是后来拥兵三十万的瓦岗军，其核心也不超过五个人。从管理学角度看，这是不合理的。汉高祖刘邦、唐高祖李渊、明太祖朱元璋，这些开国之君麾下哪个不是人才济济？这就是差距。

归根结底，杨玄感并不具备领导能力。

失败的第二个原因：造反时机不对。

当时隋朝社会一度动荡，黄河流域确实出现了很多农民起义军，但总体看来，还是在大隋军队的控制之下的，不管是朝廷官僚集团还是地方主政官员，绝大部分仍然忠于朝廷。换句话说，此时大隋的基本盘还在，更没有解体征兆，并不是造反夺取天下的好时机。不幸的是，人只愿意相信自己乐意相信的，只愿意相信对自己有利的，杨玄感就是这样，他只看到了反对杨广的那一小部分，便仓促造反。

失败的第三个原因：态度不明，难以共情。

杨玄感率领的究竟是属于农民的起义军，还是属于官僚集团的起义军？从杨玄感一路的宣传看，他似乎是在代表百姓反对高句丽战争，进而反对杨广的。百姓信了他，所以争相投奔，就连远在长安的百姓都认为他麾下是为百姓谋利的军队。

既然代表庶民集团,那就是与官僚集团的利益有了冲突。洛阳城下,当杨玄感带着百姓攻城略地,城内外关注局势的官员会怎么想?

李密也提到,杨玄感起兵的声势如此浩大,附近的郡县竟没有一个归附的,说的也是这个道理。

再看看后来李渊攻打长安的时候,他是以关陇集团代表自居的,并且将自己包装成新一代的统治势力(发放空白官凭,本质上就是把自己当成了统治者,这是一种强烈的政治暗示),营造出一种只要投靠就能一起过美好日子的氛围。于是,易守难攻的长安很快就对李渊敞开了城门。

战争的结局,很多时候是在战场以外的地方决定的。

虽然造反失败,但杨玄感能发起暴动,其实就已经反映出隋朝社会的两个问题了:其一,大隋百姓过得太苦,对杨广怀有强烈的不满。其二,统治阶层中一部分人的利益也在受损,只是因为杨广还强大才选择暂时依附。

很多事情的发生其实早就有了征兆,聪明的人会正视坏事,以此修正自己,让坏事变成好事,而一意孤行的人会忽视坏事,甚至逆势而行,最终就会尝到苦果。

杨玄感的反叛对杨广来说是一记警钟,提醒他需要关注百姓和关陇集团。其实,削弱关陇集团、加强中央集权是杨广作为皇帝一定要做的事,而到目前为止,杨广对关陇集团虽有遏制,却没有过于激烈的将双方矛盾公开化的行为,所以在这方面,他不应该受到苛责。只是在对待百姓的问题上,杨广就显得过分草率了。

到杨玄感造反失败为止,杨广依然有能力也有机会调整执政理念,稳定住局面,避免局势进一步恶化甚至失控。只要他几年之内不再发起战争,不再大兴土木,轻徭薄赋,让百姓安居乐业,再辅以军事威慑,民间的不安分因素也会渐渐平息下去。可他是怎么做的呢?竟是大开杀戒。

杨玄感反叛被平的时候,杨广还在高阳(今河北保定市高阳县)。为了发泄怒火，杨广下令将杨玄感的尸体处以车裂之刑，并曝尸三日，最后将尸体挫骨扬灰。做完了这一切还不够，杨广在愤怒和失望之余开始反思：杨玄感为何能翻起这么大的浪？除了杨玄感，朝廷里还隐藏了多少居心叵测的人？

杨广命大理寺卿郑善果、御史大夫裴蕴、刑部侍郎骨仪、东都留守樊子盖彻查杨玄感的党羽。八月二十日，葛公赵元淑罪证确凿，成为第一个被杀的大臣。

裴蕴等人又将一份名单交给杨广，其中有直接参与杨玄感谋反的官员，有被杨素提拔的官员，还有杨玄感平日里结交的文人朋友。看到这份名单，隋炀帝彻底震惊了："如果放过这些人，再由他们兴风作浪，百姓一旦跟风造反，大隋就真的完了。"因此杨广选择了连根拔起，除恶务尽。

客观地说，在此之前杨广虽杀过大臣，却不是滥杀，他甚至可以说担得起"仁慈宽容"的评价，但仁慈换来的是这么多人的背叛，这让他始料未及。既然仁道收服不了人心，杨广决定实行霸道。

在杨广授意下，樊子盖大肆搜捕杨玄感的党羽，最终三万多人被处死，六千多人被施以流刑和徒刑。此外，杨玄感围困洛阳之时曾开仓放粮，杨广一声令下，又将所有接受过杨玄感粮食的百姓都活埋在了洛阳城南。

杨玄感失败后，韦福嗣逃回洛阳，并未被追究责任。当时这样的官员有很多，他们觉得自己之前是身不由己，虽然被迫替杨玄感干活，可本心是追随杨广的，所以不算有错。没想到樊子盖在搜集证据时发现了韦福嗣替杨玄感起草的劝降信等文书，于是杨广下令，将韦福嗣押送到高阳。

与此同时，逃跑的李密也被官军擒住，准备押往高阳。李密知道以杨广的行事作风，自己肯定难逃一死，因此把身上的金银珠宝全送给了押运他的官员，一把鼻涕一把泪地哭诉道："兄弟，我知道自己罪孽深重，这些财宝就给你了，只请求你在我被杀后好好地安葬我，以全我身后之事。"

官员们自然不会和钱财过不去。他们拿了钱财，放松了警惕，甚至在押运途中和李密等人称兄道弟，饮酒作乐。到了魏郡（今河北邯郸市）石梁驿，李密请人买来了好酒好肉,将他们灌得一塌糊涂,之后趁夜深人静凿穿墙壁,逃之夭夭。

临行前,李密本来想拉着韦福嗣一起逃,没想到韦福嗣很坦然,说自己无罪,皇帝最多不过是当面责骂几句罢了。

韦福嗣想得很好,可李密半路逃跑的行为再一次激怒了杨广。恰好宇文述说了这样一番话:"陛下,不对韦福嗣这样的人处以极刑,恐怕难以警醒其他人。"听闻此言,杨广说道:"你自己看着办吧。"

宇文述在荒郊野外将叛臣绑在木桩上,然后命九品以上的官员全部到场,会弓箭的就射上一箭,不会的就拿刀砍。韦福嗣几乎被剁成肉泥,最后又遭烈火焚烧,挫骨扬灰。

杨玄感的弟弟杨积善也在受刑之列。临刑之前,他还在向杨广苦苦求饶,声称自己亲手杀死了叛将杨玄感,希望朝廷饶他一命。杨广无法理解杨积善的天真,恨恨地说道:"杨玄感只不过是枭一类的动物罢了,以后你们杨氏一门就改姓'枭'吧!"

明明是安抚各方、拨乱反正的大好机会,杨广却反其道而行。此后,大隋王朝的人心越发涣散,国家越来越向深渊里滑去,而这一次,没有任何力量可以阻挡它的下坠了。

五 战争泥潭

三征高句丽

杨广从辽东撤军后没有返回洛阳，而是留在高阳，其实心里还惦记着高句丽。

大业十年（614年）二月，杨广再次将征伐高句丽提上了议程。以前还有人劝他别再打仗，可这一次所有人都沉默了。朝臣知道杨广刚愎自用，劝也没用，何况杨广曾经说过，他是个不喜欢纳谏的皇帝，如果有朝臣拿命进言，他不会觉得这人是对他忠诚，反而觉得他心有叵测。这还让人怎么进谏？于是这一次，大臣们的态度出奇一致：陛下您做决定就好，我们跟着就是了。

主意已定，杨广下了两道诏书：

第一道：当年隋文帝杨坚征伐高句丽，却因为汉王杨谅昏聩无能、高颎刚愎自用，惨败而归。朕决定将当年战亡的将士的尸骨收集起来好好安葬，并设置祭所和道场为这些亡灵超度。

第二道：黄帝五十二战，成汤二十七征，这才让君主的恩德传及四方，让天子的政令达及天下。普天之下莫非王土，如今万国来朝，高句丽却不尊王化，侵扰大隋边陲，实在是罪大恶极。隋军需要出征，除掉元凶首恶高元，至于其他人，朝廷可以不追究。不过如果高元幡然悔悟，赶紧来朝，一切都好商量。

看得出来，杨广深知战争对民间的伤害，不然也不会拿黄帝和成汤屡次征伐的典故说事。说这些无非是想说明皇帝打仗古有惯例，希望以此弱化民间的敌对情绪。

杨广的想法未免有点天真。老百姓更在乎家里的一亩三分地，不会想着帮杨广完成什么宏伟目标。换句话说，民间的情绪对立不会因为一道冠冕堂皇、义正词严的战争诏令而消减半分。

除了百姓外，地方官员也很郁闷。上级既然已分派了任务，如果他们想百分之百完成，就不得不去苛待百姓，这意味着他们需要面对老百姓的怒火，而百姓一旦闹起事来，第一个遭殃的是他们，朝廷却不会因此给他们升职加薪；可如果他们把活干砸了，虽然放过了百姓，却得面对上级的问责，到时候会受到什么样的惩罚还未可知。

除了杨广本人，这次的战争让所有人都苦不堪言。

三月十四日，杨广的御驾到达涿郡。此时，从各地征调的军队还没有到位，他只能暂时停留。

在此过程中，杨广不断收到军中将领的报告，说叛逃的士兵越来越多，形势有点不妙。其实二征高句丽后，杨广就解散了大部分府兵，打算轮换一批新的士兵，然而下面报告上来的结果是各地的叛乱仍在持续，并没有消失的迹象，老百姓对地方官府的对立情绪非常浓厚，以至征兵调兵的圣旨到达地方后，非常难以执行。

新的士兵征不上来，现有的军队又濒临崩溃，这是很危险的信号。杨广在涿郡考虑了十来天，终于在三月二十五日做出了最后决定：诛杀临阵逃跑的士兵，将他们的鲜血涂在战鼓之上，以示警醒。

七月十七日，杨广的御驾到达怀远镇。此地距离鸭绿江还有几百公里，按照这个蜗牛般的速度，大军到达高句丽本土还得几个月，到时候雨雪天气降临，又要冻死无数人。如果是正常的行军安排，大军应该就此停驻，准备物资，等年初再继续进发，但杨广还是坚持行军。

面对种种问题，杨广明明每次都有很多更好的选择，比如退兵，比如下诏安抚，可他偏偏选择了最极端、最不能让人理解的做法——他明确表示，这场仗非打不可。

杨广的处境不妙，高句丽的境况也好不到哪里去。高句丽毕竟是弹丸之国，物资本就不丰富，每次面对大隋的进攻都要百姓抛下锄头走上战场，因此国内粮食越发歉收，加上战争损耗了人口，老百姓的反战情绪非常高。

战争双方都吊着一口气，仿佛在比谁能耗得过谁。

就在此时，大隋的水军主帅来护儿传来消息：大隋水军到达毕奢城（今辽宁大连市金州区大黑山上，又称"卑沙城"），高句丽组织军队抵抗，但很快就被消灭，之后隋军高歌猛进，马上就打到平壤城了。

高句丽国王高元意识到，如果继续和大隋耗下去，自己一定会亡国，因此决定开城投降。为表诚意，高元将叛逃的斛斯政献给大隋，表示自己随后就会到洛阳向杨广认错。杨广见高元终于投降，表示很满意，下诏班师回朝，等待高元来洛阳朝见。

杨广决定收手，来护儿却不愿意接受退军的命令。他常年待在一线，深知高句丽人不可能轻易就范，猜测这是高元的诈降计。来护儿想要拒绝执行诏令，但在此之前他必须说服军中将领达成一致意见。

来护儿对大家说道："大军三次出征，都没能平定高句丽，如果这次返回洛阳，我们恐怕就再也没机会来这儿了。现在高句丽已经是强弩之末，如果我们率军进攻，很快就能攻克，因此我想攻占平壤，活捉高元，之后再回朝献捷。你们认为如何？"

行军长史崔君肃提出了反对意见，坚持要按皇帝诏令行事。来护儿依旧想争取大多数将领的支持，于是鼓动大家说："敌人大势已去，我们明明马上就能胜利了，我宁愿生擒高元回朝献捷，再被皇帝陛下处置。我是领兵在外的将领，遇事本就有专断之权，何况如果放弃这个机会，以后就再也没有机会了！"将士们为之动容，但关键时刻崔君肃正色警告众人："如果你们敢去平壤城，我回去后必定会奏上一本，让你们全部获罪！"前有皇帝明令退军，后有崔君肃出言威胁，从来护儿到将士们都不敢再多说什么，只能回朝。

就这样，杨广高高兴兴返回洛阳，随后去长安视察，满心欢喜地等待高句丽投降的消息。没几个月就到元旦了，各国使者都要到长安觐见，而高元是他今年最想见到的人。

然而，杨广左等右等，始终不见高句丽来的使者。到了十月，心焦的杨广亲自给高元写了一封信，催促他早点启程，没想到高元选择了无视。杨广既气愤又无奈，因为自己又被高元耍了，颜面无存。

在杨广返程的路上，到处可见农民起义军，其中有一支八千人的部队还偷袭了官军，抢了四十二匹御马，最后逃遁而去。堂堂帝王被起义军偷袭，说明了什么？说明局势已经失控了。杨广真想发动第四次战争，可他清楚，自己已经没有这个能力和机会了。

杨广想做出前无古人、后无来者的功绩，可现实却狠狠打了他的脸。他躲在宫中，心情烦闷之下写了一首五言诗，其中传世的只剩下一句："徒有归飞心，无复因风力。"意思是我空有一颗让天下群雄归心的壮志，却再也没有可倚仗的清风送我上青云。

心情糟糕透了的杨广突然想到了此前叛逃到高句丽的斛斯政。长安城金光门外，杨广下令将斛斯政绑起来，命文武百官轮流向他射箭，直到将斛斯政变成人形刺猬。这还不够，杨广随后又派人将他肢解，命百官食其肉，再收集他的骨头挫骨扬灰。

当时当刻，杨广也只能通过这么做来发泄自己的愤恨了。

六 大厦将倾

六 大厦将倾

天下暴乱

大业九年（613年）七月，也就是杨玄感起兵之后不久，大隋国内的暴乱蔓延到了江南。

刘元进，今浙江杭州人，喜欢行侠仗义，在当地风评极好。因为垂手可以过膝，刘元进觉得自己天赋异禀——卖鞋出身的刘备也是这个样子，最后成了蜀汉的开国皇帝，那自己为什么不可以呢？

杨广一征高句丽时，黄河流域爆发大规模农民起义，可江南一带还算稳定。二征高句丽时，朝廷在苏州、绍兴征兵。民间有传言，说大隋鼎盛的时候出征的士兵都没回来，如今朝廷疲累，再去打仗就是送死，于是大批百姓逃离家乡，一时间江南人心惶惶。恰好这时杨玄感起兵了，刘元进果断举旗响应，很快就聚集了几万人。

八月初二，朱燮和管崇带起了第二波江南起义的节奏。

朱燮，今江苏苏州人。作为一名道士，他本该清修养生，可偏偏要研究兵书和历史。因为业务水平不错，朱燮收了十几个徒弟，后来听闻刘元进发动起义，他终于也按捺不住了，带着徒弟造反。朱燮是远近闻名的文化人，附近的土匪盗贼都慕名而来，很快就成了气候。

管崇，今江苏常州人，长得高大威武。管崇平日里自命不凡，逢人就说自己有王侯将相的风骨，由此聚拢了一大批人。朱燮起事后，管崇也立即起兵。

隋朝开国之初，江南只有两百多万人口，但在随后的二十余年里，江南的人口快速增长，经济也跟着起飞，如今是要钱有钱，要人有人。金陵被毁后，扬州成为江南的经济中心，并且这里还是杨广早年曾经营过多年的地盘，所以杨广可以不重视其他地方，但对于江南的这块地却是必须守住的。

当时，虎牙郎将赵六儿奉命驻守在扬子江（长江自金陵至入海口河段的旧称）流域，防备江南的起义军渡江北上。杨广的策略是以防御为主，进攻为辅，只要起义军不制造太大麻烦，其他的以后再说。可起义军不这么想。大乱之世，官府和起义军天生就是对立关系，皇帝已经派了兵来，却不打仗，难道是要玩过家家吗？起义军决定先动手。

朱燮的大本营在苏州，躲在管崇身后，又有长江天险，危机感没那么强，因此冲锋陷阵的事就由"拥有王侯将相风骨"的管崇去做。

管崇派手下将领陆颉横渡长江，趁着夜色掩护发动突袭，缴获了不少武器和粮食，一时间声威大震，拥兵十余万。可慢慢地，管崇意识到一个问题：自己虽然打了胜仗，却也成了出头鸟。这要是惹怒了杨广，官军第一个要针对的岂不就是他？虽然自命不凡，但真要真刀真枪地干，自己可完全不是正规军的对手。思来想去，还有一点自知之明的管崇决定找个靠山，大家抱团取暖。

在江南的诸方造反势力中，刘元进、管崇和朱燮是最出名的。朱燮和管崇一样，没口号、没武器、没人才，当初那份勇气在暗淡的前景面前慢慢消散了，他开始经常和管崇私下聚会，商议未来的出路。就在此时，刘元进来了，嚷嚷着要渡江找朝廷大干一场。

对于刘元进，大家还是认可的。第一，他是江南第一个扛起起义大旗的人。第二，他敢对朝廷宣战，仅这气势，管、朱二人就比不了。再想到朝廷的枪肯定要打出头鸟，既然刘元进愿意顶在前面，不如就让他去冲锋，于是朱燮和管崇十分尊敬地对刘元进声称，他们二人只不过是小打小闹，江南的起义活动还得靠他刘元进主持，二人甘愿依附于他，奉他为首。

得了两支生力军，又被尊为大哥，刘元进自然满心欢喜。三个人齐聚一堂，感觉需要一个仪式纪念一下。单纯杀牛宰羊、大摆宴席来庆祝，感觉格调有点低；焚香祭祀、结拜为异姓兄弟不失为一个好主意，可还是差点意思。思来想去，他们决定直接用称帝来庆祝。

就这样，刘元进在常州登基称帝了，封管崇和朱燮为左、右尚书仆射。各地的义军听说有了新朝廷，投靠过去还能做官，纷纷前来。

起义军正如火如荼，可身为当朝皇帝的杨广却快要气炸了。他一开始只想先守住扬州，等腾出手了再收拾起义军，可刘元进悍然称帝，赤裸裸地挑衅皇权，这不是和他过不去吗？既然起义军自寻死路，杨广自然不会放过他们。

大业九年（613年）十月，杨广命左屯卫大将军吐万绪、光禄大夫鱼俱罗率兵镇压刘元进。此前就驻守在江南的赵六儿官居虎牙郎将，而吐万绪是卫府大将军（正三品实职），鱼俱罗是光禄大夫（正二品散官），都是皇帝的御用战将，身经百战。客观地说，起义军虽然声势浩大，但毕竟是一帮乌合之众，成分混杂，想浑水摸鱼的不在少数，至于战斗力，完全不能和官军相提并论，以这样的配置对付起义军，足见杨广的决心。

刘元进选择将润州城定为要攻克的第一个堡垒。从地理位置看，润州（今江苏镇江市）离扬州最近，而且润州有渡口，可以通过水路拿下扬州。尴尬的是，起义军没有攻城云梯，士兵也没有经过系统的战斗训练，对这座坚城根本没有杀伤力。此外，好些投靠来的起义军都在坐山观虎斗，见刘元进打赢了，他们就摇旗呐喊，一旦打输了，他们跑得比兔子还快，因此一直到吐万绪赶到江南，润州城依然屹立不倒。

官军和起义军的第一次交锋发生在润州渡口，吐万绪还没正式发力，刘元进的军队就作鸟兽散了。接下来，刘元进屡战屡败，毫无招架之力。打不过就撤退吧，先去丹阳（今江苏镇江市丹阳市）避避风头！

丹阳城外，两军再次对垒。官军一边，吐万绪骑着高头大马，犹如战神降临。他麾下的精锐骑兵一字排开，个个跃跃欲试，只待主帅一声令下就冲出去收获敌军人头。起义军方面场面就不太好看了，有武器的站在前面，拿木棍和锄头的站在后面，空手的在一旁摇旗呐喊。

这样一对比，明眼人都能看出对阵结果。果不其然，官军擂鼓进攻，起义军立即溃散，战斗迅速结束。大批起义军走投无路，选择跳到江中，死者数以万计。

起义军屡战屡败，面对官军毫无招架之力，这让刘元进意识到他要完蛋了。于是他命朱燮、管崇驻扎毗陵（今江苏常州市），阻挡官军进攻，自己则连夜逃回会稽（今浙江绍兴市），打算收拾金银珠宝，到其他地方另起炉灶。

刘元进的算盘打得好，然而他刚走，朱燮、管崇就撤军而去。此时刘元进有两个选择，一是入海逃亡，二是占山为王。刘元进选择了第二条路，目的地就是黄山。可这一次官军不再轻易放手了，铆足了劲儿在后面追赶。黄山脚下，官军再次杀死了五千名起义军，并斩杀管崇及陆颉。刘元进见状，又带着金银珠宝马不停蹄地跑到建安郡（今福建福州市）。

皇帝跑了，宰相死了，政权解体了，无数人在战争中丧命，曝尸荒野，但是被打散的起义军很快就再次聚集起来，锲而不舍地在官军周围活动。

明知道打不过对方，为何还要无谓送命呢？

打仗是一场豪赌，赌注是士兵的性命。人人都知道上了战场可能会死，但这是个概率事件，会有其他人一起分担这个风险。参加起义军，死不是必然的事，好处却有不少：首先，军队会管饭，有时候还能吃上肉，而对古代的底层人来说，一年到头能吃上一回肉都是奢望；其次，古时候的军队，尤其是鱼龙混杂的起义军，大都走到哪抢到哪，这样一来打仗还能分到钱财；最后，如果作战勇猛，还能获得军功，而这是实现阶层跃迁最快捷的方式。既然收益足够覆盖付出，那么即便风险很大，起义军当然也还是会像春风吹又生的野草一样了。

面对此起彼伏的江南叛乱，杨广的态度很坚决，要求一定斩草除根，不留后患。圣旨传到江南，吐万绪、鱼俱罗却提出了别的意见。

长期在一线征战，吐万绪、鱼俱罗看清了一个现实：当前的起义军大多是乌合之众，却很能煽动百姓的情绪。如果朝廷不搭理他们，他们就发动百姓闹事，官军一旦追着他们打，他们就想尽各种办法跑路，等官军一离开，又卷土重来。

想要彻底扑灭起义军，要费很大的功夫，于是吐万绪上了一道奏折："陛下，最近一段时间将士们非常辛苦，来年开春再征讨江南吧。"

杨广对这道奏折很不理解。当时是十二月，距离官军抵达江南不到两个月，不及征讨高句丽时的赶路时间长，这就觉得辛苦了？更何况官军一直在打胜仗，几乎没有伤亡风险，面对这样的顺风局，一个大将军却不愿意打仗，这是怎么回事啊？

杨广又问鱼俱罗的意见，希望得到不同的反馈，可鱼俱罗表示，他的判断和吐万绪一样，甚至给出了一个预测：朝廷不可能在一年半载内平定江南。而在杨广看来，这只是在找借口抗拒皇命罢了。

杨广的猜想不无道理，因为鱼俱罗确实在打着自己的小算盘。

洛阳是中心城市之一，人口众多，当地产出不足以供养，许多粮食都要从江南运送，如今受战乱影响，洛阳的粮食价格有了上涨的趋势。鱼俱罗利用镇守江南的优势，偷偷调拨大量粮食运回洛阳销售，从中赚取暴利。

古往今来，这种事情不算少见，但鱼俱罗行事太过自私，只顾着自己赚钱，不给别人机会，因此引起了许多人的嫉恨。很快，朝臣便扎堆进言，声称鱼俱罗不顾朝廷利益，暗中兜售粮食，犯了叛国重罪。

杨广大怒，直接处死了鱼俱罗，随后命吐万绪回朝面圣。吐万绪听说鱼俱罗被杀，心中忐忑，居然在路上因忧惧而死。

被低估的短命王朝：隋朝37年

王世充的"风口"

江南平叛的形势本来大好，却因为主将问题而搁置，杨广自然要总结出现问题的原因。他想来想去，觉得不是事不对，而是人不对。

此时的杨广已不再是以前的宽仁帝王了，而是开始奉行霸道。为了贯彻斩草除根的观念，他决定找一个性格阴狠、手段毒辣的人去继续平叛，于是大名鼎鼎的王世充登上了历史舞台。

王世充，本姓"支"，西域胡人。其祖父很早就去世了，祖母带着他的父亲支收改嫁给一个叫王粲的人，父子二人于是改姓"王"。支收相当能干，最后做到了汴州长史。

因为家境不错，王世充不用为生计发愁，能专心读书。他精通经史、兵法、律令，在卜卦算命、天文历法方面也下了不少功夫，而且口才伶俐，善于辩论，可以说是才华横溢。

隋文帝时期，王世充因军功晋升为兵部员外郎，加仪同三司。他经常向朝廷进言，表现活跃。由于精通律法、制度，王世充经常徇私作弊，为自己谋取利益，当别人指责他时，他就施展诡辩之术。文武百官都辩不过王世充，因此对他非常忌惮，导致他在朝野上下的风评非常差。

六 大厦将倾

杨广是个直性子，有话就说，看不惯诡辩那套，很瞧不起王世充这种人。所以在杨广一朝，王世充没有受到重用。

大业六年（610年），王世充调任江都郡郡丞。江都郡主官是郡守，正三品，而郡丞的另一种名称是"赞治"，只掌管官府的文书起草工作，简而言之，是府衙内很没有地位的存在，所以王世充一直想要找机会升迁。

就在同一年，杨广下令营建江都宫，派大臣张衡到江都监工。然而，谁也没想到，这件事竟成了王世充上位的机会。

张衡当年帮杨广谋划过太子之位，是杨广的亲信。见杨广大兴土木，劳民伤财，张衡屡次劝谏，希望引起重视，搞得杨广非常不快。在随后的日子里，杨广让张衡淡出了权力的核心圈子。

杨广这样做是想警告张衡，让他回心转意，顺从自己，令他没想到的是，被边缘化的张衡并没有因此低头认罪。两人之间形成了僵局。

当时朝廷主持并实施的工程非常多，君臣僵持一段时间之后，杨广派张衡外任为官。有一次，杨广巡视汾阳宫，刚好张衡在附近建造楼烦城（今山西忻州市原平市境内），杨广就让他来汇报工作。见到张衡第一眼，杨广就惊呆了：在工地工作，难道不应该消瘦憔悴吗，怎么他还发福了？瞧着张衡悠然自得的样子，杨广气乐了——算了，还是帮朕去监修江都宫吧！

张衡上任，恰逢楚国公杨玄感在江都视察工作，两人碰了面，在一起侃大山，无意间聊到已经去世的薛道衡。

薛道衡是隋朝的大诗人，杨广欣赏他的才华，几次三番倾心结交，薛道衡却看不起杨广，还不知轻重地评价朝廷政务和皇帝德行，最终被杨广处死。对此，张衡评价道："薛道衡满腹才华，年纪轻轻就去世了，实在有点可惜。"

杨玄感当面没说什么，转身就将此事捅到了杨广那里，还诬陷张衡对皇帝处死薛道衡一事颇有微词，出言诽谤君上。听到这件事，杨广对张衡更为不满了。

王世充也听说了这些传闻，他的心思活泛起来：张衡负责修建江都宫，他若倒台了，自己就可以上位！于是王世充偷偷上了一道奏折，声称张衡故意削减江都宫里的御用物品。杨广收到消息，立即下旨将张衡关进了大牢，不过考虑到张衡曾为自己办了不少事，最终还是网开一面，只将他贬为庶民，令他居家养老。

杨广没想到，张衡回了家还在妄议朝政、诽谤皇帝。张衡是他的近臣，知道不少秘事，要是放任他肆言无忌，指不定会捅出什么娄子来。于是，杨广最终下令命张衡自尽。

张衡虽死，江都宫却还需要人监工，工于心计、善于察言观色的王世充被提拔为宫监。机遇就是成功的敲门砖，人一生或许只能遇到一次，抓住了就能改变命运。在修江都宫的时候，王世充搜刮了不少奇珍异宝进献给杨广。这种逢迎本质上就是一种服从，杨广十分满意，对王世充的印象慢慢有了转变。

吐万绪、鱼俱罗死后，朝廷还需要人主持江南的平叛事宜，杨广想到了王世充。圣旨很快下达，允许王世充自行征调淮南府兵，尽速剿灭刘元进等人。而这支淮南官军，正是王世充后来借以争夺天下的依仗。

话说官军撤退后，刘元进率起义军返回长江边，王世充刚渡过长江就被刘元进击败，一千多官军被杀。这时候王世充手下的兵也是地地道道的农民，和起义军一样没有战争经验，只不过武器配备稍微好一点罢了，碰到刘元进的起义军，只能和他们拼人数。起义军人多势众，王世充自然打不过。

面对人多势众的敌军，王世充愁眉不展。怎么办呢？得到皇帝的重用确实是飞黄腾达的好机会，但是把命搭在江南，也有点儿太不划算了。王世充很纠结，思来想去，决定先退守延陵栅。

当时正值南风大作，刘元进计上心头，命手下用茅草扎了无数个火把，打算借着南风来一出火烧连营，给王世充一点颜色瞧瞧。王世充听闻消息，撒开腿就往北跑，谁知就在此时，风向突然由南变成了北。

起义军不怕官军，却怕席卷而来的熊熊大火，这时候只要跑慢半步，就可能成为一堆黑炭。所以火势刚一转向，起义军就玩起了老把戏，作鸟兽散了。

王世充本来不想继续打下去了，可看到起义军只顾着四散逃命，毫无斗志，于是命大军趁机追击。起义军损失了半数以上，要么死于大火，要么死于官军之手。

就这样，王世充熬过了人生的低谷期，从此好运连连。反观刘元进，当初吐万绪率精兵打来，他打不过情有可原，可面对实力更弱的王世充，却还是因为天时不利而输了战争。心里窝火的刘元进对朱燮说道："事急矣，当以死决之！"就这样，官军和起义军就地展开决战，最终刘元进和朱燮双双被杀，江南第一批造反的起义军就此全军覆没。

到这里，王世充的人生到达了一个小高峰，可以回去邀功请赏了，可蹉跎半世的王世充已经不是当初青涩的生瓜蛋子了，他很明白杨广的想法究竟是什么。

起义军散布各地，对地方安定来说是个巨大的隐患。要如何解决这个问题，满足杨广的要求呢？王世充很快有了主意。

王世充宣称，自己会举行一个受降仪式，但凡参加过刘元进起义的人，不管身份背景如何，不管做过什么恶事，只要在规定时间前往通玄寺（今浙江台州市天台县境内），一律既往不咎。为了安抚这些人，王世充亲自在通玄寺的佛像前焚香起誓，表示只要起义军将士前来投降，朝廷绝不会痛下杀手。

王世充是官军主帅，说出的话有朝廷威信做担保，加上南方有信佛的传统，见王世充在佛像面前起誓，没人相信他是在开玩笑。就这样，原本准备逃亡的起义军将士纷纷赶了回来，竟有三万多人。他们整整齐齐地站在通玄寺的庙门内，等待王世充的宽恕，没想到这时候王世充却翻脸了，他命官军将这帮人带到一个叫黄亭涧的地方，悉数活埋。

杀降不祥，但用如此残酷的方式对待俘虏，历史上不是没有过先例：秦将白起在长平坑杀四十万赵国降卒，项羽在新安坑杀二十万秦人降卒，曹操在官渡之战中坑杀袁绍的七万降卒，薛仁贵活埋了十三万回纥降卒，郭子仪在安史之乱中坑杀了薛忠义的七千名骑兵……只是这些人这么做都有其目的，或是要重创敌人的有生力量,不给敌人翻盘的机会;或是因为自身没有足够的粮食,养不起过多的降卒;或是单纯想要威慑敌人;或是统军主帅心理变态,喜欢用杀戮满足自己的变态欲望。那么,王世充属于哪一类呢?

首先,起义军造反不过是为了吃口饱饭,而隋朝朝廷不缺粮,不至于养不起这些俘虏。其次,这场战役不是能决定天下局势走向的大决战,而起义军人数众多,盘踞各地,层出不穷,只杀三万并不能重创其有生力量。那么是王世充本性嗜杀吗?史书记载,王世充虽阴险狡诈,但善于伪装,喜欢给自己塑造心胸宽广的形象,从而广交豪杰壮士。王世充杀降,意味着与他一直营造的人设背道而驰,这回打破别人对他的好印象,以后谁还敢跟着他混?何况政敌会拿这件事攻击他,史官的如椽巨笔也饶不过他。

如果一个人能干出不符合自己以往风格的事情,且这事情本身风险巨大,那么只有一个可能——事情背后有天大的利益。这次就是这样。王世充看穿了杨广急于平定江南、想用暴力威慑起义军的心思,才故意闹出这么大的动静。他这么做是为了争取杨广的关注和信任,获得杨广的提拔重用。

人都有追求,在平庸无闻和鹤立鸡群之间,王世充选择后者,即便用的方式天怒人怨了些。这是一次政治赌博,而王世充最终赌赢了。杨广需要他,这足以让王世充在仕途上迈入新的阶段。

六　大厦将倾

杨广的昏着儿

王世充剿灭江南起义军后，杨广通令全国："为盗者籍没其家。"

这道圣旨的信息量非常大。"盗"是指匪徒，而杨广眼中起义军与匪徒无异。那么什么叫"籍没其家"？就是没收所有财产。可是在一般人的印象中，起义军中多是走投无路的人，他们无家可归，食不果腹，又谈何财产呢？

之所以出现这个命令，是因为随着江南起义活动的发展，有些人随着起义军打家劫舍，从贫苦人家一跃成了有田有产的富户。参加起义似乎变成了一种发家致富的好办法，为此杨广要求重新调查百姓的身份，凡是有家人在外面做盗匪、参加起义的，都要抄家没收财产。

圣旨下达之后，地方官员嗅到了其中的致富机会，立刻行动起来。据史料记载，地方官府的剿匪工作进行得非常"顺利"，真正的盗匪被抄没家产，许多良民也被抄没家产。一场原本为了打压盗匪而进行的行动，最后变成了官员捞取钱财的行动。一时间，百姓对官府的怨愤更深，江南动荡更甚以往，盗匪聚集的现象不但没有得到控制，反而越来越严重，以致"群贼大起"（《隋书·刑法志》）。

国家已经彻底乱了，可杨广还整天想着四处巡游。大业十年（614年）十一月,杨广突然下诏要去洛阳居住一段时间。太史令庚质为此上奏:"陛下,这几年朝廷东征高句丽,百姓疲于奔命,困顿不堪。陛下应该安抚关内,让百姓安心种地,这样不过三五年时间,天下必然稳定,百姓自然富足,到那时陛下再去巡游,对国家更有益。"

杨广虽然不悦,却也明白这话说得很有道理。然而就在要出发时,庚质"辞疾不从",借口生病了坚决不随皇帝南下。杨广本来就对他的直言不讳有意见,这下更生气了,立刻派人驱车传令,把庚质押到行宫中,强迫他随行。

大业十年(614年)十二月,杨广来到洛阳,先下令把庚质投入大狱,后来庚质死于狱中。次年二月,他令百姓都迁居到城郭中。

《隋书》详细记载了杨广的诏书内容:

> 设险守国,著自前经;重门御暴,事彰往策。所以宅土宁邦,禁邪固本。而近代战争,居人散逸,田畴无伍,郛郭不修,遂使游惰实繁,寇攘未息。今天下平一,海内晏如,宜令人悉城居,田随近给,使强弱相容,力役兼济,穿窬无所厝其奸宄,萑蒲不得聚其逋逃。有司具为事条,务令得所。

在杨广看来,自古以来修建城郭就是保卫国家、防御盗匪的手段,如今战争频繁,百姓散居各地,所以盗匪才有机可乘。于是他提出要求,从今以后,大家都要进城生活。

在隋朝,官员、商人、手工业者、医者等通常居住在城里。一来,官员负责管理工作,需要常常和皇帝沟通,而商人负责商品流通、手工业者负责生产小物件,医者负责治病救人,都是给统治阶层服务的,所以自然要住得近一些;二来,这些人已经脱离了对土地的依赖,且他们的职业很多都是父死子继,有赚钱的能力自然就可以在城中活下来。现在杨广让农民进城生活,强制他们离开赖以生存的土地,农民要靠什么活?朝廷让百姓抛家舍业,没人能接受，这一个昏着儿把仅剩的良民也推到了朝廷的对立面。

时间的长河已经冲淡了历史人物的生活痕迹，他们的喜怒哀乐、所思所想被洗刷得一干二净。时至今日，我们很难再去体会杨广当时的真实想法，不过笔者依稀觉得，杨广潜意识里仍然有一种错觉，即真正给他制造麻烦的是土匪强盗，而百姓不过是受到了蒙蔽和诱惑，因此他才下令百姓入城居住，或者要在乡村附近建造城堡。他这么做既是想保护百姓不受侵扰，也是在防备更多百姓加入起义军。

这是纯粹的利己主义思维，杨广一生的问题都出在这儿了。他永远想着朝廷的体面、天子的威严，却很少顾及百姓的利益，考虑百姓的真正需求。唐太宗李世民生活在隋朝末年，亲眼见识过杨广的昏聩政令，见证了由此引发的动荡乱世，这才明白了百姓的力量，从而总结出了千古名句："水能载舟，亦能覆舟。"这句话表面是说百姓的力量不容小觑，本质却是把皇帝和百姓视为休戚与共的整体。别看只是简单的一句话，可将它提炼出来成为执政智慧的，也只有李世民一人。究其根本，是因为封建时代的统治者和百姓分属不同阶级，作为高高在上的皇帝，很难真正站在百姓的立场上考虑问题。

杨广是个聪明人，他不是不知道该怎么做，他的大臣也一早就给他提了意见：要安抚百姓，赦免其罪；别再搞事，停止一切战争和工程，无为而治，与民生息；开仓放粮，减免税赋，让百姓切实获利……可杨广就是不愿意这么做。既然如此，他也就离灭亡不远了。

被低估的短命王朝：隋朝37年

雁门之围

大业十一年（615年）二月，上谷郡（今河北保定市易县）的王须拔、河北的魏刀儿自立为王了。王须拔自称"漫天王"，定国号为"燕"。魏刀儿绰号"历山飞"，坐上了第二把交椅。

其他地方的叛乱，杨广通常会派大将前去平定，可此时的局势有些微妙。第一，王须拔和东突厥的始毕可汗联手，把河北、山西搅得乌烟瘴气；第二，杨广需要重塑和东突厥的政治关系。于是在三月，杨广下诏北巡。

东突厥土地广袤，兵精将广，只不过有点儿不幸，遇到了杨坚父子领导下的大隋王朝。启民可汗在大隋的支持下才成为东突厥大可汗，因此对大隋言听计从。而继位的始毕可汗不甘心继续做大隋的附庸，只是在隋朝国力的威慑下，他也只能暗中行事。对于始毕可汗的野心，杨广睁一只眼闭一只眼，只要他不在背后捅刀子，不破坏大隋的稳定就行。

后来，大隋在辽东战场的泥潭里反复挣扎，国内起义又此起彼伏，实力有所跌落，东突厥却上下团结，不断积蓄着能量，始毕可汗对杨广从仰视变成了平视。对此，杨广是无法接受的。为了削弱东突厥，杨广想起了他们的死敌西突厥，还把宗室之女嫁给了西突厥的处罗可汗。对于这场联姻，始毕可汗虽极为不满，但还是保持了克制，没有意气用事，而是继续埋头经营，等待时机。

始毕可汗的这种态度让杨广措手不及。征讨高句丽期间，杨广就给裴矩派了任务，让他想尽一切办法遏制东突厥，最好让他们继续在大草原苟延残喘。裴矩提议，以宗室女下嫁始毕可汗的弟弟叱吉设，将他封为南面可汗，让他和始毕可汗分庭抗礼。

这是典型的裴矩风格的离间计，但离间计之所以能成功，一是因为对方有明显的派系斗争，二是因为受拉拢的人本身有单飞的意愿。之前沙钵略可汗去世，都蓝可汗、突利可汗分庭抗礼，围绕大可汗的位置展开角逐，隋朝才有机会使用离间计。如今始毕可汗是带领东突厥再度崛起的部落英雄，叱吉设是他的小迷弟，毫无野心，用同样的药方自然药效全无。

叱吉设将此事捅到了始毕可汗的跟前。始毕可汗愤怒吗？一点儿也不。东突厥在崛起，大隋在没落，不远的将来两国肯定会爆发冲突，如今的所有矛盾都是在给未来的战争做铺垫，说起来，始毕可汗还要感谢大隋给他送来了发兵的口实。

裴矩一计不成，急于扳回一城，于是在事情败露后给突厥重臣史蜀胡悉写了一封信，邀请他前往马邑商谈两国互市的事。信中，裴矩说自己带来了很多奇珍异宝，想请他鉴赏一下。

史蜀胡悉诡计多端，心思细腻，却有个致命的缺点，就是贪财。他接到信后，瞒着始毕可汗，来到马邑。

既然是偷偷摸摸见面，自然是躲在某个角落搞地下交易，见面谈妥条件，你收我的骏马，我拿你的珍宝，然后大家一拍两散，互不相欠。问题在于，裴矩的诉求是让突厥内乱，于是他在马邑城内摔杯为号，杀死了史蜀胡悉。

杀了史蜀胡悉后，裴矩给始毕可汗写了封信，痛诉史蜀胡悉的斑斑劣迹，指控他是背主求荣之辈，还说幸亏自己发现他的阴谋，这才替始毕可汗清理了门户，言辞之间妥妥地是在邀功请赏。裴矩也不想想，如果始毕可汗是个能被轻易糊弄的、头脑简单的人，东突厥怎么可能强大起来？他的谋划早就被看穿了。接到信的始毕可汗表示，杀他兄弟的事他可以既往不咎，只是东突厥向大隋称臣一事大家以后也别提了，就这样吧。

正是在这样的背景下，杨广决定于大业十一年（615年）八月再次北巡，目的之一就是安抚始毕可汗。隋朝君臣此时还没有意识到，局势已经悄然发生了变化。始毕可汗是奔着开战来的，对大隋早就磨刀霍霍、剑拔弩张了，而杨广还一心想着和谈，根本未带重兵防护。

始毕可汗召集族人开会，最终决定采取最原始粗暴的方式，即率领数十万突厥精骑直接冲进杨广的行营，活捉杨广。计划简单粗暴但有用，只可惜消息走漏了。

为大隋君臣传递消息的是隋朝宗室之女义成公主。每个读过《隋史》的人，都应该会记住她。义成公主，生年不详，隋朝宗室之女，在国内毫无地位可言。开皇十七年（597年）隋朝宗室之女安义公主与启民可汗和亲后不到三年去世，义成公主遂在隋文帝安排下，于开皇十九年（599年）离开中原，前往突厥和亲。

大业五年（609年），启民可汗就去世了。按照突厥的习俗，新上任的始毕可汗和义成公主成了夫妻。在义成公主眼里大隋就是正统，杨广就是君主，无可置疑。十多年后，李世民平定东突厥，义成公主认定李唐是谋朝篡逆之辈，拒不投降而被杀。

忠诚于大隋的义成公主得知始毕可汗要谋害杨广，第一时间将消息传递出来，可这次出巡杨广没有征调太多府兵，身边清一色的朝臣和护卫亲兵。他确实没想到，始毕可汗竟然会突然针对他发动袭击。

八月十二日，杨广退守雁门郡城。八月十三日，几十万突厥骑兵犹如狂风骤雨裹挟而来。没有谈判，没有寒暄，始毕可汗直接发起了进攻，雁门郡的四十一座城池有三十九城沦陷敌手，仅存杨广所在的雁门郡城、齐王杨暕镇守的崞县（今山西忻州市原平市）两城。

突厥人更擅长骑兵作战，可这一次为了活捉杨广，他们带足了攻城器具，隋军的防守压力非常大。雁门郡城内，大部分房屋的木质材料都被拆下来当作守城器具了。更要命的是，城中军民加起来有十五万，剩余的粮食只够吃二十天了。

突厥的攻击从未停止，凌厉无比的羽箭一度射到杨广面前。他抱着赵王杨杲号啕痛哭。高高在上的帝王，一夜之间丢掉了所有尊严，变成了一个凡人。是啊，皇帝也终究是个凡人，只因为有皇权赋予的无敌光环，才可以指点江山，颐指气使。但一旦连自己生命都无法掌控的时候，真的很难再骄傲起来。

形势危急，宇文述的意思是让杨广带着几千骑兵突围，纳言苏威急忙制止："坐守雁门，等待援军，还有生还的可能，离开了城池，突厥骑兵立马就能追上大部队，陛下是万乘之尊，不能轻动。"

户部尚书樊子盖也说："陛下不可轻易犯险。咱们据守城池等待援军到来，陛下再宣布停止征伐辽东，嘉奖有功将士，将士们一定会奋力守城。"

内史侍郎萧瑀则道："义成公主在突厥有话语权，可以派使者前去求援，公主必定有所帮助。如今将士们最担心的就是平定突厥后，您会再征高句丽，莫不如发布明诏，不再征讨高句丽。"

总结起来大臣们就三条建议：第一，固守雁门，等待四方的援兵。第二，下诏嘉奖有功的将士。第三，停止对高句丽的战争。完成这几条建议的难度不算太大，杨广答应得非常爽快。

杨广还亲自巡视军营，鼓励将士们卖力守城，承诺会将守城有功者晋升为六品，有官的则依次加赏。天子一言，驷马难追，将士们有了希望，于是不分昼夜地卖命守城，尽管死伤众多，最后还是将突厥军队阻于雁门郡城之下。

八月二十四日，杨广正式下诏，招募各州县的军队支援雁门，此时距雁门被围已有十一天。并非杨广不想下诏，而是之前的求援信息根本传不出去。

洛阳守军闻讯后在第一时间赶去救援。左屯卫大将军云定兴（杨勇岳父）闻讯后也立即赶去救援。义成公主更加积极，在她眼里突厥是她的客居之地，大隋才是她的家，才是她应该出手相助的对象。她直接在突厥大本营散布烟幕弹，扬言有人意图谋反，希望始毕可汗赶紧回去主持大局。

眼看战争进展不顺，隋朝援军正在赶来，自己的大本营又有人意图谋反，始毕可汗不想被隋军追着打，终于在九月十五日宣布撤军。

九月十八日，杨广的车驾返回太原。苏威建议他前往长安主持大局，杨广虽然不乐意，却还是默认了。这时候宇文述却说，百官家眷都在洛阳，皇帝应该先回洛阳。

回长安还是回洛阳，其中的区别可大了。长安位于关中，以长安为中心，所达之处不过黄河流域。洛阳位居大隋疆域正中央，四通八达，可以前往任何地方。从距离来看，长安和洛阳相隔不远，但从政治意义来看，回长安意味着杨广承诺不再四处巡游，回洛阳意味着还会另有他图。

苏威是保守派官员，想的是天下的安定。宇文述是逢迎之徒，想的是隋炀帝开不开心。但宇文述有句话说对了，官员的家眷都在洛阳，皇帝要照顾百官的情绪。

从古至今，别看官员们执着地追求名利，可当危险来临的时候，他们首先想的还是家人。回洛阳符合大部分人的利益，杨广自然应允。

十月初三，杨广到达洛阳。这时群臣提醒他，应该兑现诺言，对雁门的将士论功行赏了。

这原本是说好的事，没想到大臣们产生了分歧。苏威表示，之前许诺的赏赐过重，要慎重考虑。樊子盖认为，皇帝一言九鼎，不能失信于将士。他们俩都是德高望重的老臣，都没有坑害杨广的心思，说的也都是老成谋国之言，要如何取舍，全在杨广一念之间。

经统计，等待赏赐的将士有一万七千人，如果按照当时的承诺，把没官职的直接晋升为六品，赏赐一百匹布帛，有官职在身的也要依次封赏，那付出也太大了。但此前杨广已经得罪了百姓，得罪了官僚集团，现在面对军人，不管国家的负担有多重都不应该食言而肥，辜负军人的信任。身为帝王，如果连自己说的话都不认账，还能指望别人敬畏他？所以即便打掉牙齿和血吞，也得认了这笔账。

隋朝的官职序列很多，有职事官、勋官、爵位、散官、流外官等。职事官很少，如在尚书省吏部，就只有吏部尚书一人、吏部侍郎两人、主爵侍郎一人、司勋侍郎两人、考功侍郎一人，数量固定，无法增设。但吏部还有令史、书令史、制书令史、掌固等大批流外官，这些人是给职事官员打杂的，虽然不是正儿八经的国家官员，却也可以拿固定俸禄。唐朝的时候，全国就有三十万的在编流外官。只要杨广愿意，流外官的编制可以无限突破，足以安顿一万七千人。至于布帛，隋朝的府库存量丰富，更不是问题。何况普通将士没有太大的要求，金钱、珠宝、田产等均可作为替代赏赐给他们，让他们继续为朝廷卖命。

那杨广究竟是怎么想的呢？他的第一反应是觉得樊子盖在拿朝廷的官职收买人心。樊子盖可是对杨广忠心耿耿，立下了汗马功劳。对此樊子盖心里很不是滋味，但他也知道杨广的脾气，直接选择了闭嘴。

事实上，在人情世故和做事原则之间，杨广选择了后者。首先，军人有别于文官，把他们安插到朝廷和地方官府，不管是做官还是打杂，肯定会降低做事效率，还会带来很多的工作纠纷。其次，杨广的执政宗旨是改革南北朝以来官员冗余的弊端。拿散官和勋官来说，文帝时文武散官从正二品特进、左右光禄大夫，到从九品文林郎、羽骑尉，共有十六阶。勋官从一品上柱国到正七品都督，有十一阶之多。勋爵有国王、郡王、国公、郡公、县公、侯、伯、子、男九个等级。

大业三年（607年），杨广为了打压关陇集团和门阀，大刀阔斧地改革了官爵制度。比如，废除特进、八郎、八尉、朝议大夫等散官以及十一等勋官，将散官、勋官一起合并，保持十七阶，散官的编制几乎拦腰砍断。再比如，他废除伯、子、男的爵位，只保留王、公、侯三级。

如果杨广履行了自己的诺言，就是让先前的改革彻底流产，可是谁有勇气去推翻自己坚持了一辈子的理念、原则呢？于情于理，他都无法下这个决心。

思来想去，杨广决定采取折中的方案：挑选一千五百人进行封赏。但即便是这一千五百人的赏赐，朝廷也打了折扣：第一，大家得到的基本是武职勋官；第二，大部分人得到的是九品的立信尉，最高也就是六品建节尉；第三，史书没有记载有人得到过布帛赏赐，姑且认为这笔账也被赖掉了。至于其他一万多将士的赏赐，杨广也是熟视无睹。

杨广这一次真可谓"丢了西瓜，捡了芝麻"。《论语》里有句话说得很好："不患寡而患不均，不患贫而患不安。"为什么只有这一千五百人有赏赐？其中是不是存在权钱交易？将士们的不满逐渐累积。

更加让人恼火的是，封赏刚结束，不甘心失败的杨广竟将征伐高句丽的事情再次提上了议程。这件事彻底点燃了军队的情绪，《资治通鉴》记载："由是将士无不愤怨。"

杨广也知道这事做得很离谱，为了洗刷自己的罪名，他想了个办法。在雁门的时候，内史侍郎萧瑀曾劝杨广放弃征讨高句丽，现在杨广将萧瑀贬为河池（今陕西宝鸡市凤县）太守，希望通过否定萧瑀这个人，来否定萧瑀在主张放弃征讨高句丽一事上的正确性。

杨广虽然想出征，可国内的动荡局面已经不允许他再出门了。他远离了高句丽这个要大隋命的"急性病"，却不得不接受农民起义这个"慢性病"。

大业十一年（615年）十月，绛城（今山西运城市新绛县）传来羽檄：敬般陀、柴保昌率众起义，手下集聚了数万人，将汾阳、晋阳一带闹得乌烟瘴气。杨广让樊子盖率几万精兵前去镇压。彼时，樊子盖已经七十一岁，本应该在家颐养天年，可杨广不相信关陇集团，也不愿下放权力，只能让这个他一直信赖的老臣上阵杀敌。

樊子盖收拾好行装，立即赶往汾阳。一路上，樊子盖被眼前的景象惊呆了：汾水以北的村庄富得流油，流窜的土匪到处劫掠民间财富，还有一些不明身份的百姓跟着起义军闹事。

樊子盖素来手段强硬，下了一道军令：不分百姓盗匪，不分好坏，只要是人，尽皆屠杀，遇到村镇的全部焚毁。史料记载，樊子盖的官军见人就杀，见房子就拆，甚至将投降的百姓活埋。

老百姓实在想不到，剿匪大臣会做出这样惨绝人寰的事来，樊子盖再一次向世人证明，文人也有血腥残暴的一面。最终，被逼无奈、无家可归的百姓只能参加起义军。不管是真的起义军，还是假的起义军，此时此刻在老百姓眼里都成了靠山。

樊子盖来汾水之前还是个正常的官员，一心为杨广着想，为何他会在汾水干出这样离谱的事呢？先别急，看看接下来发生的事情。

樊子盖的残暴行为惹了众怒，杨广将樊子盖调回洛阳，以李渊代之。李渊最擅长的就是收买人心，走马上任之后他便宣布，只要投降朝廷，就不再追究责任，大家可以各归故里，继续过自己的日子。就这样，叛乱平息了下来。

樊子盖回京后不久又被派出去征讨宜阳的起义军，最终因为身体原因，不得不回到洛阳养病。大业十二年（616年）七月，樊子盖病故，享年七十二岁。

杨广得知消息，悲伤了许久。他问裴矩："樊子盖临终前有什么遗言？"

裴矩答："樊子盖病重之时，深以皇帝被困雁门为耻。"

樊子盖是什么意思？责怪杨广被困雁门，让大隋王朝蒙羞吗？自然不是。樊子盖是杨广一手提拔的，对皇帝忠心耿耿，令他感到羞耻的恰恰是自己身为臣子的无能。《北史》评价他虽然缺乏随机应变的谋略，但在军持重，在官明察，严酷少思，果于杀戮，未尝不是因为他效忠于大隋的缘故。

如果说要给天下大乱找个罪魁祸首，樊子盖认为不应该是杨广，而是万千民众。汾水之北，樊子盖将愤怒全都发泄到了老百姓的头上。在他眼里，这些人全都该死。

《隋书》本传记载，杨广听闻樊子盖的遗言后叹息不已，命文武大臣前往樊府吊唁，并赐樊家缣帛三百匹，米五百斛，还追赠樊子盖开府仪同三司，授其谥号"景"。

心灰意冷

大业十二年（616年）正月，按照惯例，各附属国使臣、各地郡守要进京向皇帝朝贺，恭祝皇帝千秋万寿，帝业永祚。这个时候，大隋已然满目疮痍，盛况不再，杨广也没指望远方邦国派使臣祝贺。可令他震惊的是，全国二十多个郡县的主官居然也都未进京朝贺。

难道是地方主官纷纷携款逃跑，暗渡海外了？事实上，由于这些年起义军将各地扫荡了一遍，有些官员为了自保，已经弃官逃跑；有些地方则是被起义军围住，官员根本无法出城。

四月，洛阳宫大业殿的西院起火，杨广以为是盗匪溜进了皇宫，惊慌失措地逃离寝殿，躲在草丛之中，直到大火被扑灭才敢出来。

杨广知道全国都在暴动吗？军队是他亲自派出去的，出门还被土匪打劫过。说不知道那是假的。人最痛苦的就是明知道事情真相，却又不愿意相信，清醒地活着。有一天，杨广询问大臣们，天下的盗贼到底剿得怎么样了，宇文述道："越来越少了。"杨广问："和刚开始的时候相比呢？"宇文述答："不及十分之一。"

苏威站在旁边，担心杨广将这个问题抛给自己。杨广看在眼里，偏偏将苏威叫到了最前面。

杨广问:"苏威啊,天下的盗匪究竟是越来越多,还是越来越少?"

苏威是两朝老臣,经历了无数风雨,比旁人更明白什么叫伴君如伴虎。不过,苏威内心对杨广仍旧是忠诚的,他不愿把他当傻子,所以希望想出一个办法,既能保护自己,又能够让他接受真相。

苏威道:"臣不知道盗匪变少还是变多,只是担心盗匪离我们越来越近。"

杨广不解:"此话怎讲?"

苏威答:"盗贼以前占据长白山,如今跑到了荥阳、汜水。以前有人缴纳税赋,现在却越来越少,如果百姓没有变成盗贼,怎会出现这种情况呢?以前大家都以为奏报不实,所以失去了平叛的最佳时机。"

似乎觉得不尽兴,苏威又补了一句:"昔日在雁门郡城,陛下承诺不再征讨高句丽,可如今却旧事重提,盗匪怎么会变少呢?"

讨论如此敏感的话题,点到为止就可以了,皇帝都是好面子的,怎么能当众指责呢?因此,杨广很不高兴,君臣不欢而散。

五月初五,端午节,洛阳城内洋溢着幸福喜悦的氛围。这一天,文武百官都给杨广准备了精致的礼物,苏威呈上的是一本精装《尚书》,看起来非常上档次。《尚书》记载的内容很广泛,但关于政治的言论和史事最多。说白了,这就是一本警示后人要怎么做合格的君主、怎么做好臣子、怎么治理国家的书。

杨广猜到了苏威是什么意思,心里有点窝火,但考虑到当天是端午节,还是决定不在公开场合跟他计较。可就在此时,有人说了一句:"《尚书》中有《五子之歌》。"

《五子之歌》涉及的是上古时期的事情。

大禹是古代贤君,在他之前,中原的部落联盟实行禅让制,也就是在部落内搞个能力和品德的排行榜,谁是第一名,谁就做下一任领袖。大禹去世后,他的儿子启被推举为领袖，建立了夏朝。夏启尝到了甜头，便将父死子继定为王位传承的制度，就是世袭制。

夏启去世后，王位传到他的儿子太康手里。太康资质平庸，贪玩荒淫，施政不善，最终激起了民变。有一次，太康外出打猎长期不归，导致国都被东夷有穷氏部落的首领后羿侵占，太康的母亲和五个弟弟被迫出逃。他们来到洛河北岸，遥望南岸的山林田野，弟弟们作了《五子之歌》，以此怀念大禹的英明，怨恨太康的愚蠢。

杨广学富五车，自然知道《五子之歌》的寓意，可他是个直肠子，最讨厌弯弯绕绕，苏威的表达方式过于阴阳怪气，比当面叱骂还让他难受。

杨广本来很信任苏威，大事小事都愿意找他商议，可苏威最近的表现着实让他很失望。过了一会儿，杨广向苏威询问讨伐高句丽的事，苏威回答道："陛下要打也可以。您只要赦免天下的盗匪，就能轻而易举地获得数十万大军，他们为了免罪肯定奋力杀敌，高句丽自然可破。"

苏威不想打仗，又不想忤逆杨广，绞尽脑汁想了个他觉得委婉的说法。不过话说回来，苏威的建议靠谱吗？能实现的想法叫建议，不能实现的想法只能叫白日做梦。从动机上来说，苏威的意思是只靠土匪就能荡平高句丽，岂不是说官军连土匪都不如，先前征讨高句丽的几次战争是庸人自扰？

从实操角度说，起义军暴动是为了逃避高句丽战争，还有人写了《无向辽东浪死歌》，旗帜鲜明地反抗征兵，反抗朝廷。很多带头闹事的人现在称王称帝，过得好好的，为什么要放弃好日子返回头帮朝廷打仗？再说了，朝廷放着训练有素的官军不用，反而用没有经过专业培训的农民去打仗，难道就能减少损失，轻易获胜吗？而起义军那边，恐怕也会觉得朝廷不怀好意，是想借刀杀人。

杨广的脸色阴沉到了极点，君臣不欢而散。御史大夫裴蕴看在眼里，喜在心里。

裴蕴，河东闻喜人，家族中人曾在南梁做官，裴蕴自己也官居县令。杨坚灭南陈前，机敏的裴蕴给他写了一封信，讲了两件事，一是预料杨坚肯定会统一天下，二是如果有需要，他可以做大隋的内应。

一个小小县令自然不会引起杨坚的注意，后来他荡平江南，裴蕴压根没出什么力。可就在接见南朝官员的时候，裴蕴闪亮登场了。杨坚想起了这件事，觉得裴蕴识时务，还是给他加了仪同三司。

没想到，高颎强烈反对，认为裴蕴无功无才，没资格加官晋爵。杨坚不想被下属说教，于是强行将裴蕴加封。高颎就是想挤对裴蕴，于是再次上奏，而杨坚仍不迁就，又将裴蕴加封为开府仪同三司。这个时候高颎终于意识到自己不能再反对了，想到开府仪同三司上面还有上开府仪同三司，他赶紧闭上了嘴。

杨坚在世时，让礼部尚书牛弘将大部分乐师都遣返回家，一度将大隋的娱乐事业推向了灭亡边缘。杨广登基后，裴蕴投其所好，将周、齐、梁、陈遗留下来的大师级人物全都招揽到官中，组建了一支无与伦比的乐团，将大隋的音乐事业重新推向了巅峰。杨广大喜过望，将裴蕴提拔为户部侍郎。

裴蕴的能力不强吗？"大索貌阅"就是裴蕴开的先河。人口调查时，如果里长和乡正欺瞒官府，百姓可以举报，这也是裴蕴的主张。裴蕴是个做事老到、很接地气的实干型官员。可裴蕴的快速发展遭到了老臣高颎、苏威的压制。

苏威出身关陇集团，对南朝遗臣有天生敌意，认定裴蕴无德无才，喜欢逢迎君主。在关陇集团的压制下，裴蕴只能做到御史大夫，无法再上升。

裴蕴能在朝堂站稳脚跟，全凭揣测圣意，摸清皇帝的喜好脾性。对待起义军，裴蕴的意思是斩草除根，杨广很高兴。杨广厌恶薛道衡，裴蕴就专门上奏，替他解决舆论压力。

仕途想再进一步，裴蕴就必须搬开苏威这些来自关陇集团的绊脚石。杨广和苏威不欢而散，裴蕴意识到机会降临了。他不失时机地说道："臣就纳闷了，天底下哪有那么多的盗匪？"杨广道："哼，这个老家伙老拿盗贼吓唬朕，朕岂不知？先忍耐一时吧。"对于皇帝的态度，裴蕴已经心知肚明。

随后，裴蕴安排庶民张行本上奏，声称苏威在高阳选官的时候滥授官职，还说雁门之行苏威劝皇帝回朝，说是为皇帝安全着想，其实是自己吓破了胆。告状的内容很没有含金量，却如同一颗重磅炸弹，引起了轩然大波。

有时候，舆论的价值不在于其真实与否，而在于其引燃了不信任的导火索。就像苏威害怕突厥一事，谁能找到确凿的证据？事情没调查清楚之前，你无法证伪，也无法证实，只能处于被动。裴蕴就是想让苏威的人设裂开一个口子。之后，杨广下旨，苏威先停职，等待调查。停职调查，剩下的事就不再是事实，而是全看杨广想怎么处理了。

最终，杨广宣布：苏威热衷于拉帮结派，喜欢搞旁门左道，贪图名利，诽谤朝廷官员。朕征伐外族是尊奉先帝遗志，但凡有询问的事情，朝臣都可以毫无保留地陈述意见，只有苏威不愿表态。身为朝廷重臣，怎能如此不负责任呢？实在是毫无颜面继续为官。

一番高举轻放，苏威的罪状被升华为主观心态有问题。既然是心态问题，就不能处罚过重，那就贬为庶民吧。杨广很满意这样的结果，可以看出来他并不打算从重处罚苏威。

作为这场倒苏威事件的主谋，裴蕴费尽心思酝酿了那么久，可不仅仅是为了把苏威贬成庶民就够了。一个月后，裴蕴声称苏威和突厥暗中勾结，图谋不轨。杨广大怒，命裴蕴处理此事。

苏威再次接受调查。这次他痛定思痛，明白这是关陇集团和南朝势力的政治斗争，如果再执迷于勾结外敌等细节，未免有些幼稚。于是，他哭诉自己是两朝重臣，为两代皇帝鞍前马后三十余年都是勤勤恳恳，先是表功，随后又深刻检讨自己的错误，最后得出一个万金油的结论：臣罪该万死。

面对裴蕴交上来的"铁证口供"，杨广说了一句："朕不忍杀他。"随后，杨广将苏威的子孙三代除名，彻底踢出了大隋朝廷。

杨广发起这次的政治风波，其实有很深的政治目的。

六　大厦将倾

裴蕴一心想置关陇集团的灵魂人物于死地，执着于党争。可杨广却没有被他带了节奏，说明了什么？第一，杨广留了一手，不想被裴蕴利用。第二，大家的政治目的有交叉，但不完全重叠。

关陇集团是隋朝肉眼可见的强势派政治势力，杨广终其一生都在遏制其势头。他的办法有三个：一是裁撤朝廷编制，不能让每个人都做官了，这样可以减少情绪对立；二是压制官二代、官三代的职业晋升，这个前面讲过，不再赘述；三是让关陇集团的老字辈慢慢消失。

赵煚、虞庆则等老爷子在文帝时期就去世了。杨文思等人自然去世。杨素家族被杨广连根拔除。高颎、贺若弼、宇文弼在第一次北巡突厥时因言获罪，被杀。开国功臣李贤之子李敏、李穆之子李浑因为"李氏当有天下"的谶言，被杨广和宇文述联手除掉。

细细数来，关陇集团还在权力金字塔顶端的权臣，只剩苏威和宇文述。宇文述又向来对杨广唯命是从，没有威胁，不会添堵。苏威时刻心系长安，希望大隋以关中为根本，本就和杨广的统治理念有冲突。杨广希望别人顺着他，苏威却坚持原则，不愿妥协。

随着天下烽烟四起，杨广苦心经营的王朝逐渐解体，他的心思也从勤政变成了享乐。尤其是前往江都避难已经提上了议程，杨广不希望听到反对的声音。帝王心态的这种变化，对朝臣来说是一种冲击，就现实而言，适应者生存。不管是政治理念，还是日常相处，苏威都已经和杨广渐行渐远。此中缘由，裴蕴或许还没有揣摩透彻，杨广自己却很清楚，他无意杀死苏威，惹天下议论，只要苏威体面退出，他可以将所有事情翻篇。

从另一个角度看，苏威很无辜吗？未必。打压山东、江南士族，把权力握得紧紧的，这是事实。看重名利，党同伐异，抱团取暖，阴阳怪气等，也都是他的标签。在宇文化及杀死杨广后，七十六岁的苏威担任光禄大夫、开府仪同三司。后来他又投靠了李密。李密失败后，苏威投靠越王杨侗，担任上柱国、邳公。随后辗转到王世充门下担任太师。这样的履历，连三姓家奴吕布看了都要摇头。

武德四年（621年），李世民平定王世充，在洛阳宫问政。苏威请求拜见，却又以年老为由，不愿下跪。李世民让人给他带话：你是隋朝宰辅，国家昏暗，你却不能匡救，见到李密和王世充这等逆臣都要拜伏舞蹈，行君臣大礼，既然年老，就不劳烦相见了。

品行是一个人的社会通行证。隋文帝杨坚、隋炀帝杨广、唐太宗李世民同为帝王，对苏威都是一样的评价体系，但都是负面的，足以说明苏威本身就有很大的缺陷。皇帝也是人，与人相处需要舒适感，无法容忍的时候，放弃就是最好的选择。

苏威被赶出朝廷后，留在杨广身边的还有宇文述、裴矩、裴蕴、萧瑀、虞世基这些大臣。萧瑀刚直不阿，却是杨广的小舅子，其他人无一例外，全是阿谀之徒。

经过多年的经营，杨广终于彻底驱逐了关陇集团的大臣，组建了一个全新的亡国班底。

六 大厦将倾

鸵鸟天子

大业十一年（615年），杨广动了到江南巡游的心思。他命王世充重新建造了几千艘龙船，还在毗陵（今江苏常州市）仿照西苑建造了一座方圆十二里的离宫。

大业十二年（616年）七月，龙船抵达洛阳，宇文述奏请巡幸扬州。杨广当即决定，这事就这么定了。前一秒还在嚷嚷着要打高句丽，下一秒就要南下扬州，朝臣都快跟不上他的节奏了。而且官员的家眷都在洛阳，短暂出差还行，但知道这次去扬州可能就回不来了，谁都不乐意。

圣旨刚下，群臣腹诽，纷纷上奏。右候卫大将军赵才磕头苦谏："陛下，如今盗匪横行，百姓苦不堪言，朝廷禁令不行，国家府库空虚，希望陛下留在京城主持大局。"

这个劝谏的出发点是好的，可就是说得太夸张，杨广压根不信。国家府库确实不空虚，甚至富得流油。一年后王世充和李密决战洛阳，王世充没有柴火，直接拿府库的布帛生的火，而李密更大方，打开黎阳仓的大门，让周边百姓随意取用，粮食散落一地，仿若厚厚的积雪。赵才的话明显违背了事实，杨广自然要怀疑他的动机，于是将赵才送进了监狱。过了十多天，杨广心情好转，才将他释放。

除了赵才，建节尉任宗也进行了劝谏，不过他的运气就没这么好了。如果所料不错，他应该是采取了非常极端的进谏方式，让杨广颜面扫地，这才下令将他当场杖毙。杨广的态度很明显：谁进言，谁就承担后果。

七月初十，杨广下旨，命越王杨侗镇守洛阳，并给他留了几个辅政大臣：光禄大夫段达、太府卿元文都、检校户部尚书韦津、右武卫将军皇甫天逸、尚书省右司郎中卢楚。这几个人就是后来越王杨侗称帝后"洛阳七贵"的班底，其中最厉害的就是段达。

段达早在隋文帝时期就是禁军首领，后来做了晋王杨广的参军，杨广夺太子之位时，让段达结交杨勇的近臣姬威，在太子宫放了一把不大不小的火。段达能力平庸，贵在忠诚。杨广让他站在自己的背后还是放心的。

此次出巡，绝大多数宫人都不能跟随御驾，因此车驾出发之前，宫人们痛哭流涕，恳求杨广能留在洛阳。杨广是个至情至性的皇帝，看到如此伤感的场面，写下了一首流传千古的离别诗——我梦江南好，征辽亦偶然。但存颜色在，离别只今年。就在此时，跪在建国门外的奉信郎（掌管印信的官员）崔民象扯着嗓子大喊了一声：陛下，如今全国到处都是盗匪，您还是留在洛阳吧。

崔民象的大喊让杨广的心情顿时垮了下来。他赦免了赵才，却对进谏方式颇为温和的崔民象动了杀机，随后将他处死。自古以来，朝堂就不缺忠诚敢言的大臣，尤其是有亡国征兆的时候，他们表现得尤为活跃。南下的路上，不断有朝臣和地方官员拦驾，劝阻杨广留守洛阳，可杨广还是不为所动，一律斩了。

杨广的一生，共有三次前往扬州的记录。第一次是大业元年（605年）八月到大业二年（606年）三月，目的是安抚南方的士族和百姓，弥合南北朝以来民族分裂产生的矛盾，同时向少数民族宣扬国威，为千古霸业打下基础。第二次是大业六年（610年）三月到大业七年（611年）二月，这一次他修了一条从京口到余杭的运河，将杭州、扬州、山阳、汴州、板渚和涿郡直接贯通，一方面可以安抚百姓，另一方面可以监督粮草的征运。第三次是大业十二年（616年）七月到大业十四年（618年）四月，这时全国已经暴动，大厦将倾。

杨广为什么要把长安和洛阳交给两个十几岁的孩子，自己奋不顾身地踏上一条确信不会回头的旅途呢？

其实，如果看懂了杨广的心路历程，或许就能明白这位帝王这时的不理智选择了。

杨广一生去过不少地方，做了不少事。他南下扬州，北巡突厥，西征吐谷浑，巡视河西走廊，在关中、河南、河东等地巡视的记录无数，剩下的时间基本消耗在了辽东。

杨广在位十四年，只在皇宫生活了四年。说他好面子、讲排场没问题，但说他贪图享乐，未免有失公允。他是少数真正踏遍祖国江山的帝王。一生所求就是万国来朝，四方朝拜，在他的努力下，隋朝辉煌无比过，可穷兵黩武的代价却是国破家亡。

杨广穷其一生做了他认为对的事，到头来却遭到举国臣民的反对。眼看着凝聚一生心血的王朝轰然倒塌，杨广如何能承受？

杨广也是有血有肉的人，梦想破碎后同样会一蹶不振。第三次下扬州，他极度消沉，却又怀揣希望和责任。也就是说，他是清醒着沉沦，这是最痛苦的一种人生状态。

意志消沉就不说了。为什么说他怀揣希望和责任呢？下扬州的前后，杨广发布了几道任命书：

> 任命唐国公李渊为太原留守，负责河东的防务。
> 任命光禄大夫裴仁基为河南讨捕大使，负责洛阳和周边的平叛。
> 任命名将屈突通为关内讨捕使，负责长安和周边的防务。
> 命张须陀为河南道讨捕大使，镇压翟让和李密的瓦岗军。
> 命太仆卿杨义臣前往河北，剿灭军阀张金称。

> 命涿郡通守郭绚讨伐占据河北的高士达、窦建德。

如果真和史书说的一样，杨广不相信全国都在暴乱，又怎么会知道这些枭雄是势力最大的起义军，又怎么会安排最彪悍的将军去平叛？杨广很清楚此时的局势，可他身上还有第二种极度拉扯他的情绪——猜忌。

为了监控李渊，杨广派了王威、高君雅两人前去"辅佐"他。为了监控裴仁基，杨广派了监察御史萧怀静。至于郭绚、张须陀，杨广还没来得及给他们安排监军，他们就战死沙场了。

杨义臣忠厚谨慎，能力超群，灭张金称一战，收编了数十万起义军，可捷报发到扬州，虞世基却说贼势不足为虑，反倒是杨义臣拥兵自重，不可不防。杨广听信谗言，将杨义臣调回朝廷，解散其部队，封他做了礼部尚书。

一边想用人家，一边又防着人家，杨广的心态已经极度扭曲。权衡利弊下，去扬州遥控天下就成了杨广认为的最好选择。

《隋书·郭衍传》记载，杨广在争夺太子之位的时候曾拉拢过郭衍，而郭衍则说，如果所谋之事成功，他可以安心做太子，如果所谋之事失败，则可以占据淮南，复梁、陈之旧。所以，下扬州的说法在杨广心中是早有伏笔的。

然而自古以来，偏安江南的政权有长久的吗？长安、洛阳才是政治中心，是皇权的象征，杨广离开这两地就等于天子失了九鼎。不管出于什么目的，弃洛阳下扬州绝对是错误的决策，既然做了错误的决定，就要承担一切后果。

此时，地方官员、门阀贵族纷纷宣布起义，开始了又一轮的造反：幽州战将罗艺杀官员，开粮仓；兰州的薛举发兵囚禁地方长官，打开粮仓，据地称王；凉州的李轨同样宣布造反，尽有河西五郡之地；刘武周杀死马邑太守王仁恭，打开粮仓，宣布造反；西梁皇族后裔萧铣在岳州宣布造反……

在众多人中，有一个人格外引人注目——让杨广又爱又恨的大表哥李渊也举起了义旗。

六 大厦将倾

骁果卫

以前来扬州，杨广是高高在上的皇帝，大家热烈欢迎。可这次他是来逃难的，还要在扬州定居，属于吸血寄生，江南士族会怎么看？如果大家心怀叵测，那就不好办了。为了测试朝臣的忠诚度，杨广暗中命人组织了一场扬州官场的"摸底考试"，题目就是表忠心。

对官员来说，这道题的难度指数无限趋近于零。有些时候，说是给皇帝送礼，其实是变相给自己发福利。大部分官员都以孝敬皇帝为由，在城中搜刮百姓的奇珍异宝。杨广的原则很简单，出手阔绰的官员晋升为郡守，否则就罢官免职。这个潜规则成了官员搜刮财富的动力。

抢钱其实不是大问题，可抢劫也要控制好节奏，不能一次性全抢没了，要给百姓留够他们生活的财产，否则百姓一无所有之日便是官逼民反之日。

朝廷打高句丽，江南就出了一次血。杜伏威、李子通等起义势力又洗劫过一轮，杨广这次来了几乎挖地三尺，百姓已经到了走投无路的地步了。百姓们开始争抢树皮而食，最后沦落到吃观音土。可这些东西没营养，人是需要蛋白质含量高的食物来维持能量的。有什么呢？那就是人吃人，《资治通鉴》记载："诸物皆尽，乃自相食。"

朝廷没粮食吗？有，而且还不少。可官府储备的叫皇粮，是皇帝的私人财产，没有皇帝允许，地方官员私自放粮就是谋反。更何况地方官员怎么可能冒着杀头的风险，去为百姓请命？

曾经繁华无比的江南，哀鸿遍野，寸草不生。人心是最险恶的，当人心改变时，其行为会变得难以揣摩。就像十年前的杨广，虽然奴役百姓，尚且知道体恤，如今却为了一己私欲变成了恶魔。

大隋君臣联手，将老百姓彻底推向了起义军的怀抱。想当年，汉武帝动用几十万大军北征，以至于国库没有隔夜之粮，百姓怨声载道。可汉武帝下了一道不痛不痒的罪己诏，百姓便原谅了他，此后历经汉昭帝刘弗陵和汉宣帝刘询两代帝王的休养生息，大汉再次恢复元气。

大隋和任何朝代都不一样。隋朝不缺钱粮，基本盘一直都在，如果杨广下一道罪己诏，至少可以缓和百姓反抗的情绪，为平叛争取更多的时间。可他毫无作为，任由民间的矛盾无限积累，为什么？

细细想来，杨广骨子里有一种尚武精神。尚武就会不服输，一个争霸天下的人，又怎会甘心俯首罪己，取悦百姓呢？杨广藐视一切、个性刚强的性格，是导致隋二世而亡的直接罪魁祸首。

苏威曾建议过下罪己诏，可杨广当场便暴怒不已，以后再也没人敢提这个话头。杨广身边不缺有真才实干的大臣，苏威、裴矩、裴蕴、虞世基等人都有本事，可是在杨广的强权压迫下，一个个噤若寒蝉，不敢出一言。尤其到了统治后期，动不动就要杀人，臣子要么选择英勇就义，要么闭口不言，由忠臣变成佞臣。

留在身边的，只剩王世充、虞世基、封德彝……几个重臣中，杨广最喜欢虞世基，并因为虞世基以满足他为中心的工作作风而把中枢大权交给了他。当时，地方官府将战况上奏朝廷，可虞世基为了自保，拦下了大部分的奏报。

大业十三年（617年）十一月，李渊率大军攻入长安城，代王杨侑成了傀儡。李渊控制了关中局势，迎立杨侑为帝，史称其为隋恭帝。与此同时，李渊遥尊杨广为太上皇。

杨广此时也预感到自己的末日就要来了。他对萧皇后说："大家都在算计朕，可没关系，朕还可以做陈叔宝，你可以做沈婺华，这些都是浮云，你我只管痛饮。"

有一次，杨广拿着镜子顾影自怜道："大好头颅，会被谁砍下呢？"萧皇后忙问其故。杨广叹道："世间苦乐，人之贵贱都是交替轮换的，没什么可悲伤的。"

白天的时候，杨广大开宴席，杯不离手，酒不离口，一群人陪他寻欢作乐。

可孤独是一群人的狂欢，狂欢是一个人的孤独。这一切都是假象，只是为了掩盖自己的失意落寞罢了。

到了傍晚，杨广便将所有美女和内侍退下。他独自一人，身穿素衣，走遍江都宫的楼台馆舍，曲水凉亭，不到深夜绝不回宫休息。人生的最后时刻，杨广迷恋着世间最美好的景色，还有他没享受够的荣华富贵。

江都宫中，萧瑟的背影折射的是大隋王朝的衰落。历史的长河中，任何人都是渺小的，曾经不可一世的帝王终归会化为一抔尘土。也许在那一刻，杨广参透了生命的来去轮回，不再为生命的无常感到悲哀。

人都怕死，杨广也不例外。《隋书》记载，他曾经做了一个梦，梦里有两个小孩子在唱歌。其中有句歌词是"住亦死，去亦死，未若乘船渡江水"。扬州在长江以北，靠近中原战场，杨广为了延续自己疯狂的帝王生活，决定渡过长江，迁都到丹阳。这个丹阳就是南朝的旧都建康城，又称金陵，因为繁华热闹，商贾云集，被古人称为金粉之地。可惜被隋文帝焚毁，已经成为一片废墟。

对朝臣来说，扬州虽然繁华，却是经济重镇，就算杨广住再久，扬州也不会成为大隋的国都。可金陵是六朝古都，有王者之气，杨广迁都金陵，明显是要割据江南，偏安一隅。以虞世基为首的江南朝臣纷纷拍手称快。

以右候卫大将军李才为首的关陇朝臣却死活不肯。他们希望杨广尽快返回长安，稳住根本。可所有人都知道这已经是不可能的了。

长安城的新主人叫李渊，是杨广的表哥。猛虎怎么会把吃进去的肉再吐出来呢？朝臣急着回长安，是因为家产、族人都在关中，而李渊为了夺取长安，刚和突厥人达成了协议：拿下长安后，土地归李渊，人口和财富归始毕可汗。

运气不好的话，关陇朝臣可能就再也见不到自己的族人了。朝堂之上，李才和虞世基争得面红耳赤，摔门而出。门下录事李桐客说道：江东气候潮湿，土地太少，既要满足朝堂的需要，还要养着军队，百姓一定疲惫不堪，恐怕也长久不了。杨广忌惮李才手里的兵权，却无法容忍李桐客这样的小人物。随后，大批的御史控诉李桐客诽谤朝政，差点要了他的命。

群臣明白，杨广决心已定，再闹下去恐怕性命不保。于是，大家立即变了口风：江东之民望幸已久，陛下过江，抚而临之，此大禹之事也。

文臣性弱，擅长妥协，可军队就不一样了。迁都的消息官宣后，骁果卫那边就有了异动。骁果卫是职业军人，和府兵有本质的区别。

府兵半兵半农，有机会种地，有机会照顾家庭。骁果卫就是为打仗而生的，在隋朝是一种新兴的职业，说白了就是合法的雇佣军。他们需要战场，需要杀敌的机会，他们渴望得到钱财和荣誉，要养活家人，光宗耀祖。

隋朝末期的军事扩张一塌糊涂，骁果卫直接成了摆设。这也就罢了，他们的家人都在关中，长期和家人分居两地，有些人只好在江南偷偷养着小妾。细心的裴矩发现了这一切，遂告知杨广说，男人没有配偶，日子是过不长的，请允许军人在江南纳妾。杨广欣然应允，还亲自给骁果卫做了媒。这是好事，但不能完全解决问题。除了妻妾，他们还有父母、孩子，身上背负的责任很多。

尤其是李渊和始毕可汗达成的协议，可以让无数家庭瞬间解体。父母妻子孩子如果都被突厥人带走了，很多将士在情感上都是无法接受的。将士们都比较简单，谁能保障他们的幸福，他们就为谁卖命。很显然，杨广迁都的决定无视了骁果卫的利益，同时也把他自己放在了最危险的境地中。迁都丹阳的消息刚刚公布，骁果卫就有人逃离军队了。

按照隋朝的军制，骁果卫的最高长官叫左、右折冲郎将，官居正四品，左右各三人，副首领叫左、右果毅郎将，官居从四品，左右各三人。此外，骁果卫还设置了左、右雄武府，首领分别为左、右雄武郎将，级别不详，左右各三人，下设左、右武勇郎将，级别比雄武郎将低一阶，左右各三人。

按照现代管理理论，一个团队想要高效的运作，必须有一位最高决策人，此人负责战略决策，团队管理，重大信息的收集。最关键的是哄好幕后的大老板，以此获取源源不断的资源。

明朝锦衣卫的最高首领叫锦衣卫指挥使，东厂、西厂的最高首领叫掌印太监，均直接对皇帝负责，经常在皇帝跟前转悠，地位就高得离谱。隋朝的十六卫府也有官居正三品、地位超然的大将军。

再看看骁果卫，设置了一堆自说自话的高级别郎将，可整个军队却没有一名地位超然的首领，更没有人可以和皇帝直接对话。时过境迁，咱们没办法了解杨广当时的想法，可这样的团队架构，造成了一个无可挽回的悲剧事实，即骁果卫有中层将领，却始终没能培养出举世罕见的超级无敌大将军，也没能培养出懂得溜须拍马，会走上层路线的军事政客。

记录在册的折冲郎将倒是有两位。

沈光，江南人氏，特长是骑马，打仗也很卖命，颇受杨广的青睐，可他实力一般，没有什么成就。杨广被杀后，沈光感念皇帝的提拔，暗中组织力量对抗宇文化及，后来为其所杀。

赵行枢，隋朝的超级富二代，靠钱财开路，打通了宇文述的关系，后来晋升为骁果卫的折冲郎将，可没干多久，他就跑到卫府做了从四品的虎牙郎将，后来直接跟随司马德戡、宇文化及要了杨广的命。

如果团队中没有一个人人敬仰、拥有话语权的核心人物，想在丛林中出头是非常困难的。这也是骁果卫政治地位一直都很尴尬的原因。杨广南下扬州后，骁果卫野战军的优势更是荡然无存。做江都宫的防务工作，他们比不过府兵。做皇帝的贴身禁军，骁果卫又没有杨广的亲信，杨广无法放心托付。

杨广思来想去，最终让他们驻守在江都宫的外围。说白了，敌人进攻时，骁果卫是第一批战死的炮灰。至于江都宫的防御，杨广选择了左右监门府、左右卫府。

迁都丹阳，为什么骁果卫的情绪最激动？归根结底，因为朝廷的格局变了，皇帝的需求变了，在新的游戏体系中，骁果卫失去了利益保障，而且看不到任何前途。

一个叫窦贤的骁果卫郎将，带着一堆关中军士连夜逃离了军队。任何年代，做逃兵都是不可饶恕的事。窦贤的背叛让杨广怒火中烧，也让他感觉到了危机，为了遏制这股歪风邪气，他派遣最精锐的骑兵前去追杀，并砍下了窦贤的脑袋。此情此景，还能指望杨广继续信任骁果卫吗？

杨广找来了司马德戡，让他去统领骁果卫。司马德戡，扶风雍县人氏，开皇年间做到了皇宫的侍官，进而被提拔为大都督。当时，杨素执掌朝政，刻意招揽党羽，司马德戡得以拜入其门下。由于司马德戡能说会道，善于揣摩人心，深受杨素喜爱，在杨素的举荐下，司马德戡加封仪同三司。后来跟着杨广征伐辽东，因功升迁为武（虎）贲郎将，隶属朝廷的卫府。

卫府主官是大将军，官居正三品，下设两个将军，官居从三品，再往下便是虎贲郎将，官居正四品，再往下便是虎牙郎将，官居从四品。也就是说，司马德戡是卫府的将领，与骁果卫毫无交集。

接管骁果卫，是妥妥的临时救火，而且是熊熊大火，司马德戡非常郁闷。抱怨归抱怨，还是得完成杨广交代的事。

新官上任三把火，第一把火就是摸底，看看将士们到底在想什么。司马德戡让校尉元武达去四处征询。数日之后，元武达带回来一个悲观的消息：骁果卫人心惶惶，人人都想着回关中。事情很不妙，司马德戡感觉天旋地转，眼冒金星。杨广把骁果卫交给他，不管之前出了什么事，只要是在他的任期内，如果出现军队大规模溃逃，那就是他的责任。

六　大厦将倾

一个人碰到危险，最先想到的肯定是自身的安危和利益。司马德戡想自救，又不想单打独斗，于是找来了关系较好的同事，即左右备身府的虎贲郎将元礼、直阁裴虔通。

司马德戡为难地说："骁果卫听说陛下要迁都，人人思归，暗中谋划着回关中。我想对陛下说这事，可陛下生性擅忌，恐怕会大开杀戒。如果不说，其后事发，陛下又会杀了我。如今进退两难，该怎么办呢？"

两位同事安慰了几句，就没了下文。见他们无动于衷的样子，司马德戡决定放个大招："听说关中已经沦陷，李孝常以华阴投降了李渊，陛下将他两个弟弟囚禁，打算诛杀。我们的家属都在关中，如果他们投降了李渊，陛下会饶了我们吗？"

这番话的杀伤力很大，引起了元礼和裴虔通的重视。裴虔通答道："我的族人都已成年，我也担心他们会背叛陛下，让我受到牵连，整日担惊受怕呢。可又不知道怎么办。"司马德戡眼珠一转，忙道："既然大家担心的事都一样，自当一起谋划。如果骁果卫跑了，我们也跟着一起跑。你我回去多找一些人，一起回关中。"

随后，自救行动全面展开。三人分头行动，联合了内史舍人元敏、鹰扬郎将孟秉，符玺郎李覆、牛方裕、许弘仁、薛良、城门郎唐奉义、医正张恺、虎牙郎将赵行枢、杨士览等。

这些人官位不高，却有一个共同特点：家眷要么在长安，要么在洛阳，他们和普通士兵一样，迫切地想回家。他们与司马德戡加紧谋划回关中之事。

宇文家族介入

司马德戡在莫名恐惧下的潜逃和自保行为虽然等同于背叛了杨广，但他并没有想发动军事政变，谋杀杨广。按照计划，三月十五日他们会在军中发动哗变，然后率领部队劫掠扬州，返回洛阳和长安，可计划进行到一半，却发生了要命的意外。

宇文家族得知此事，想要强行入局。牵线搭桥的是虎牙郎将赵行枢、勋贵杨士览。赵行枢的仕途晋升史，就是一部向宇文家族的行贿史，双方已结成靠利益绑定的政治关系，而杨士览是宇文化及的外甥。

他们第一时间将司马德戡的计划告知给宇文智及。这两人可能不知道，因为他们的"忠心"，宇文家族强行卷了进来，这也让一场毫无杀伤力的军事哗变，直接变成了针对杨广的斩首行动。

那么，宇文家族和皇族有什么深仇大恨，非要杀死杨广呢？故事还要从宇文述和他的三个儿子说起。

开皇年间，宇文述就做到了右卫大将军，后来平定南陈，宇文述立下赫赫战功，被加封为安州总管，成了名副其实的封疆大吏。杨广谋夺太子之位，主动找到宇文述，由他牵线搭桥，和权臣杨素结为战略同盟。杨广登基后，下诏封宇文述为左卫大将军、许国公、开府仪同三司，恩宠举世罕见。

宇文述有三个儿子，分别是宇文化及、宇文智及、宇文士及。按理说，三兄弟出生在同样的家庭，享受着一样的教育资源，性格应该有些相似才对。要么都是行为乖张的痞子，要么都是温润和善的君子，可是在宇文家族，三兄弟的性格却截然不同。

老三宇文士及知书达理，气质不凡，走的是文人路线。杨广想和宇文述结为姻亲，经考察后选择了宇文士及，让自己的女儿南阳公主嫁给他，这就是对他最大的认可。

至于宇文智及、宇文化及，性格叛逆，不尊法度，生活骄奢，性情凶残。他们经常骑着高头大马，挟弓持弹，在长安街头骑马狂奔。完全是一副贵族子弟的嚣张嘴脸。百姓为了恶心他们，专门起了个"轻薄公子"的外号。

作为官二代，行为跋扈是常有的事儿，可宇文化及仗着父亲的权势公然买官卖官，明码标价。杨广特别厌恶结党营私，也厌恶官员贪腐，因此十分厌恶宇文化及。

杨广大怒之下，将他们臭骂了一顿，然后撸掉了他们所有官职。可架不住宇文述和南阳公主的苦苦哀求，没多久就会重新起用他们。时间一久，宇文化及就看明白了：鉴于父亲的实力，皇帝不敢动真格的。

在杨广北巡大漠期间，宇文化及和宇文智及虎着胆子，将中原的铁器和粮食卖给突厥人，然后换回优质的骏马，再带回中原贩卖。军中的贪腐，古已有之，而且套路都是一样的。

可与突厥做交易比较敏感，特别是武器，说得重一点就是叛国。这下触及了杨广的底线，宇文兄弟的行为直接被他判定为叛国罪，他发话了，必须砍脑袋。可是上刑场前，南阳公主进宫面圣，苦苦哀求，居然救下了兄弟二人。

命是救下了，宇文兄弟也彻底失去了杨广的信任。宇文述去世后，隋炀帝身边的亲信越来越少，他感念故人的恩德，因此将宇文化及任命为右屯卫大将军，宇文智及担任将作少监。杨广是一番好意，可这世上到处都是农夫与蛇的悲剧。

宇文兄弟这些年过的什么日子？被杨广训斥、责骂，被罢官，差点还被杀，明明是好面子的公子哥，最终面子里子尽失，完全抬不起头。杨广想提拔就提拔，想打压就打压，他们就是被操纵的木偶。对宇文家族来说，这就是奇耻大辱。

最让他们觉得可恨的是，他们被雪藏了几年，失去了很多。一个人穷怕了，暴富后就是疯狂消费，以此弥补心中的缺憾。对宇文智及来说，一般纨绔子弟的所作所为已经不能满足他了，把天下闹得血雨腥风，才能满足他的人生追求。所以当宇文智及听说司马德戡要哗变，肾上腺素立马飙升，骑上家中最快的一匹骏马，飞奔到骁果卫军中，意图加入这个计划。

宇文智及劈头问道："听说你要回长安，是不是？"司马德戡心中忐忑，小心翼翼地说："宇文兄，你的意思是？"宇文智及一挥手，不屑地说："带着兄弟们回关中，终归是小打小闹。陛下虽然无道，毕竟能发号施令，陛下只要一道圣旨，你们就要步窦贤的后尘。"

司马德戡一时间无言以对。宇文智及继续追问："如今陛下不得人心，天下分崩离析，你手中掌握着最精锐的骁果卫，为何不把握住良机，做一番大事业？"司马德戡大惊道："如何做？"宇文智及恶狠狠地说："杀了皇帝，自己坐拥这半壁江山。"

司马德戡听闻此言，瞠目结舌，直冒冷汗。可细细想来，这话却很有道理。但造反需要领袖，司马德戡粗人一个，官职不过虎贲郎将，带着弟兄们逃回关中没问题，但想要杀掉杨广，还要稳住局势，确实不够格。

赵行枢、薛良提议，由宇文智及的哥哥宇文化及做头领。放眼江南，宇文家族是关陇集团权势最大、地位最高的家族，宇文化及是宇文述的长子，继承了许国公的爵位，如今担任右屯卫大将军，手握兵权，又是皇帝的亲卫。由他坐镇指挥，暴动的性质瞬间上升了几个档次。

对宇文家族来说，这是天上掉馅饼的好事。宇文智及有些激动，立马跑回去和宇文化及商量。事实证明，纨绔子弟多半是色厉内荏之徒。宇文化及听说要造反，要杀杨广，第一反应是被吓得手足无措。在老弟的强力劝说甚至以死威胁下，宇文化及才答应带这个头。

带头大哥找好了，说服骁果卫的活儿就交给了司马德戡。司马德戡刚执掌骁果卫，利用将士思乡心切的弱点，带他们叛逃没问题，可是要说服他们弄死老板，司马德戡心里没底。

司马德戡冥思苦想，最终想到了一条诛心之计。他找到医官张恺，让他在军中散布消息，说杨广已经知道骁果卫要谋反的事情，因此准备了许多毒酒，要将叛逃的将士全部毒死。

骁果卫本来就人心惶惶，听到这种要人命的谣言后，不约而同地找到司马德戡，希望他能给兄弟们找一条活路。司马德戡大义凛然地说："兄弟们，陛下素来严苛无道，咱们逃跑必然是死路一条，为今之计，只有杀了这个无道昏君，另立明主。"

将士们纷纷躬身拱手："唯将军马首是瞻。"还是那句话，将士们都是朴实的，谁能给他们保障，他们就听谁的。当时，司马德戡在军中煽惑军心，十分活跃，甚至到了公开商议叛逃的地步。

杨广还能翻盘吗？客观地说，有机会。因为司马德戡的保密工作很差劲，计划早已提前泄露了。一名江都宫的侍女找到萧皇后："我听说司马德戡在军中上蹿下跳，似乎有不轨之举，此事应呈请陛下。"

杨广此时已失了理智，除非是已经发生的事实，不然谁的话都听不进去。萧皇后了解这一点，是不愿自己去讲的，而且侍女邀功心思太强，萧皇后颇为嫌恶。

萧皇后轻蔑道："任汝奏之。"

告密这种事，历朝历代都是绝好的立功机会。问题是，宫女告密的时机不对。杨广此时只想做埋头的鸵鸟，不想面对现实。不出萧皇后所料，杨广听完后暴跳如雷。什么造反，什么哗变，什么骁果卫，老子通通不想听，杨广口中只蹦出一句话：你是个身份卑微的宫女，不该多管闲事。于是他让人将宫女活活打死。

随后，萧皇后才告诉宫人："天下事一朝至此，无可救者，何用言之！徒令帝忧耳。"至此，无人再敢告密，杨广被杀的命运也被他亲手锁定。

无独有偶，暴乱前江阳（今江苏扬州市江都区）县令张惠绍也得到确切消息，私下找裴蕴汇报了情况。张惠绍知道皇帝不会相信，因此想了另一个办法：由裴蕴搞到假圣旨，张惠绍负责征集军队，让荣国公来护儿出面领头，先收捕宇文化及等核心骨干，再征调羽林卫进西苑，交给梁国公萧钜和燕王杨倓指挥。

裴蕴点头了。可他毕竟是文人，胆子很小，而矫诏这事又很严重，出于不想担责的考虑，他决定给虞世基通个气，让虞世基来主导这件事。没想到，虞世基反问道："你说有人要谋反，这不可能吧？"虞世基不是不信，而是不愿意相信。

让他去揭开真相，结果是虞世基无法承受的。

第一，虞世基太懂杨广的想法和脾气了，连萧皇后都不敢进言，虞世基跑去招惹他，说不定就被暴躁的杨广当场下令处死了。第二，大隋此刻内忧外患，已经从根上烂掉了，就算镇压了宇文化及，政治生态还是一塌糊涂。对于没救的王朝，顺其自然是最好的。第三，一个人跪着的时间长了，就很难再站起来说话。让虞世基矫诏，还不如拿刀把他捅了还痛快些。

江都宫兵变

大业十四年,也即武德元年(618年)三月十日,狂风大作,黑云压城。

司马德戡按照预定计划,召集骁果卫将士,给他们加油打气,确认大家要一干到底,随后昼夜兼程赶往江都宫,与宇文智及等人里应外合,轻松拿下了江都宫的控制权。

此时,元礼和裴虔通正在江都宫内值班,唐奉义负责宫门的防务。大家心照不宣,将江都宫所有大门的锁都开着。三更时分,江都宫内逐渐安静,所有人都已进入梦乡。

司马德戡在江都城内点起火把,随后带领大军向江都宫狂奔而去。一时间,人声鼎沸,火光映天,江都宫犹如白昼一般。杨广从梦中惊醒,听到宫门外的喊杀声,心里顿觉不妙:"裴虔通!宫门外到底发生了什么事,为何如此吵闹?"

裴虔通回答道:"陛下,城外的草房失火,大家正在组织救火。"这明显就是睁眼说瞎话,完全是故意骗他。这时如果杨广能足够警惕,叫来右屯卫将军独孤盛、燕王杨倓等亲信大臣,亲自核实此事,就可以戳破裴虔通的谎言,镇压骁果卫的谋反。

机会就在眼前，只要睁开眼皮，杨广就可以绝地反击。可悲的是，睡眼惺忪的杨广居然信了裴虔通的鬼话，继续呼呼大睡。

与此同时，宇文智及在宫城外集结了一千多名卫府将士，劫持了巡夜的候卫虎贲冯普乐，随后部署兵力，分头把守在街道路口。

半夜三更，卫府兵力和骁果卫同时集结，说他们想在夜间临时演习，恐怕没人会相信。燕王杨倓是杨广的嫡孙，他发现情形有些不对，立即前往江都宫的玄武门。

杨倓道："快点开门，本王要立刻进宫！"

裴虔通道："宫门已经上锁，没有陛下旨意，谁也不能进宫。"

就在众人警惕的时候，燕王杨倓故意躺在地上。瞟了一眼，见守门的没反应，又说："本王中风了，能否通融一下，让本王见陛下一面？"杨倓的演技太过浮夸，明眼人一看就知道他在演戏，更何况这帮人早就站好队，怎么可能给他开门？随后，杨倓被控制。

三月十一日，凌晨时分，司马德戡和裴虔通顺利接头。司马德戡将骁果卫的步兵交给了裴虔通，让他们接手了江都宫的防务。

此时，动静已经闹得很大了，尤其是骁果卫的骑兵出现在禁宫，让值班卫士心生警惕。他们开始在玄武门高声呼喊，警示有贼人闯入，可杨广的宫殿离玄武门还有一段距离，根本听不到呼叫声。裴虔通赶到成象殿，听到宫人们到处呼喊，反身回去关闭了宫门，只留东门供人出入，戍卫的将士终于明白过来，纷纷弃械投降，从东门逃亡而去。

成象殿外，裴虔通撞到了右屯卫将军独孤盛。此人是杨广的东宫旧臣，长期侍奉杨广，对他忠心耿耿。

独孤盛怒吼道："你们胆敢私闯禁宫，不怕杀头吗？"

裴虔通答："宫内发生兵变，不过不关您的事，独孤将军可以选择沉默。"

独孤盛大骂："老贼，你说的什么屁话！"独孤盛数了一下，身边就十九

六　大厦将倾

个亲信，战是必死无疑，不战或可求生。战与不战，只在一念之间，独孤盛没有忘记自己的使命，他在没有身穿铠甲的情况下坚决下达了作战的军令，随后率部和裴虔通在大殿门口展开了肉搏战，但很快就全部战死。

独孤盛的拼杀只能阻挡一时半刻，但改变不了江都宫的乱局。宫内大乱，杨广在干吗？据说刚从睡梦中醒过来。

杨广毕竟是经历过大风大浪的帝王，难道真的对危险毫无察觉，事先一点准备都没有吗？

猜得没错，他之所以敢在宫内安心睡觉，是因为已经提前做好了安排。

据史料记载，杨广挑选了几百名官奴，将他们安置在玄武门，还取了个很绕口的名字——"给使"。杨广知道他们不会打架，因此只给他们派了一个任务：如果玄武门突发情况，要以最快的速度报告给他。为了让这个秘密团队死心塌地，杨广给每人赏赐了一位宫女，还给了他们一大笔钱。杨广很自信，官奴是底层的人，一定会因为利益坚守岗位，他相信的就是这群拿了他好处的人。

有了这个安排，杨广才能不在乎宫女的报告，不在乎裴虔通的谎言。但是杨广万万没想到，兵变的前夕，宇文化及用重金砸晕了他跟前的宫女魏氏，然后假传圣旨，声称皇帝给给使放假，轻轻松松就让他们回家睡觉去了。

给使没来，禁军军官独孤开远来了。他带着数百名卫士，此刻正在疯狂地砸着宫门。

独孤开远大声呼叫："陛下，禁卫军武器完备，足以破贼，只要陛下出面安抚众人，人心自然安定，否则大祸临头啊。"可是殿内毫无反应。时间一长，独孤开远的部下也害怕了。皇帝一直不出面，他们又能做什么？不如赶紧撤吧，早撤早安全。于是，等到司马德戡赶到的时候，宫殿里已经空无一人，杨广彻底成了孤家寡人。

昔日臣子这次不是上朝请安来的，而是带着寒光凛凛的钢刀来结束杨广的生命的。冲在最前面的人叫令狐行达，骁果卫的校尉。为什么会是他，谁也不知道，可能是他建功心切，跑得最快，或者只是凑巧被安排到了第一批。

令狐行达进殿，发现杨广藏了起来，于是拔出钢刀，开始翻箱倒柜地寻找。半盏茶的工夫，令狐行达就把杨广揪了出来。杨广怒喝："你想要杀朕吗？"令狐行达道："臣不敢，不过是想奉劝陛下西还长安罢了。"

这时，杨广看到了他的东宫旧臣裴虔通，大声吼道："裴虔通，朕待你天高地厚之恩，你为何要反朕？"裴虔通答："臣不敢谋反，只因将士思归，想请陛下回京而已。"

如此统一的台词，一看就是事前编排好的。杨广只能无奈说道："好，朕原本就打算回长安，只不过长江上游的运米船还没到江都，朕现在就和你们一起回去吧。"

关键时刻，政变总指挥宇文化及在哪里？他骑着高头大马，正在江都宫外等候。事实证明，弑君谋反这种要命的大事，真不是每个人都能干的。宇文化及的心理素质就不够硬，他骑在马上，腿发抖，神色紧张，汗流浃背，每当有人来报告消息，他都会说一句"罪过罪过"。

裴虔通劫持了杨广后，派副官孟秉前去传信："宇文将军，大事已成，司马将军请您去江都宫主持大局。"一个落水狗，摇身一变成了主宰皇帝命运的人，其意气风发可想而知。进宫之后，宇文化及的第一件事就是自封为丞相。

江都宫内，文武百官集结完毕。裴虔通牵来马匹给杨广，请他上马："陛下，朝中大臣正在外面，需要陛下亲自慰劳。"杨广办事向来大气有场面，看到裴虔通的马，嫌弃地说道："爱卿，你这马也太脏了，马鞍太破了，给朕换一副新的来。"宇文化及看不下去了，怒吼道："裴虔通，你是不是傻了，怎么能带这个家伙出来招摇过市？赶紧带回去结果了他。"杨广闻言慌了："裴仁基呢？"马文举道："已被枭首。"

杨广垂头丧气，被带回大殿，裴虔通和司马德戡手持白刃站立在一旁。望着这些昔日在丹陛之下高呼万岁的大臣，杨广心中感慨万千。

杨广沉声问道："朕究竟有何错，惹得你们兴师动众来杀朕？"

马文举躬身回答:"陛下,您置社稷宗庙于不顾,对外频频征战,对内穷奢极欲,重用阿谀奉承之徒,怎么能说无罪?"

杨广又问:"朕确实对不起百姓,可你们呢,荣华富贵至极,为什么要干这事儿?究竟谁是主谋?"

司马德戡这时终于忍不住了,反问道:"杨广,天下人都怨恨你,主谋何止一人。"

宇文化及催促道:"封德彝,你还在等什么?赶紧宣布吧。"

封德彝拿出早已准备好的罪状,打算正式宣读,杨广抢先喝问:"封德彝,你不是读书人吗,怎么也干起谋逆的勾当了?"封德彝羞愧难当,一溜烟地消失在众人面前。

此时杨广的小儿子、年仅十二岁的赵王杨杲也在场,被吓得哇哇大哭。裴虔通掏出钢刀,直接将他残忍杀掉了。

随后司马德戡、裴虔通、马文举等人轮番上场,当着骁果卫的面,历数杨广的罪恶。杨广有反驳的余地吗?只能说这个时候他不说就是默认,说多了就是狡辩。杨杲被杀,杨广已经看出端倪,他可能活不过今晚了。

临死前,杨广还是拿出了帝王该有的气度。

"天子自然有天子的死法,你们身为臣子,做人还是得有基本底线,千万不能拿刀砍朕。"他道,"来人,把毒酒给朕。"

王世充等人平叛失败后,杨广就让亲信随时带着毒药,只是这时候他喊了好几声都没人答应。是啊,宫女太监早就趁乱跑了,谁还会站在旁边给他拿药?

既然不能白刃相加,又找不到毒药,就只好用另外一个办法了——缢杀。宇文化及将这一任务交给了令狐行达,大隋皇帝杨广就这样在一个小人物的手里结束了自己辉煌而又悲剧的一生,结束了杨家的统治,结束了他那想要万国来朝、成就千古一帝的伟大梦想。

杨广被杀,大隋王朝只剩下一个躯壳在苦苦支撑。

萧皇后用漆制的床板做了个简易的棺材，将杨广、杨杲父子的遗体安置在江都宫的流珠堂。后来，宇文化及率部离开江都，大将陈稜感念杨广旧恩，为其发丧，将他改葬到吴公台下。贞观五年（631年），唐太宗李世民平定江南，下诏将杨广的陵墓迁到雷塘（今江苏扬州市），以帝王之礼将他风光下葬。贞观二十二年（648年），萧皇后因病去世，李世民命人将她的尸骨送至扬州，与杨广合葬，成全了他们的一世姻缘。

六　大厦将倾

政变余波

杨广被杀，谁来做下一任皇帝呢？骁果卫军营中，政变诸人齐聚一堂，准备另立新君。

宇文化及看见杨广的弟弟蜀王杨秀正在跟前，于是脑子一热，蹦出一句话："蜀王殿下，要不扶持你做皇帝吧？"

闻言，幕僚团、骁果卫顿时就炸开了锅。宇文化及是不是没有基本的政治思维能力，难道他不知道杨秀是个成年人，还曾和杨广争过太子之位吗？让杨秀做皇帝，不是给大家找麻烦吗？

宇文化及郁闷了，觉得很丢面子。为了挽回颜面，宇文化及赶紧命人将杨秀和他的七个儿子全杀了。

宇文化及杀了杨秀后，继续大开杀戒，杨广的长孙杨倓和次子杨暕、隋朝的宗室和外戚悉数被杀。另外，内史侍郎虞世基、御史大夫裴蕴、左翊卫大将军来护儿、秘书监袁充、右翊卫将军宇文协、梁公萧钜等人也相继死于乱军之中。

还有人活下来吗？有！那就是杨广的侄子，已故秦王杨俊的长子，秦王杨浩。官方的解释是，杨浩和宇文智及是好朋友，所以才留了一命，而真相是宇文家族是想将杨氏皇族连根拔起，但在权力成功过渡之前，他们还需要一个傀儡皇帝。

江都宫的军变尘埃落定，接下来就是分胜利果实了。宇文化及自封为大丞相，总百揆。他以萧皇后的名义下旨，立秦王杨浩为帝，让杨浩居于别宫，并派人严加看守。之后，宇文智及晋升为尚书左仆射（从二品）；裴矩担任尚书右仆射（从二品）；宇文士及没怎么出力，做了个内史令（正三品）；司马德戡获封温国公、光禄大夫，继续掌管骁果卫。

杀皇帝容易，可是要稳住局势，坐稳天下，却并不容易。

人可以靠武力上位，可要坐稳那个位置，保持权力的稳定，除了自己要有德行，还要满足大多数人的利益需求，压制或者除掉不合群的少数派。

宇文化及其实早就应该明白，大隋的皇帝岂是想杀就能杀的？天下局势岂是想拿捏就能拿捏的？很多人都盯着皇位，很多人都想挟天子以令诸侯，如果宇文化及是个聪明人，他要做的第一件事就是平息弑杀杨广的舆论，避免被大家群起而攻之，然后再安抚骁果卫的将士，提拔亲信上位，从而掌控大局。但很显然，他没那么聪明。

宇文化及大开杀戒，来护儿、虞世基等大臣都被他杀死，南方士族几乎全军覆没。之后他提拔的全是家人和盟友亲信，别人根本分不到蛋糕，不过最重要的军权，他交给了初次相识的司马德戡。

宇文化及最关心的是宫中的美女，还有搜刮来的金银珠宝。他打算征调江南的船只，把这些偷偷运回关中，做个逍遥自在的富家翁。

对于宇文化及的安排，骁果卫和卫府的将士怎么可能答应？大家赌上性命参与弑杀杨广的行动，就是为了看得见摸得着的利益，最后好处却被宇文化及独占了，他们却背上了贪慕钱财、弑杀君主、不忠不义的骂名。

三月二十七日，宇文化及一行抵达江都城北的显福宫，打算在这里过夜。当时，军中的气氛极其诡异，人人都在埋怨。虎贲郎将麦孟才、虎牙郎将钱杰偷偷来到骁果卫军中，找到了骁果卫折冲郎将沈光，说："沈将军，咱们是受先帝恩宠的人，如今却要受宇文化及这种小人的驱使，传出去还怎么见人？我想杀了宇文化及，虽死无恨。"

沈光是杨广一手提拔的骁果卫将领，本就感念杨广的恩德，心怀愧疚。宇文化及觉得沈光是南方人，不想重用他，于是把杨广安置在玄武门的几百名"官奴"交给沈光统领。对沈光来说，付出一切却不升反降，简直是奇耻大辱。

三人商议后，约定在凌晨时分向宇文化及的中军发起进攻。没想到，消息提前走漏了。

这一次宇文化及学聪明了，命司马德戡去镇压。下完军令后他没回中军大营，而是找了个地方躲起来看戏。一时间，军营里战马吼叫，人声嘈杂，沈光觉得事情不妙，带着数百名心腹赶到中军，想直接实施斩首行动，却发现营帐里空空如也。

没过多久，沈光、麦孟才、钱杰相继被杀。宇文化及觉得自己运筹帷幄，无人能及，加上拥兵十万，还有万余骁果卫，他开始觉得自己就是隋朝版的曹操。

宇文化及开始按照帝王的标准去安排自己的出入仪仗和饮食起居。每天上朝，皇帝杨浩南面而坐，宇文化及仿照曹操当年所为，坐在杨浩的前面，听取大臣的奏报。一旦大臣问他的意见，他就故作深沉，沉默不语，其实是因为他本身就是个纨绔子弟，一生浑浑噩噩，游戏人间，完全不懂处理朝政，所以才装深沉——只要不说话，就不会犯错。

下朝之后，宇文化及会偷偷找来牛方裕、薛世良、张恺等幕僚，把朝臣的问题扔给他们，让他们连夜给出标准答案，回头再由他说给朝臣。即便这样，宇文化及仍然嫌麻烦，后来直接把杨浩关了起来，取消了上朝奏对的环节。

宇文化及并不关心朝政和国家大事，他夺权也只是为了更好地声色犬马，肆意妄为。大队到了彭城地界（今江苏徐州市），水路不通，宇文化及征调了两千多辆牛车，专门运送他的金银珠宝和后宫嫔妃。这些行为都让将士们颇有微词。

江都宫兵变后，大家的头脑开始冷静下来了，发现对比宇文化及，杨广还是有优点的，因为显而易见，宇文化及的自私贪婪比杨广还要过分百倍。许多将士开始发起了牢骚，大有再度哗变之势，司马德戡再一次被将士们的情绪推到了风口浪尖。

司马德戡找来了当初力荐宇文化及的赵行枢，对他怒吼道："老子被你坑惨了！如今天下大乱，想要中兴大隋，需要德才兼备的人。你看看宇文化及，他才能和德行都没有，就是一个糊涂蛋，怎么能够承担起大任？"

赵行枢忙劝道："司马将军，宇文化及是废是立，还不是我们说了算？"

就在司马德戡等人商议的时候，宇文化及一党也在密谋，沈光等人的突袭还是让宇文化及提高了警惕。军权是个好东西，可交给外人终究不保险，谁能保证司马德戡不是下一个沈光呢？

一天，宇文化及召开会议，将司马德戡晋升为礼部尚书。这是明升暗降的套路，司马德戡心知肚明，他还知道，如果失去兵权，他就是任人宰割的牛羊。为了解困，司马德戡拿出所有积蓄送给了宇文智及，条件只有一个，他要重新做回骁果卫的将领。看到堆积如山的钱财，宇文智及答应了这个条件。

宇文智及告诉哥哥，罢免司马德戡会寒了骁果卫部队的军心。两兄弟商讨了一番后，宇文化及最终交给司马德戡一万人，让他做了骁果卫的后军统领。

司马德戡走了一遭鬼门关，杀死宇文化及的心思更加强烈了。他找来了赵行枢、李本、宇文导师、尹正卿等被边缘化的大臣，大家商议之下决定除掉宇文化及，推立司马德戡为领头将军。

因为有了沈光的前车之鉴，司马德戡选择了另外一种策略：他给山东的起义军首领孟海公送信，希望联手除掉宇文化及。送出信后，司马德戡一直在等孟海公的回信。

然而很多事情都是事不宜迟，迟则生变。许弘仁、张恺早已打探到了司马德戡的计划。这一次，宇文化及放弃了愚蠢贪财的二弟宇文智及，把重任交给了三弟宇文士及。宇文化及让他约司马德戡一起打猎，再找机会杀死他。

司马德戡就怕宇文兄弟冷落和防备他，听说老三约他出去打猎，非常兴奋，几乎是在毫无防备的情况下孤身迎接。宇文士及带着人畜无害的表情慢悠悠地靠近，然后猛地下手，和左右的士兵制住了司马德戡。

司马德戡大叫道："将军，这是什么缘故？"就在此时，宇文化及现身了，表情极为得意，而看到他，司马德戡就什么都明白了。

高兴过后，宇文化及突然意识到不能随便擒杀骁果卫将领，这件事需要一个合理的解释。于是他问："我与阁下冒着天大的危险起事，约定共同平定天下，如今事情刚刚成功，正要共享荣华富贵，你为什么要谋反呢？"

司马德戡苦笑："跟着你杀了杨广，是因为受不了他的荒淫暴虐，没想到你比起他有过之而无不及。我今天这样做，完全是逼不得已。"

这是很苍白的辩驳。宇文化及不想在敌人身上浪费太多时间，语气寒如玄铁："既然这样，我就成全你的忠心。来人，将司马德戡和他的党羽吊死在辕门。"

悠悠苍天，何其公平。司马德戡背主弑君，自己也终究没有得到好下场。

至于宇文化及自己呢？后来李渊控制了长安，瓦岗军包围了洛阳，宇文化及就像一个突然继承了大笔遗产的暴发户，带着无数的金银珠宝四处躲藏，成了被各路起义军惦记的猎物。在逃到今山东聊城的时候，宇文化及被窦建德生擒并斩首，他的首级后来被送到了义成公主那里，悬挂在突厥王庭之上。

七　亡国悲歌

七 亡国悲歌

烽烟四起

隋末，起义军遍及全国，数以百计，其中以瓦岗李密、河北窦建德、江南杜伏威麾下军队规模较大。

瓦岗军的创始人叫翟让，河南滑县人，孔武有力，性格豪爽。他担任过东郡法曹，集一郡之司法、缉盗、治安等职责于一身，权力极大。翟让虽然是执法之人，却因为触犯律法被上官判了死刑，入狱待斩。

历史告诉我们，一个人的性格真的能改变自己的命运；而且改变历史进程的，往往是那些不起眼的小人物。

看管翟让的牢头叫黄君汉，性格洒脱，行事有侠义之风。黄君汉觉得翟让武艺高强，又有人格魅力，对他佩服得五体投地。黄君汉扼腕道："翟法司，天下之事风云变幻，岂可死于牢狱之中？"并表示想放翟让离开。可私放死刑犯是大罪，再加上黄君汉钦佩翟让是个英雄，翟让也总得表示点什么，不能说走就立马走人。

翟让推辞："我感念你的活命之恩，可我走了你怎么办？"黄君汉大吼道："老子今天救你不为别的，只看你是个光明磊落的大丈夫，能在乱世中拯救黎民百姓的性命，你如果能发愤图强，就算对我有所报答了，何必在此故做姿态？"

翟让不想死，听黄君汉都把话说到这个份上了，也不扭捏，马上就跑了。

逃出来后，翟让因为逃犯身份无法避开搜捕去外地生活，只得继续留在滑县，但身上的罪名无法洗除，不禁四顾茫然，对未来毫无信心。唯一欣慰的是，翟让拥有一身好武艺，遇到官府围剿的时候总能迅速撤离。

翟让犯事儿的时候，山东已经有了起义军。翟让想了想，横竖都是死，还不如造反呢。于是，翟让一路狂奔，最终逃到滑县东南的瓦岗，后来在此成立瓦岗寨。这就是瓦岗军的起义背景。简单粗暴，翟让创立瓦岗军，没有任何理想和抱负，纯粹就是为了自保。

翟让有几个好朋友，最有名的就是同郡的徐世勣和单雄信。徐世勣，富二代，乐善好施，胸怀天下，不甘心自己的才能被埋没。单雄信，同样是富二代，武艺出众，擅长使枪，性格豪爽，仗义疏财。

富二代的生活其实很枯燥，有钱就大摆宴席，广交四方朋友，碰到不顺眼的就教训一顿。徐世勣和单雄信一直过着这样无聊的生活。翟让被捕入狱，兄弟俩没有在意。翟让越狱逃跑，兄弟俩也没有在意。直到翟让宣布起义，徐世勣和单雄信才投奔他去了。

徐世勣和单雄信的到来，让迷茫中的翟让找到了一丝安慰。

经过讨论，三兄弟一致认为，起义造反已经成为社会的主流趋势，是有前途的，那就得把它当成事业来干。如今最大的问题是缺乏优秀人才。三兄弟商定之后，在东郡四处活动，又拉了几个人入伙：邴元真，官府小吏，有些小抱负，郁郁不得志；贾雄，无业游民，精通阴阳学，擅长装神弄鬼、给人算命；翟弘，翟让的哥哥。这些人组成了瓦岗军的核心，另外还有一些中层，都是原来在湖边捕鱼的流民。

瓦岗军有富二代出身的合伙人，翟让又在江湖上有点儿名头，队伍很快就发展壮大了。随后，翟让开始在东郡抢劫往来商船，偶尔到老乡家里抢点粮食，日子逍遥自在。

有一天，生性纯良的徐世勣看不下去了：东郡百姓是咱老乡，抢来抢去也不是个办法，要不换个地方？翟让道："那你说去哪里？"徐世勣道："宋州和郑州靠近永济渠，来往商船很多，要不去那里搞搞？"就这样，瓦岗军转移到了永济渠附近。瓦岗军的宗旨是见船就抢，见人就抢，很快就集聚了巨额财富。有钱就能招人，而隋朝最不缺的就是游手好闲、躁动不安的人。他们花了三年时间，使起义军势头蒸蒸日上。

一切都在往好的方向发展，可兄弟们慢慢发现，大哥翟让的指挥才能堪忧。瓦岗军和隋军交锋，每次都铩羽而归，只能到处流窜。直到大业十二年（616年），李密的出现才挽救了瓦岗军的命运。可以这样说，瓦岗军的崛起靠翟让，名扬天下靠的却是李密。

想当年，李密惊险逃生，带着几位兄弟投奔了山东的起义军首领郝孝德。没想到郝孝德根本瞧不起他，后又投奔王薄，人家也瞧不上他。说到底，彼此是不同阶层的人，指望农民和贵族有共同语言太难了。起义军领袖也担心李密鸠占鹊巢，抢了他们的位子。

李密为了生存，最难的时候只能剥树皮而食。时间一长，其他追随者崩溃了。李密确实有个人魅力，但如果连众人的生存问题都解决不了的话，还会有谁追随他呢？同样是造反，有的人能美酒美食，活得有尊严，他们却只能蹲在犄角旮旯受人冷眼，大家的心态可想而知。没过多久，几个兄弟就提出了分道扬镳、各奔前程的想法。

兄弟的离去不能算背叛，只能算心智不够坚定。很长一段时间，李密都在自我怀疑。不，人生低谷不是因为能力不够，只因机缘未到。生活还得继续，奋斗的脚步一刻也不能停止。

李密自我安慰，调整好心情后，继续寻找着新的东家。逃到淮阳（今河南周口市淮阳县）后，李密化名刘智远，躲在村里做了老师，过了几个月平淡的生活。后来他发现，这并不是他想要的生活，心生郁闷，于是写下了一首《淮阳感怀》：

> 金风荡初节，玉露凋晚林。
> 此夕穷涂士，郁陶伤寸心。
> 野平葭苇合，村荒藜藿深。
> 眺听良多感，徙倚独沾襟。
> 沾襟何所为？怅然怀古意。
> 秦俗犹未平，汉道将何冀！
> 樊哙市井徒，萧何刀笔吏。
> 一朝时运合，万古传名谥。
> 寄言世上雄，虚生真可愧。

在彼时杨广的高压统治下，地方上草木皆兵，凡是对朝廷有不满言论的，百姓都可以随意举报。可能是李密太有才情，让某些人嫉妒，也可能有人看出了李密的身份。他的诗作刚出炉，就被人举报到了淮阳太守刘他那里。刘他一看，刘智远把自己比作萧何和樊哙，岂不是说大隋是下一个秦朝吗？于是准备把这个教书先生抓起来，严加审讯。

李密听闻消息，连夜逃到了雍丘（今河南开封市杞县）的妹夫丘君明家里。

丘君明是隋朝官员，不敢明目张胆地收留朝廷追捕的逃犯，因此将李密安置在好友王季才家里。王季才阅人无数，看到李密的第一眼就觉得此人前途无量，主动将女儿许配给了他。

丘君明很靠谱，可他的义子丘怀义为了获得朝廷封赏，向官府举报了李密。杨广亲自下令，即刻捉拿李密。

就在官差把王季才家围起来的当天，李密凑巧出门办事，得到逃遁而去的机会。直到后来，李密才知道妹夫丘君明、岳父王季才以窝赃朝廷要犯的罪名被收监，随后被杨广处决。

从雍丘出逃后，李密发现永济渠附近有一支起义军势头颇盛，因此决定先去投靠，暂时安身，再图谋以后的发展。这支起义军正是日后大名鼎鼎，眼下却寂寂无闻的瓦岗军。

李密身上有多少标签？关陇贵族子弟、做过皇帝的侍卫、参加过杨玄感政变、朝廷逃犯。不管怎么说，瓦岗军中都应该有他的一席之地吧？遗憾的是，瓦岗高层对李密的到来讳莫如深，颇为忌惮。

李密是逃犯，朝廷正在追捕，凡是和他接触过的人都死于非命，这样的狠角色，恐怕不能与之交友。瓦岗军收留李密，已经是鼓足了莫大的勇气。

从这里也看得出来，各路起义军虽然都在对抗官府，可核心宗旨却是经营自家地盘。割据土地，逐鹿天下，此时的起义军要么想不到，要么有心无胆，而李密却一直向各路起义军领袖推销他的取天下之策，难怪要被人质疑和排挤了。

李密在瓦岗军中的日子不好过，似乎到了走投无路的境地。

很多时候，一个人如果一再遇到低谷，就意味着他的人生快要触底反弹了。

好不容易碰到个愿意收留自己的起义军，李密决定不跑了。他觉得很多事情都是事在人为，于是转变思路，放弃了游说高层领导的想法，转而去结交军中将领，比如王当仁、王伯当、周文举、李公逸。他们以前是流窜各地的土匪流氓，文化水平不高，人格魅力平庸，却很喜欢和有格局讲义气的英雄打交道。

这些人刚开始都不喜欢李密，可经过长时间的相处，他们发现李密的视野很开阔，也确实有真才实学。尤其谈到天下大势的时候，李密指点江山，谈古论今，说得头头是道，极具感染力。这帮将领原本是不学无术的土匪，能和李密谈论天下大势，自然对李密有了好感。

真正改变李密命运的人叫王伯当。早在杨玄感的队伍中，两人就认识了。王伯当欣赏李密的才华，看到李密跌到人生低谷，有意想拉他一把。王伯当找到翟让，推荐了李密一番。可他没有无脑强推，而是站在翟让的立场，说附近还有很多盗匪,可以派李密收拾他们。一来收编新队伍,二来看看李密的实力大小,如果李密成功了,就说明他有利用价值。

    对于王伯当的这番说辞,翟让是无法拒绝的。李密很幸运,有王伯当为他推荐,又有翟让这样愿意给他机会的上司。

七 亡国悲歌

瓦岗军崛起

李密知道,改变自己命运的机会来了。接下来,李密单枪匹马,走访了附近大大小小的势力,这些势力平常不服翟让的调遣,看到李密却立马入了伙。翟让看到了李密的价值,答应见他一面。

两人初次见面,气氛不算太友好。

翟让问道:"不知道你有什么计策要对我说?"

李密缓缓道来:"刘邦和项羽都出身布衣,最后却都做了帝王。如今主上昏聩,朝纲不振,百姓对朝廷深恶痛绝。在此之前,皇帝发全国之兵攻打小小的高句丽,又在北部边境和东突厥绝交,现在竟然远离东都跑到了江南,这不就是当年刘邦、项羽崛起时的机遇吗?"

翟让有些不耐烦:"说重点。"

李密赶紧说:"足下雄才大略,士马精锐,攻占两京,除掉暴君正是时候。"

隋末和秦末的情况确实很像。现在大隋亡国已成定局,以翟让的实力,完全可以逐鹿中原。李密说完后颇为自得,觉得必然能引得翟让对他大加赞赏,最好是能直接丢给他一个军师的头衔,大家合伙把瓦岗军发扬光大。

翟让对李密说的战略毫无兴趣。他回答道："我本来就是个盗匪，没打过争夺天下的主意，我觉得你说的志向太过远大，不是我能够做得到的。"

缺乏战略眼光和战略定力是农民起义军的普遍缺陷，这种缺陷会限制起义军发展壮大，也会让真正的人才委屈压抑，最终选择另投明主。

李密想混成瓦岗军的核心成员，难如登天。有时候，世道不好，就只能拿余生去熬，如果足够幸运，自然会有人把机会送到你的面前，可如果命不好，人生就会像一潭死水一样一直波澜不惊。

李密是幸运者，他的人生转机很快就来了。

李密可能不知道，自从他逃亡后，有一个叫李玄英的人一直在寻找他的下落，一心想追随他。李玄英不是疯子，他追寻李密的行为纯属私心作祟。

早在隋大业十年（614年），洛阳就出现了一个流传很广的童谣《桃李章》："桃李子，皇后绕扬州，宛转花园里。勿浪语，谁道许。"这属于政治谶言，在此之前，"亡秦者胡也"和"公孙病已当立"都被验证了，因此人们对它不得不信。

预测帝位的谶言再现，对处于社会底层、想实现阶层逆袭的李玄英来说是个巨大的诱惑。李玄英坐在家里冥思苦想，想破解谶言中隐藏的关键信息，可思来想去，最终只能得出一个结论：一个姓李的人会推翻大隋的统治做皇帝。

天下姓李的人这么多，谁才是真命天子呢？

李玄英经过刻苦钻研，又得出了三个结论：第一，天子一定是李姓之人，但一定不是自己。第二，"桃李子"可以理解为"逃李子"，暗指逃亡的李姓之人。而杨玄感政变失败后，李密成了朝廷通缉犯，正是逃亡中的李姓人。第三，"勿浪语，谁道许"，很可能说的就是一个"密"字。

在李玄英的世界中，未来天子之位已经锁定在李密身上了。

大业十二年（616年），杨广带着萧皇后逃难到扬州，谶言中的"皇后绕扬州"应验了，这让李玄英更加坚信自己的猜测，觉得李密做天子是板上钉钉的事。于是在李密加盟瓦岗军前后，李玄英开始散布消息，说数年前"桃李子"

的谶言其实说的是李密，一时间，李密名声大振。

在李玄英的号召下，民众纷纷投奔瓦岗军。发不发军饷无所谓，有没有肉吃无所谓，他们唯一的要求就是做李密手下的兵。翟让并没有因为李密得了人心就忌惮他，在他的眼里，谣言不过是庸人自扰、牵强附会而已。可是翟让很淡定，李密却开始着急了。

李密有自己的雄心壮志，他明白想在乱世中闯出一番天地，光靠谣言是不管用的，任凭别人说得天花乱坠，老天爷也不会自动把他送到皇帝的宝座上。想实现自己的理想，关键得有军队、有钱财、有地盘。没有人投资，他就得自己找资源。李密看上了翟让的瓦岗军，这里有他需要的一切。

想要打败对手，最好的办法就是从内部瓦解。李密认真研究了瓦岗军的高层人物，最终决定对翟让的军师贾雄下手。这两人一个是喜欢装神弄鬼的业余军师，一个是科班出身的军事战略家，很难想象他们怎么能合得来，但事实就是，他们还真成了无话不说的好朋友。

贾雄从李密这儿得到了极强的满足感，一度拍着胸脯表示，关键时刻他一定会在翟让面前替李密美言，不能埋没了李密的才华。事实上，翟让也不是完全胸无大志，江山社稷就在眼前，九五之尊的位置就在眼前，他做不到完全无动于衷。李密的话极具诱惑力，让他欲罢不能，日思夜想。

有一天，翟让找来军师贾雄，试探性地问道："军师，李密让我争夺长安和洛阳，你觉得这个想法很疯狂，还是很现实？"

贾雄是职业级的江湖术士，如果给翟让分析军队战略，以逻辑方式说服翟让，换来的肯定是翟让的质疑。因此，贾雄利用自身优势，给翟让表演了一出算卦的好戏，最终得出的结论是："吉！吉不可言！"

翟让又不耐烦了："说人话。"

贾雄赶紧进言："公若自立，事未必成。若立李密，事无不济。"

翟让反问："既然如此，李密为何不自立门户，非得找咱们？"

贾雄脑子一转，组织了一套教科书式的语言："主公姓翟，翟者，泽也。

293

蒲者（生长在沼泽的植物，李密曾袭爵蒲山公）必须靠泽而活。所以李密需要投奔您。"

历史证明，在大集团担任核心高管的人，都得有两把刷子。关键时刻，这种本事是可以保命的。如果贾雄拿谶言说事，估计活不过第二天早晨，可他说李密和翟让是你中有我，我中有你，且翟让居于主导地位，翟让立马就接受了。

经过贾雄的穿针引线，翟让接受了李密，将他引入到核心团队之中。二人既然成了创业合伙人，自然是无话不谈。有一天，他们在一起聊天，李密说道："大哥，如今天下民怨沸腾，您虽然兵多将广，却没有隔夜之粮，只靠抢劫恐怕是远远不够的。长此以往，一旦人马疲乏，大敌压境，大哥该如何应对？"翟让谦虚地问道："依你之见，我们该如何应对？"李密道："攻取荥阳，休养生息，待兵马肥壮，再争雄天下。"

不得不说，李密很有战略眼光，因为从地理位置来看，荥阳至少有两个战略价值。价值一，荥阳扼守山东、河北等起义军到洛阳的必经之路，谁靠洛阳近，谁就占据了夺城的先机。退一步来说，如果瓦岗军在河南战场失利，向东是一片平原，逃跑也很便利。价值二，荥阳的西边是虎牢关，虎牢关的西边是巩县（今河南郑州市巩义市），而隋朝的国家级粮仓兴洛仓就在巩县。拿下兴洛仓，不仅可以解决瓦岗军的粮食供给问题，还可以对洛阳的后勤构成威胁。

李密"攻取荥阳，争雄天下"的建议犹如平地而起的一声惊雷，在瓦岗军高层引起了强烈的共鸣，"攻取荥阳"的战略建议给了李密跻身瓦岗高层的机会。

翟让派兵拿下了荥阳东北的金堤关，随后又攻下了荥阳周边的县城，完成了对荥阳的包围。荥阳太守杨庆是隋朝宗室杨弘的儿子，自知难以抵御，急忙向朝廷求援。

杨广调张须陀前往荥阳镇压瓦岗军。张须陀是大隋猛将，镇压起义军的急先锋，大批枭雄都命丧他手。翟让听说张须陀要来，当即吓得要进行撤军。徐世勣立即提出了反对意见。李密也劝道："张须陀有勇无谋，又连战连捷，既骄且狠，我们可一战而擒。您只管排兵布阵，剩下的事就交给我了。"

说张须陀有勇没问题，说他无谋就有点自视甚高了。至少从过往的战绩来看，无谋的张须陀要比有谋的李密强太多了。

张须陀麾下有两万兵力，勇猛无敌，拥有丰富的实战经验，可官军长期在山东、河北镇压起义军，已疲惫不堪，这次远道而来，士气比不过瓦岗军。几场战役下来，瓦岗军胜多败少，暂时领先。可张须陀非常谨慎，李密始终没有找到吃掉官军的机会。

大业十二年（616年）十一月，李密提议，由翟让亲自带兵前去诱敌，李密则率领一千精兵埋伏在荥阳以北的大海寺，打算狠狠地捅张须陀一刀子。翟让是瓦岗军的最高首领，而张须陀的风格是擒贼先擒王。更何况翟让没有军事才能是天下皆知的事，张须陀和他交锋，心理防备要更松懈一些。

两军对阵的时候，张须陀就发现有些不对劲，因为对手李密没有现身，可看到翟让，张须陀又觉得他在插标卖首，取他首级犹如探囊取物，根本舍不得撤军。

两军交锋，翟让按照标准的战争流程厮杀了一阵，直到大军抵御不住，这才下令撤退。张须陀率军追击，刻意保持着十余里的安全距离。不过，敌人的狡猾程度还是出乎张须陀的意料。

翟让一路狂奔，终于在离李密伏击圈十里的地方停下，而张须陀刚好站到了李密伏击的位置，一切都在计划之内。李密只有千人的兵力，虽然打不垮张须陀，可他紧紧地贴着张须陀，让张须陀走也不是，留也不是。

时间正在慢慢流逝，趁着张须陀犹豫间隙，瓦岗军越聚越多，最终成功利用人海战术包围了官军。张须陀的单兵作战能力强悍无比，轻轻松松就杀出了重围，可他手下的战将却逃不出来，逼得他只好几进几出，奋力救援，直到精疲力竭，被杀身亡。

一代名将就此殒命，隋军将士昼夜号哭，数日不止，黄河以南的百姓听闻噩耗，也是一片哀声。大隋王朝被百姓放弃了，但大隋的将领却深受百姓的拥戴。

百姓为什么喜欢张须陀的官军？原因就一个：在被朝廷欺负的时候，人们都期待起义军可以拯救他们，可当起义军抢劫百姓钱财、屠村屠城的时候，他们就又开始怀念起官军的好处来了。

这是人性的缺陷，永远想得到最好的，却因为认知有限，不知道这世界上从来都没有最好一说，好与不好都只是在比较中产生罢了。

七　亡国悲歌

李密的逆袭

张须陀战败后，荥阳落到瓦岗军的手中，杨广只好任命光禄大夫裴仁基为河南讨捕大使，将官军的防守战线转移到了虎牢关。

这次战役收益最大的就是李密。因为他打败了张须陀。江湖规矩，只要你能打败最强的对手，你就可以踏着他的名誉地位，跻身最强者行列。

尤其值得一提的是，荥阳之战是瓦岗军出道以来取得的第一次大捷。同样的乌合之众，只要是翟让指挥，瓦岗军犹如瘟神附体，结局一塌糊涂，李密刚出师就取得首战大捷，还斩杀了敌军主将，这更印证了翟让统率力不足的短板。

徐世勣、王伯当等人虽然勇猛，可在翟让的手下发挥不了任何作用。在将士们的眼里，李密才是他们美好前途的引路者。"桃李子，得天下"虽然是个不折不扣的谣言，却让将士们更加坚信，跟着李密混，肯定比跟着翟让混有前途。

仗打完了，该论功行赏了。大家都很好奇，翟让会怎么赏赐李密，是把妹妹嫁给李密，用姻亲来绑定彼此的关系，还是让李密做瓦岗军的二把手？没想到，翟让宣布了一个出乎众人预料的决定，让李密自建牙帐，并专门帮李密想了个名字——蒲山公营。

让李密独立带团队，这是信任他的表现吗？事实并非如此，李密的团队本就是他的，翟让就算想收编也无能为力。与其说让李密独立带团队，还不如说翟让控制不了李密的势力，开始放任自流，让他野蛮生长了。

除此之外，蒲山公是隋朝给李密封赏的爵位，李密前脚刚杀死张须陀，他后脚就给李密贴上隋朝的标签，这明显是在跟李密划清界限。是的，此时此刻，翟让心生了和李密分道扬镳、维持瓦岗军正宗血统的想法。李密给自己的定位是创业老板，而不是打工仔。两者的区别在于，老板不用计较一城一池的得失，身份和地位也不需要靠别人施舍。

能够自立门户，李密求之不得。李密打了胜仗，心里正得意着，为了拉拢手下的将士，李密将抢劫来的金银珠宝全都分了下去，人人有份。不过有一条，所有人都必须约束自己的行为，尤其是和翟让的部下发生冲突时，必须躲得远远的。

李密的主动示弱，让他的团队得到了自由的发展空间。

有一天，翟让找到李密，感叹道："兄弟啊，这些年我积攒了不少钱财，现在想回瓦岗了，你若不愿意和我一同回去，就在此分兵吧。"李密十分清楚，瓦岗军的战将都在翟让的麾下，他虽然得了名气，却终归拼不过翟让的势力。对李密来说，分兵是很不划算的生意，可跪求翟让这种事，李密又做不出来。思虑再三，李密决定以说服为主，能合则合，不能合就分道扬镳。

李密给出三条理由：

理由一：天下分崩离析，老百姓处于水深火热之中，翟让应该统率大军，一举歼灭敌寇，澄清寰宇，躲到深山老林做盗匪，实在是大材小用。

理由二：洛阳的官民已经对朝廷心生不满，加上王世充等人搅局，朝野动荡不已，瓦岗军完全可以趁机行事。

理由三：眼下就有个好机会，比如向洛阳进军，先把兴洛仓搞到手，有粮仓做后盾，不愁十里八乡的百姓不来投奔，有了群众基础，其他的都好说。

不得不说，李密句句都说到了点上。战争年代，军队的战斗力就像是发动机，可以决定军队能走多远，可军队的发展战略却像是卫星导航，决定你走的方向是不是正确的。李密的建议其实就是一份完美的商业策划书，规划很完美，唯独缺少一位有眼光的投资人。而翟让很像是手握巨额资金却又似懂非懂的大土豪，面对口若悬河的李密，翟让听得头脑发晕，完全跟不上节奏。

李密看出了翟让的敷衍，觉得多说无益，于是带着自己的人马去了康城。他接连打了几场胜仗，招揽了不少豪杰入伍，日子过得风生水起。此时，翟让还在衣锦回乡的路上，听说李密混得不错，顿生后悔之心，立即调转马头，找李密商议攻打兴洛仓的事儿。

经此一遭，瓦岗将士要重新认识翟让和李密的能量了。翟让虽然是军队创始人，可眼界不够宽阔，安于现状，如果跟着他混，温饱没有问题，但发展前途堪忧。李密虽然是后起之秀，可毕竟是豪门出身，底蕴在那儿，脑子也灵活，有开疆拓土、称王称霸的潜质，假以时日，必定会成为一代枭雄。于是，不少人重新投向了李密。

不过，李密并没有因为打了胜仗而沾沾自喜，也没有因为翟让的反复无常而恼怒，面对翟让重新入伙的请求，李密态度非常端正："如今洛阳空虚，守军长期没有训练；越王杨侗年纪轻轻，辅政官员政令不一；段达、元文都等人都是阴险无谋之徒，不是将军对手。若将军采纳我的计策，天下可定。"

李密想打洛阳的主意，于是派了一个叫裴叔方的人进城打探虚实，但在打探过程中不小心暴露了行踪，以至于洛阳方面提前做好了防御工作。李密无奈，只好把攻击目标换成兴洛仓。

李密觉得这份功劳是翟让的，就让他带队前去。翟让的情商是在线的，李密谋划了这么久，怎么能让别人摘桃子呢？于是他说道："此英雄之略，非仆所堪；惟君之命，尽力从事，请君先发，仆为后殿。"就这样，瓦岗军的最高权力在攻打兴洛仓之前就完成了交接，至少在瓦岗高层已经形成了共识，即李密比翟让更适合领导这支队伍。

大业十三年（617年）二月，瓦岗军控制了富甲天下的兴洛仓。兴洛仓有三千个粮窖，每个粮窖储存八千石粮食，共计二千四百万石。李密算了下，如果把仓中的粮食拿来自己吃，恐怕一辈子也吃不完，与其浪费掉，不如拿来收买人心。

李密宣布散发粮食救济百姓。消息放出来后，十里八乡的百姓全家总动员，麻袋、大桶齐齐上阵，来往的人络绎不绝。由于粮仓尽开，没人维持秩序，老百姓将粮食洒落在地上，铺了厚厚的一层。老百姓得了好处，心里都高兴，也乐于宣传李密的德行，周边的起义军看到李密手里有粮，更是争相入伙，瓦岗军的规模直接就膨胀了。

李密霸占了兴洛仓，洛阳的百姓吃什么？没了粮食，别说百姓要造反，就连军队也要哗变。越王杨侗立即做出了军事部署：由虎贲郎将刘长恭率领两万五千士兵镇压李密。准确地说，杨侗给了刘长恭两万五千人的编制，并拨付了部分军队，剩下的人需要刘长恭自己去招募。

事实上，这个问题也不难解决。

当时洛阳城弥漫着一种诡异的气氛，几乎所有人都觉得李密只是个普通盗匪，眼中只有粮食和钱财，毫无政治理想，毫无战斗力，只要官军出马，他就必定会逃往山林，有多远跑多远。在他们的眼里，李密似乎是他们捞取政治资本的垫脚石，于是参军十分踊跃，其中投军最积极的有以下几类：

国子监相关人员：国子监是大隋王朝的最高学府，里面的人员包括主管的官员，研究学问的老师以及出身高贵的功勋子弟。

四门：研究圣人文化、古代礼仪经典的读书人。

三学：主要包括研究历史、文化、文学的读书人。

皇亲贵胄：这个特殊群体不到万不得已，不会拿自己的性命开玩笑，除非他们真的有种错觉，敌人就是来送人头的。

功勋子弟：这个群体很不好说，做人做事完全看自己的心情。

七　亡国悲歌

刘长恭离开洛阳的时候，大隋官军旌旗蔽日，锣鼓喧天。临行之前，刘长恭给河南讨捕大使裴仁基写了封信，让他带着部队赶赴兴洛仓，约定在兴洛仓的南面先会师，然后联手灭掉李密。

刘长恭到达兴洛仓的时候，天色微微发亮。将士们一路狂奔，不曾歇息，肚子饿得咕咕直叫，正打算埋锅造饭，饱餐一顿呢。没想到，主将告诉他们，立刻向瓦岗军发起冲锋。将士们彻底蒙了，裴仁基还没有到达指定位置，他们又饿得肚子疼，就这样发起冲锋，难道刘长恭发现了绝佳的战机？很遗憾，什么战机也没有，完全是刘长恭脑子发热，想毕其功于一役。

李密将大军分为十队，六个分队对付刘长恭，四个分队防备裴仁基。刘长恭毫不在意，因为李密只有七千人，而官军有两万五千人。在刘长恭的认知里，三个打一个，赢面极大，更何况瓦岗军的领袖翟让就是个衰神，有他参加的战争基本以失败告终，所以刘长恭的口号喊得格外有底气："兄弟们，建功立业的机会来了，还站着干吗，打呀！"

翟让确实是个衰人，在他的带领下，瓦岗军集体哑火，毫无反抗之力。在官军的打击下，瓦岗军很快就到了溃败的边缘。李密还有奇谋妙计吗？还有伏兵吗？这个真的没有。李密和翟让只能硬着头皮厮杀。

只要官军能再坚持一会儿，就可以取得胜利，夺回兴洛仓，然而就在此时，官军将士的厮杀动作开始变形，明明有心杀贼，可脚步就是跟不上意识，不少人气喘吁吁，几乎快要瘫坐在地上。原来，官军将士因为完全没吃饱饭，又经苦战消耗，已然饿得没力气了。

就这样，官军输掉了战争，万余人战死。军中的读书人趁乱逃走，不知所终，刘长恭也脱掉华丽的朝服，伪装成一名小兵灰溜溜地逃回了洛阳。

对于战局来说，兴洛仓的失陷让洛阳方面受到了重创，有生力量被歼灭，又失去了粮仓的控制权，开始进入全面防守的被动局面。对于瓦岗军来说，兴洛仓一战则直接改变了高层的权力格局。而对于底层将士来说，这场胜利更是带来了直接的收益。军队经常打胜仗，就意味着他们战死的风险大大降低，还能顺便发点小财。在人命贱如草的乱世，能有这样的结果已经很不错了。

瓦岗军中高层的需求和底层士兵差不多，不同的是，他们想通过战争得到政治利益，比如捞个爵位，或者做个大官，最终封妻荫子。很明显，翟让是无法帮他们实现人生愿望的，于是兴洛仓大战后，李密成了瓦岗军的战神。大家眼巴巴地望着翟让，就等着他把位置让给李密，而这也是翟让作为起义军首领可以行使的最后一项权力。

翟让思来想去，最终将李密推上了宝座，尊其为"魏公"。大业十三年（617年）二月十九日，瓦岗军在兴洛仓设立祭天的坛场，李密登坛唱贺，自封为"魏公"，建立大魏政权，行文称"行军元帅魏公府"。

瓦岗军发展到此时，确实该建立自己的政权了。一来借用权力天授的游戏规则，给起义赋予合法性。二来起义军是芸芸众生创业的平台，有品牌支撑的起义军永远是英雄豪杰的首选。

李密自封魏公后，第一件事就是给大家加官晋爵，具体封赏如下：

翟让：上柱国、司徒、东郡公。

单雄信：左武侯大将军（翟让的亲信）。

徐世勣：右武侯大将军（翟让的亲信）。

房彦藻：元帅府左长史（李密的亲信）。

邴元真：元帅府右长史（翟让的亲信）。

杨德方：元帅府左司马（难以查据）。

郑德韬：元帅府右司马（难以查据）。

祖君彦：元帅府记室（李密的亲信）。

这次李密只提拔了两位自己的亲信，一位是跟随他的房彦藻，另一位是投奔翟让却不受重用的祖君彦，瓦岗军中的其他核心成员基本仍是翟让的亲信。在夺取最高权力的路上，李密始终保持着谦逊的姿态，行事非常稳健。

李密抢了国家级粮仓，又竖起大魏政权的招牌，瓦岗军瞬间从地区性的武装力量变成了全国性的武装力量，正应了"桃李子，得天下"的政治预言。此时，孟让、郝孝德这些老牌起义军的领袖，还有王君廓、李文相、李士才等后起之秀也纷纷赶到了兴洛仓，意图巴结这位"预备皇帝"。

　　李密守着兴洛仓，建了一座周长四十里的城池，将其命名为"洛口城"，又让将军田茂广督造了三百架攻城的武器，名叫"将军炮"。这座新的城池安置着几十万的起义军，更兼守着兴洛仓，是李密死磕洛阳、争夺天下的最大底气。

　　可世间的所有事都是一体两面、有利有弊的，从此时开始，洛口城就成了李密的资产包袱。有了它，李密就会想着死守，而与洛阳针锋相对成了李密余生的主旋律，这种旋律既可以是欢乐的胜利歌曲，也可以是无尽悲凉的人生哀歌。

洛阳保卫战

李密趁热打铁，率领军队扫荡了周边的郡县，安陆、汝南、淮安、济阳等地相继归降。而翟让负责骚扰洛阳。对峙过程中，监察御史郑颋等人投降，朝廷被迫将外廓城的居民迁入宫城，防止他们叛逃而去。

起义军兵临城下，洛阳守军人心涣散，内乱不止，大批官员决定改换门庭。最重要的一位就是河南讨捕大使裴仁基。裴仁基出身军事世家，爷爷是北周骠骑大将军裴伯凤，裴仁基做过隋文帝的侍卫，参与过灭陈战争、吐谷浑战争。

按照制度，士兵们斩杀敌人，军功应该记录在册，由上级论功行赏，可洛阳的官员们忙着内部斗争，没人管底层士兵的事情。裴仁基无奈，只好拿军用物资奖赏军士。这种做法本质上没啥问题，可是在官场上，很容易落下话柄，被人拿来攻击。监军御史萧怀静就表示了强烈反对，认为裴仁基是在拿国库的钱财收买军心，加上他和刘长恭约好在兴洛仓会师，后来没到达指定位置，官军惨败，因此打算狠狠地参裴仁基一本。很显然，这是对人不对事的政治斗争。

对裴仁基来说，他拿出所有的精力也无法应付朝廷的各种明枪暗箭，哪还有心思去和李密打仗？他就算做得再多，恐怕最终也难逃厄运。当时，裴仁基屯兵百花谷，看似进退两难，实则心里的天平已经偏向了投降起义军，只是顾虑自己杀了太多瓦岗兄弟，害怕瓦岗方面找他秋后算账。

事实上，裴仁基多虑了。在政治斗争中，没有永恒的敌人，只有永恒的利益。对李密来说，收编一位皇帝钦封的讨捕大使带来的收益，远比报仇更划算。李密知道裴仁基的难处，因此主动抛出了橄榄枝。裴仁基的幕僚贾闰甫极力劝他投降。

裴仁基还在犹豫："那萧怀静怎么办？"贾闰甫劝道："萧怀静就像栖身在树枝上的大公鸡，如果他不知道随机应变，您可以一刀剁了他。"就这样，裴仁基拿着萧怀静的人头，还有虎牢关作为见面礼，归降了李密。

李密将裴仁基封为上柱国、河东公。裴仁基的儿子裴行俨骁勇善战，被封为上柱国、绛郡公。贾闰甫因为表现突出，被李密任命为元帅府司兵参军。除了带着儿子，裴仁基归降后，还给李密带来了几位猛将。

第一位就是秦琼，也叫秦叔宝，今山东济南人。

秦琼的爷爷是北齐广宁王府记室秦方太，父亲是咸阳王府录事参军秦季养，秦叔宝出身书香门第，照理说应继承父亲的衣钵，做个王府文官，或者外放到地方做县令，武将绝不是他的第一仕途选择。可改变秦叔宝命运的恰好是他的父亲。秦季养厌恶北朝皇室的政治斗争，无力改变老百姓的生活状态，在心灰意冷之下，带着家人归隐山林。生活在乱世，儒家的礼乐解决不了任何问题。秦叔宝从小受到的教育就是保持做人的底线，苦练武艺，以保家卫国。

秦叔宝几乎把所有时间都耗在了武学上，最后终于学有所成。大业年间，秦叔宝跟过海军主帅来护儿，后来到了张须陀那里，因为杀义军有功被提拔为建节尉。张须陀被杀后，秦叔宝投奔了裴仁基。

可以说，秦叔宝的前半生就是一部屠杀起义军的历史。谁的军队强悍，他就投奔谁，靠山倒台后，他总会在第一时间另投明主。在秦叔宝的价值观里，良禽就应该择木而栖。当然了，一代名将不应该因为跳槽次数太多而饱受后人的非议，秦叔宝的经历恰恰说明了一个问题：他懂得审时度势，能在关键时刻做出对自己最合适的选择，这就足够了。瓦岗军也不会是秦叔宝的最后一站。

第二位，便是和秦叔宝齐名的程咬金。

程咬金是今山东泰安人，他爷爷是北齐的晋州司马，他父亲是隋朝的济州都督。

程咬金和秦叔宝的身份标签很相似：祖辈都是朝廷官员，都崇尚暴力，都在同一时间投奔了李密，一起投奔王世充，一起加盟到李世民的秦王府，均位列"凌烟阁二十四功臣"。这样人生关键时刻基本都同频的缘分实属罕见，只不过和秦叔宝比起来，程咬金的发家史略显沉闷。

高句丽战争期间，程咬金的父亲肩负着平叛的职责，而程咬金则组织起了一支数百人的地方护卫队，防备那些侵犯程氏家族利益的盗匪。

程咬金一直游走在济州境内，说他在帮朝廷消灭叛贼，有点赞美他，说他在乱世中割据自立，又有点冤枉他。程咬金在毫无人生方向的状态中度过了一段浑浑噩噩的时光。直到李密做了魏公，程咬金才再次出现在历史记载中。当时，李密搞了一支特种部队，名叫"内军"，编制八千人，成员都是百里挑一的好汉。李密将内军分为四队，头领叫骠骑。秦叔宝和程咬金就是内军骠骑。

裴仁基归降后，李密决定交给他一个高级别的任务——抢夺回洛仓。回洛仓位于洛阳城北，考古数据显示，东西长一千米，南北宽三百五十五米，相当于五十个标准的足球场，有七百个直径十米的地下仓窖，每个仓窖可以储存五十万斤粮食，整个仓城可以储备三亿五千多万斤粮食。

大业十三年（617年）四月十三日，裴仁基和翟让率领两万精兵攻打回洛仓，官军一战即溃，起义军一直追到洛阳城外。裴仁基下令焚毁了城南的天津桥，纵容士兵劫掠百姓，就在瓦岗军防备松懈之际，洛阳援军绕到身后，实施了偷袭。裴仁基部虽然惨败，可李密已经控制了回洛仓，扼住了官军的脖子。

四月十九日，隋军为了夺回粮仓的控制权，派辅政官段达、武贲郎将高毗、刘长恭率领七万大军与李密决战，最终遗憾告负，抢粮行动宣告失败。此时，李密成了隋末势力最大、战绩最好的起义军领袖。

为了号令群雄，给瓦岗军造势，李密让元帅府记室祖君彦写了一篇名叫《为李密檄洛州文》的檄文。这篇檄文的主旨就两个：第一，杨广是个十恶不赦的魔鬼；第二，瓦岗军是正义的象征，瓦岗军必胜。

可以说，祖君彦挖空心思，把他能想到的罪名全部扔给了杨广。比如杀害父亲杨坚；强奸后母；强奸亲妹妹兰陵公主，最终逼其自杀；朝臣拿自己的妻女进献给杨广，换取官职爵位；大隋君臣公开在朝廷淫乱；等等。

祖君彦每写一个罪名，就会找一个前朝的先例。要按他的说法，杨广就是华夏历史犯罪的集大成者，没有任何一个人的罪恶能超过他。而檄文最著名的一句就是"罄南山之竹，书罪未穷；决东海之波，流恶难尽"。

论引经据典、辞藻华丽、逻辑构思，祖君彦的檄文堪称登峰造极。可有趣的是，檄文发出去之后，吃瓜群众古井无波，起义军大佬反应平平。与写下《为徐敬业讨武曌檄》的骆宾王相比，祖君彦的这篇檄文可以说是无人问津了。

为什么会这样呢？原因就一个，讨伐檄文可以恶心皇帝，诱导舆论，可前提条件是尊重基本的事实，适当夸张。而祖君彦完全在天马行空地歪曲事实，胡编乱造。他不仅把矛头指向了杨广，还把脏水泼到了本应该极力拉拢的隋朝官僚集团头上，自然不会有什么人买账了。

洛阳城下，李密想起了昔日的战友杨玄感。杨玄感拿着一手好牌，最终却在洛阳城下折戟沉沙，魂断中原，而李密现在面临着同样的困境。李密尝试过发起进攻，却始终无法撼动洛阳的铜墙铁壁。军中弥漫着一种莫名的担忧，大家都害怕李密重蹈杨玄感的覆辙。

幕僚柴孝和提醒他，天下不只有洛阳，还有长安。秦、汉因关中而兴盛，汉高祖刘邦占据长安而成霸业。如今群雄争霸，如果让别人抢先拿下关中，悔之晚矣。柴孝和建议，由裴仁基镇守回洛仓，翟让镇守兴洛仓，李密亲率大军前往长安，等控制住了关中，再反向攻打洛阳，传檄可定天下。

事实上，柴孝和担忧的正是刚举义旗的唐国公李渊，李渊从太原起兵，不到半年时间就占据了长安，挟天子以令诸侯，最终夺取了天下。问题是，李密不知道长安的战略价值吗？他曾经给杨玄感提了上、中、下三策，中策就是占领长安割据关中。长安的战略价值，根本不需要柴孝和给他科普。

但世间的事情都是变化的，人心也在变。虽然是同样的道理，但李密以前并非主帅，不需要考虑军队组织和属下需求。如今做了主帅，他要顾虑的更多。

李密告诉柴孝和："昏主尚存，从兵犹众，我所部皆山东人，见洛阳未下，谁肯从我西入！诸将出于群盗，留之各竞雌雄，如此，则大业隳矣。"说到底，李密的担心就一条，即瓦岗军的成分太复杂了。

别的不说，翟让不贪恋权力吗？如果他真的无欲无求，早就回老家光宗耀祖去了，翟让的屈服完全是受形势逼迫。瓦岗军的元老情感上是依附翟让的，利益上是依附李密的。李密想坐稳头把交椅，前提是保障这帮元老的利益。

裴仁基等人投奔李密，是因为受朝廷官员的排挤，郁郁不得志。谁能肯定裴仁基会把全部身家押在李密的身上？如果李密去了关中，裴仁基坐拥兴洛仓，割据自立怎么办？对于他们，李密的原则是一边利用，一边防备。

程咬金、秦叔宝，还有跳槽到瓦岗军的魏徵，都是典型的慕强者。李密势力强悍，他们就继续跟随，如果李密遇到挫折，就会被他们无情地抛弃。至于李文相、郝孝德等农民起义出身者，只能算李密外围的盟友，摇旗呐喊还可以，到了真刀真枪卖命的时候，起不到任何作用。

瓦岗军成员基本是山东人，而且成分复杂，大军没拿下洛阳，他们信心已经不足，贸然进攻关中，瓦岗军可能会立马解体，大业难成。

任何一个团队的领袖，都应该有自己的核心班底，这个班底也叫嫡系部队。只有他们才是一往无前、所向无敌的刀锋战士。可盘点完李密的团队，谁才是他的核心班底呢？此时的瓦岗军，谁也不想承担责任，却都想收割利益，李密做不到全局掌控，这才是李密最担忧的。

权衡利弊之下，李密做出了不算那么理智的决定：继续留在洛阳，和昏君死磕到底。

柴孝和也是个不服输的主儿，他找李密要了几十名骑兵，打算到关中探探路，为大军西进提前做好功课。没想到，他的身份暴露，有万余名百姓追着他要求加入瓦岗军。柴孝和带着一帮乌合之众能干啥呢，只好在陕县停留观望。

接下来，瓦岗军和官军开始了漫长的对峙。双方大大小小打了不少仗，某次李密在督战时被流矢射中，身负重伤。

瓦岗军主帅受伤，这绝对是天赐良机。大业十三年（617年）五月二十八日，越王杨侗派段达连夜出兵，在回洛仓的西北方向列阵，扬言要和瓦岗军一决胜负。这一战，瓦岗军的杨德方、郑德韬阵亡，李密只能宣布撤军。

经过长时间的拉锯战，回洛仓重新回到了官军的手中。就在此时，虎贲郎将霍世举、监门将军庞玉接到杨广旨意，正率领长安的大军赶赴洛阳战场，王世充等人率领的援军正在疯狂赶路。

这是杨广第一次重视洛阳战场的局势。而起因正是李密抢了回洛仓，洛阳军民吃不饱饭，必须奋起一击。

当时，越王杨侗派太常寺丞元善达到扬州报信，声称李密有百万之众，声势滔天，希望杨广立即返回洛阳坐镇指挥。元善达一把鼻涕一把泪，搞得如丧考妣，可杨广是个理性的人，他只相信事实，不相信眼泪。什么百万之众，什么洛阳会沦陷，杨广通通不相信。虞世基看懂了隋炀帝的心思，直接反诬元善达是在撒谎，犯了欺君之罪。

杨广盛怒之下，让元善达到土匪经常出没的地方运送军粮，虽然不是判处其死刑，却借土匪之手灭了他。元善达的话虽然很夸张，可瓦岗军人多势众是事实，只有当如雪花般的军情奏报飘向扬州，杨广才重视起来。

大业十三年（617年）七月，杨广下诏，调遣全国的精兵前往洛阳。最彪悍的有两支：一支是由左御卫大将军薛世雄（驻守在涿郡）担任总指挥，统兵三万；另一支是由江都通守王世充率领的五万名江淮精兵。没想到，薛世雄在河间府被窦建德偷袭，全军覆没，带着二十多个亲信含恨撤回涿郡，在忧愤和惭愧中去世。而王世充成了大隋翻盘的希望。

杨广的霉运似乎有点儿看不到尽头。李密这个大麻烦还没解决，河南、山东就传来洪水暴发的消息。

同样一件事，身份地位不同，决定了处事态度和方式的不同。就拿洪水决堤，百姓遭难来说。杨广是大隋天子，开仓赈粮是他的义务，百姓不会给他颁发好人奖，如果不开仓赈粮，或者开了仓，老百姓没得到实惠，也得承受千夫所指。

至于李密、窦建德、李渊这帮人，他们什么都不做，老百姓也不会对他们有任何怨言。如果他们开仓赈粮，老百姓就会交口称赞，替他们烧高香。

大业十三年（617年）九月，杨广下旨开放黎阳仓，先救百姓。徐世勣看出了黎阳仓的门道，也嗅到了其中的机会，于是直言不讳地向李密进言："天下大乱，本为饥馑。今更得黎阳仓，大事济矣。"李密命徐世勣率领五千将士北渡黄河，抢先霸占了黎阳仓，下令任百姓取用粮食，不到十天时间，徐世勣的麾下就多出了二十万农民。

到目前为止，李密控制着兴洛仓和黎阳仓，还可以搞搞回洛仓的事儿，幸福的日子让其他盗匪羡慕得很。而洛阳方面因为丢掉粮仓，导致物价飞涨，老百姓吃不饱饭，怨言极大。唯一庆幸的是，杨广安排的援军到了。

当时，王世充、韦霁、王辩、孟善谊、独孤武以及长安方面的刘长恭、庞玉等人在洛阳顺利会师，加上杨侗手中的二十万大军，隋军可以正面参战的总兵力多达三十余万，对付李密的三十万乌合之众绰绰有余了。

杨广早有旨意，由王世充担任前线总指挥。可他只能指挥动十万人，越王杨侗的二十万大军是隋朝皇室最后的力量，王世充无权调动。

洛水边上，官军和瓦岗军准备就绪，战争一触即发。主力交战之前，双方主帅让小股军队互相交锋，两军在洛水边上你来我往，交战了百余次，互有胜负，伤亡不多。

面对这种拉锯战，杨侗承受的压力要比李密大很多。一来官军和叛军的人数差不多，打不过李密就是朝廷无能。二来杨广屡次派使者催战，还给王世充加了大将军的头衔，希望他以最快的速度解决李密。

十月二十五日，王世充率领大军北渡洛水，在黑石（今河南郑州市巩义市黑石关）安营扎寨。河的北岸基本是丘陵，南岸基本是平原，王世充是想居高临下，借地势之利钳制李密的大军。如果李密悍然挥师过河，就打他个背水一战。

李密没想那么多，脑子里就渡河这一件事。十月二十六日，双方调派了十几万大军进行主力会战。史书没有记载详细过程，只知道李密的大将柴孝和掉进洛水淹死，瓦岗军丢盔弃甲。

李密见形势不对，立马南渡洛水，大批的起义军来不及渡河，只能逃到东北方向的月城（今河南郑州市巩义市河洛镇）。就在此时，王世充做了个鬼神莫测的决定，放弃追击李密，命大军向东北移动，绞杀逃到月城的起义军残部。

如此一来，王世充的黑石大本营就成了一座空营。李密得知消息，兴奋不已，他再次率军北渡，对王世充的大本营发动突袭。官军发了六次狼烟警报催促王世充回援，可最终还是败给了时间。在李密的围攻下，黑石大本营沦陷，王世充无力回天。洛阳战场的大会战，以李密的反败为胜暂时处于上风而结束。

王世充虽然打了败仗，可主力部队尚存，完全有能力翻盘。可越王杨侗着急了，他派使者前去慰劳，言语之中却含沙射影，暗指王世充无能，这才导致官军惨败。王世充既惭愧又恐惧，主动请命再次决战。

十一月初九，王世充在石子河（今河南郑州市巩义县境内）发动进攻，李密故意将战线拉长到十公里，再让翟让去迎敌。翟让依旧保持衰神体质，交战即败。这个时候，王世充应该提高警惕的。可他内心觉得翟让不足为惧，因此大手一挥，下令全军追击。结果不出所料，王伯当、裴仁基率军将其大军拦腰截断，李密率领中军包围了王世充，一番苦战后，王世充仓皇而逃。

至此，杨广安排的洛阳保卫战宣告失败。

瓦岗鸿门宴

有权力的地方必定会有派系。有利益分配的地方必定会有斗争。瓦岗军一穷二白的时候，大家想的是活下来。如今瓦岗军包围洛阳，打败王世充，大家都看出来了，李密大概率会开创新的王朝。

李密的亲信裴仁基、秦琼、程咬金、罗士信等人心里都很高兴，单雄信、徐世勣的态度逐渐偏向了李密，但还有一部分人心里是不服的，比如翟让的族人，还有不被李密接纳的文官幕僚集团。

他们不服气之处有二：第一，瓦岗军是翟让创立的，他们才是功勋老臣，而李密则是攫取胜利果实的野心家。第二，他们心里的气不顺，因为在新的权力格局中，他们逐渐被边缘化了，一旦到了再次分蛋糕的时候，他们很难得到理想中的利益。

大家合计了一下，决定请翟让出山，重新夺回瓦岗军的指挥权。然而，急流勇退的决定是翟让心甘情愿做下的，没有受到任何的胁迫，如今世事变迁，想反悔，没那么容易。而且翟让觉得李密比他强，他掌控不了李密，这是翟让的心理障碍。

为了瓦岗军的前途，翟让做了很大的牺牲，所以大家佩服翟让。可属下不这么想，首领有能力很重要，品德素质也很重要，前者保证他们可以分到胜利果实，后者可以保证他们有机会去分。

闹事最积极的人有两个，翟让的哥哥翟弘和司马王儒信。

翟弘是家中的哥哥，按照世俗的观念，他应该撑起翟家的未来，可翟弘不务正业，整天游手好闲，多亏翟让发愤图强，成立了瓦岗寨，做起来一番事业，翟弘才能跟着沾光，不用继续无所事事下去。对翟弘来说，翟让就是他的一切，什么李密，什么瓦岗军，都不重要。

王儒信是团队中溜须拍马、投机取巧的实力担当，他虽然读过几本史书，可生活阅历的缺失，让他难以承担翟让军师兼战略顾问的职责，在这个岗位上，王儒信可以说毫无建树，只能以翟让亲信的身份在军中搞关系，混日子。

这两人能够走到一起，实在没什么可惊奇的。不过王儒信和翟弘可能没想到，他们要撺掇的事儿很要命，不仅会要了他们的命，还会要了翟让的命，更会毁了瓦岗军的前途。

王儒信找到翟让，开门见山道："主公，你才是瓦岗军真正的魁首，如今李密已不把你放在眼里了，这怎么能行啊？"翟让反问："你想怎么办？"

王儒信道："您可以自封为大冢宰，重新夺回瓦岗军的指挥权。"

大冢宰主管全国所有的官员，相当于首席宰相。王儒信深知，打是打不过李密的，他绞尽脑汁想出这个头衔，就是希望赋予翟让尊贵的光环，让他能压制住李密。

不过，翟让的兴趣似乎不是太大："我如果痴迷于权势，当初就不会让出瓦岗军的指挥权了，谁来做天子，我并不是很在乎。"

聊到这个程度，就有点尴尬了。翟弘想不通，瓦岗本来就是翟让一手创立的，现在要开创新的王朝，他为什么想着出让皇位？即便要让，也该肥水不流外人田啊！他继续劝导："天子之位本来就是你的，怎么可以轻易让给别人呢？既然你不感兴趣，那不如我来做。"翟让听闻此言，只是笑，不以为意。

很多细节都可以证明，翟让确实是个安于现状、缺乏进取心的人。翟让或许想做皇帝，但他的可贵之处在于对自己有清晰的认知，知道自己没有做皇帝的本事，所以做事情量力而行，选择了安逸的养老路线。其实，对于翟让来说，能带着钱财颐养天年，安稳地过完下半生，是最好的结局。可最后却被自家兄弟埋葬了自己的幸福。

想想看，一个亲兄弟，一个好朋友，整天在旁边反复念叨，翟让再怎么有清晰的认知，也很难不被动摇，尤其是挑拨离间的话，让他的自信心备受打击。除此之外还有一个很重要的因素，他没钱，而且没有创收的来源。

瓦岗军有个传统，财政收入基本靠自己的本事去抢。以前翟让是总指挥，拥有两项绝对权力，一是控制着瓦岗军的财政，拥有分配权，二是他知道哪些战场有油水可捞，可以把亲信分到钱多粮多的战区大捞一笔。如今李密是大哥，如果他让翟让打伏击，或者打先锋，翟让不仅抢不到钱财，还有可能倒贴本钱。

总而言之，李密此时已拿走了大部分好处，留给翟让的只能算残羹冷炙，按照这种态势发展下去，翟让恐怕自身安全都难保证，更别提拿什么赏赐手下的兄弟了。没有钱财做后盾，还怎么带队伍？翟让不可能心里没怨气。

以前翟让是老大，他的亲信地位也高，李密只能做小伏低。如今地位颠倒了，李密的亲信心态开始飘起来了，喜欢在各种场合压制翟让的人。

凭翟让的身份，仅仅躲在家里埋怨、咒骂李密，实在是很掉价的行为。翟让决定搞出点动静，让李密感受一下他的愤怒与不满。

李密有个行军总管叫崔世枢，出身鄢陵的大族，财力惊人。有一天，翟让将崔世枢请来，说自己手头有点紧，希望崔世枢给他送点零花钱。

崔世枢有点蒙。翟让怎么会来找下属要钱？而且所有人都知道他崔世枢是李密的座上宾，如果他真的给了钱，不是打李密的脸吗？崔世枢脑子一转就猜到了翟让这么做的缘由，暗道真是神仙打架，小鬼遭殃。他拒绝给钱，接受了翟让一顿狂风暴雨般的斥责，但翟让不敢杀他，最终还是放他回去了。

对于这件事儿，李密没有任何反应。

又过了几天，翟让给元帅府记室邢义期递了个话，约他一起赌博。说是赌博，其实是变相地要钱，加上又有了崔世枢的前车之鉴，邢义期直接表示，自己就是个小官员，每个月拿固定薪水，养活自己都不够，实在没那个实力玩什么赌博，后来更是直接不去赴约。没想到，这次翟让表现得非常强势，直接派人打了邢义期八十大板。

李密很郁闷，也很纠结。想当初，翟让主动让权，这种高风亮节、心胸开阔的行为让李密肃然起敬。正因为权力交接很顺利，李密才没有对翟让设防，殚精竭虑地忙着如何灭隋。这些年来，翟让似乎已经适应了做副手，打仗冲在最前面，分钱落在最后面，毫无怨言，李密的心里对他只有尊敬和愧疚，所以只要他不搞内部分裂，不阻碍灭隋大计，稍微闹腾一下也无妨。

但李密心中还是有气，于是对房彦藻说："你去和翟让见个面，看他到底想要什么。"房彦藻下意识地摸了摸自己的口袋，心里暗叫不妙。

两人见了面，气氛比较紧张，翟让地位高，基本上主导了对话。翟让找房彦藻要钱，态度极其恶劣，简直就像抢劫一样，如果大家不是熟人，他的砍刀可能已经架在房彦藻的脖子上了。房彦藻被吓傻了，连说没钱，可翟让根本不信："你征战汝南，得了不少奇珍异宝，可回来之后都献给了魏公，我可是一点好处都没有啊！"

房彦藻是个读书人，脑子里都是圣人之学，实在摸不清门道，也找不到合适的说辞，只能支支吾吾地应付着。翟让看到火候差不多了，就吓唬他道："你要知道，魏公是我拥立的，这天下大事不到尘埃落定之日，谁又能说得准呢？"

房彦藻听闻此言，既惊又惧。他找到元帅府左司马郑颋，将此事添油加醋描述了一番。两人经过一番长谈，决定消灭翟让，帮大哥铲除隐患。二人找到李密，开门见山地说道："魏公啊，翟让刚愎自用，心里完全没把你当回事，应该尽早除掉他。"

事实上，李密早就知道王儒信、翟弘想翻盘的想法了。在李密这里，他们俩已经是死人了，李密就是不知道翟让的想法而已。在房彦藻的试探下，翟让说出了真实想法，让李密的愧疚感消失了不少。

虽说斩草要除根，可李密是政治家，行事可以果决，但态度不能过于阴毒。有时候，领导需要在下属面前装装可怜，而下属也应该明白领导的需求，及时递个台阶让领导下的。

李密沉吟道："如今形势还不明朗，如果自相残杀，恐怕会惹人非议。"郑颋赶紧进言："如果翟让先动手，魏公可是悔之晚矣。"这就是李密最想听到的答案，他是为了自保而杀翟让，而不是因为野心。

大业十三年（617年）十一月，李密摆下宴席，邀请翟让、翟弘、翟摩侯、单雄信、徐世勣、郝孝德、裴仁基、王儒信赴宴。宴会的主题还是鸿门宴那老一套，中国历史上经典的餐饮文化。有吃有喝不说，还有一场男性歌舞表演，嘉宾在临死前还能谈笑风生。而且，吃过鸿门宴的基本都能名留青史。当然，翟让自然不知道这是杀他的鸿门宴。

他敢赴宴的理由有几个。第一，受邀赴宴的除了翟让，还有裴仁基、单雄信、郝孝德等人。第二，自己和李密的矛盾虽然已经公开，可毕竟没有撕破脸皮，至于什么时候开撕，谁也不知道，在此之前，大家还是要搞好面子工程。第三，也是最关键的一点。大家都知道翟让想夺权，李密发出了邀请，翟让如果不去赴约，反倒显得他心虚，让人瞧不起。

翟让此时此刻的处境，不就是当年汉高祖刘邦赴约鸿门宴的处境吗？明明早就说好了，先入关中者为王。在游戏规则下，刘邦是胜利者。可刘邦只有十万大军，项羽有四十万，实力彪悍到可以破坏游戏的规则。

问题是，项羽还想用文明的方式解决帝位的归属问题。刘邦能怎么做？拒绝项羽，坚决执行"先入关中者为王"的游戏规则？那样恐怕会死相很难看的。英明如刘邦者，也只能屈服于武力，更别说翟让了。

据史料记载，李密的鸿门宴很没有诚意，大帐内外全是全副武装的卫士，单雄信、徐世勣等人进门后，立即察觉到了危险，寸步不离地保护翟让。

吃饭的过程中，房彦藻和郑颋进进出出，斟酒布菜，明显不符合他们的身份。其他人抱着十二分的警戒之心，妥妥的仇敌聚餐氛围。总而言之，场面不是一度很尴尬，而是一直都很尴尬。

也许，后世的史家会这样记载：李密精心准备了一场鸿门宴，中军大营安排了无数的刀斧手，这些人都藏在明处，李密招呼大家喝酒聊天，时辰一到，李密摔杯为号，大家展开混战，最终决定了瓦岗最高统治权的归属。

鸿门宴进展到这里，主人公李密也觉得有些不适了。李密说道："今日的宴会不过是咱们瓦岗元老叙旧，不需要太多人服侍，你们都退下吧。"话音刚落，李密的大部分护卫都退出了房间，只留下猛将蔡建德一人，翟让等人的脸色这才有所缓和。这个时候，翟让身边有很多猛将，如果他直接令人杀掉李密，就能实现翻盘的愿望。因为在江南，杜伏威就是进入中军大营，不顾强敌环伺，抽出砍刀直接杀掉海陵的地头蛇赵破阵，一战成名的。

可惜翟让没这份霸气，所以宴会还要继续。这个时候，李密暗示翟让，你身后还有一堆猛将呢。翟让为了自己的身家性命，假装没接收到李密的信号，照常吃饭。李密望向了房彦藻，暗示他来搞定此事。

房彦藻闻风而动："魏公啊，如今天气寒冷，大司徒（翟让的头衔）的将士这样站着也不是回事儿，请您给他们赐给美酒和食物。"李密则推让道："这个要看大司徒的意思。"话说到这里，于情于理，翟让都没有拒绝的理由了。翟让大手一挥，说道："今日只是叙旧，你们都下去喝酒去吧。"

此时，房中只剩下李密和翟让，以及几个嫡系亲信。这场鸿门宴进行到此刻，李密不想再耽搁时间了，于是拿出珍藏已久的宝弓说道："大司徒，我这张宝弓韧性极好，一般人拉不开它，你有没有兴趣试试？"

好一招激将法。翟让自诩为英雄豪杰，怎么会连张弓都拉不开？打仗干不过李密，比力气还是绰绰有余的，于是他一把抓过宝弓，积蓄所有力量将弓拉满，姿势颇为雄壮伟岸。就在翟让自我陶醉的时候，一旁的猛将蔡建德突然抽出钢刀将他砍翻在地，翟让大吼一声，随后便倒在了血泊之中。

七　亡国悲歌

　　翟让的部众听到声音后冲进大帐，惊愕地发现翟让已死，脸上透露着难以言表的愤怒和不解。接下来，双方爆发激战，翟弘、翟摩侯和王儒信相继被杀，徐世勣也被小兵砍伤，跌跌撞撞地冲出营帐。就在小兵举刀要杀徐世勣的时候，王伯当大声喝止了他，救了徐世勣一命。单雄信见势不妙，赶紧跪在地上磕头求饶。

　　李密道："大家都听好了，我和你们一起兴义兵、除暴虐，为的是天下苍生。翟让贪婪残暴，居然想谋害我，如今我只诛杀翟让，与你们无关。"之后，李密命徐世勣、单雄信、王伯当三人统领翟让的旧部，算是全面接管了瓦岗军的大权。

大隋消亡

杀人太容易了，可除掉翟让后，要怎么担起老大的责任、稳住瓦岗军的局面，却是很难的事。

瓦岗军规模庞大，成分复杂，这就需要做大哥的平衡各方利益和诉求。毕竟在这支军队里，不是每个人都是奔着李密的个人魅力来的，他们有的是为了填饱肚子，有的是奔着实现阶层跃迁，有的单纯是为了混日子，而大家能聚在一起，前提是待在瓦岗军里有前途可言，而这场鸿门宴似乎打破了大家的期待。

翟让是瓦岗军的创始人，就算没有功劳，可毕竟有苦劳。况且翟让性格温和，对人和善，人缘极好，所以在底层将士的眼里，这次争斗翟让就是不折不扣的受害者，是枉死的。再看看李密，抢了大哥的位置不说，还杀了自己的恩人，妥妥的背信弃义，而他性子里的阴鸷、狠毒、自私这次全暴露出来了。

鸿门宴之后，很多人都对李密产生了质疑，部分将领看到李密如此对待兄弟，有了兔死狐悲的感觉。虽然他们不敢公然为翟让叫屈，但也开始和李密离心离德。这种人心的分裂和背离虽然没有产生立竿见影的负面效果，却在后来的攻坚战中使得瓦岗军凝聚力缺失，战力大损。

七 亡国悲歌

与众人相对的，李密是什么心态？翟让已死，老子就是天下第一，其他人爱干就干，不干就滚蛋！对此，《新唐书》本传是这样写的："密既杀翟让，心稍骄，不恤士。"

这种嘴脸很像暴发户，一朝得势，觉得自己就是最牛的，心态开始变得飘了起来，不再像创业时期认认真真，踏踏实实，勤勤恳恳。可怜翟让为了顾全大局，献出了宝贵的生命，李密却在独裁统治的道路上渐行渐远。然而，就在李密没得意多久的时候，手下官员给他带来了一个坏消息：府库没钱了。换句话说，他们的储蓄花光了，军队没了供应。

这些年来，李密扫荡了洛阳周边数百里的城池，钱财得了不少，可手下毕竟有三十万将士，发饷银、发赏赐就要花费大笔，根本不够用。如今他在洛阳城下毫无建树，空守着三个国家级的粮仓又有何用？难道要将士们提着一袋袋的粮食去打仗？

马斯洛的需求理论中，生存需求是最低的，李密手里的粮食足以满足生存需求，而粮食带来的收益是边际递减的。如今大家就想要钱，可以买任何东西的钱。李密也很无奈，只能一边给部下找钱花，一边想着攻打洛阳，还得抽空解决内部的争斗。唯一令他欣慰的是洛阳开始缺粮了，官军有了叛逃的迹象。

李密稳住阵脚，和东都留守韦津在上春门交战，当场抓住了韦津，以宇文恺为代表的官僚集团投降了。窦建德、孟海公、徐圆朗、卢祖尚、周法明等各地势力纷纷来信，劝李密赶紧立国称帝，就连关中的李渊也隔着千里送来了书信，劝李密做天下共主，但李密拒绝了。洛阳是他的心病，拿不下洛阳，他坐不稳这皇位。

就在此时，杨广被杀，宇文化及带着十万大军北上，洛阳七贵（段达、王世充、元文都、皇甫无逸、卢楚、郭文懿、赵长文）拥立杨侗为帝，中原战场一下子变成了三方对峙。

综合来看，李密的优势是人多粮多，但是缺钱，宇文化及的优势是钱多、军队强，但是缺粮，而洛阳方面的优势是钱多，但是缺粮。大家手里都有其他人需要的东西，不管谁和谁联盟，第三方肯定遭殃。

在联盟的博弈棋盘中，最大的影响因素是宇文化及手上的傀儡皇帝杨浩。说白了，杨侗是王世充等人扶持的傀儡，杨浩是杨侗的"竞品"，也就成了他的死敌。别说这时候找宇文化及联盟了，就连杨浩的存在本身，对洛阳方面来说都是难以接受的。基于这样的关系，杨侗向李密抛出了橄榄枝。他承诺册封李密为太尉、尚书令、东南道大行台行军元帅、魏国公，只要李密灭掉宇文化及，就让他入朝辅政。

洛阳方面在算计李密，李密也有自己的如意算盘。没了洛阳的牵制，他可以消灭宇文化及，抢了他的钱财，再和洛阳方面继续死磕。

李密听说宇文化及的粮仓见底了，每天都在喝粥，于是给他写了一封信，声称这些年将士们很疲乏，厌战情绪强烈，建议大家以和为贵。为了表示诚意，李密表示愿意给宇文化及送一批粮食，只求大家互不攻伐，过一段安宁的日子。

宇文化及接到信仰天长叹，对李密"高风亮节"的行为大加赞赏。就在当天，宇文化及一边下令重新给军士发放干粮，一边等着李密给他送粮，可直到彻底断粮前，宇文化及也没等来李密的运粮队。直到这时他才明白，这是一场羞辱他智商的骗局。

为了复仇，宇文化及和李密在洛阳城外的童山爆发了主力会战，双方投入了几十万人，战争从早上六点持续到傍晚六点。十多个小时的奋战，无数人因此丧生，战场上尸横遍野，血流成河，令人窒息的血腥味弥漫着山野。

童山之战打到最后，拼的就是双方的意志力和勇气，很可惜，宇文化及纨绔子弟的性格限制了他的发挥。

宇文化及想保存实力，率先鸣金收兵，结果被李密的军队趁机追杀，军队被打得七零八碎，只有他活着逃出战场，最终被窦建德捡了便宜，和其族人一起被杀。

李密虽然取胜，却也元气大伤。战役结束后，李密返回基地，顺便找洛阳方面兑现"只要赶走宇文化及，就请李密入朝辅政"的承诺。但李密没想到，在这期间洛阳爆发了一场政变。他的死对头王世充害怕李密入朝辅政会威胁到自己的利益，于是发动政变除掉了元文都等人。

李密打完仗，突然发现昔日的对接人元文都、卢楚都已被杀，先前的承诺全部作废了。兜兜转转一圈，李密除了被宇文化及射了一箭，其他都回到了原点。此时瓦岗军缺衣少钱，损兵折将，李密也没心思再围攻洛阳。

王世充忙着整顿朝政，到处筹集粮食，安抚民心。反倒是洛阳的仓库堆满了钱财和布帛，以至于官方都是用布帛来取火。有一天，王世充灵机一动，想到对方既然有自己需要的物资，为什么不交换一下，先渡过短期的困难呢？他把这个想法告诉给了李密。

事实上，真正促成这次交易的是瓦岗元老邴元真。此人是个贪财之辈，看中了和王世充做交易发财的机会，不停地给李密洗脑，最终说服了他。

就这样，洛阳城下发生着令人难以理解的一幕：李密的大兵扛着粮食，王世充的大兵扛着布帛和金银，双方在洛阳城下频繁交易，热火朝天。王世充得到李密的粮食后，洛阳的民心很快就安定下来。李密得到了布帛和钱财，将士们的怒气逐渐消失，一切都看似很美好。

直到有一天，李密幡然醒悟，觉得自己犯了大错，于是叫停了所有交易，洛阳城下的局势再次紧张起来。可现在翻脸，王世充一点都不怕了。

武德元年（618年）九月初十，王世充选了两万精兵，全军挂上"永通"旗帜，浩浩荡荡前往偃师，驻扎在通济渠南边，并在渠水之上搭了三座桥梁。这是王世充主动求战。

李密拉着幕僚团商议。裴仁基说可以偷袭洛阳，拿下了是好事，拿不下也可以让王世充疲于奔命。可李密却信了单雄信、陈智略等人的话：王世充是个屡战屡败之将，又只有两万人，不堪一击。这一战，李密以为就是在荒郊野外摆开阵势，打得天昏地暗，到天色渐黑的时候清点一下谁的人数多，谁就是胜利者，因此没有做任何准备。而王世充提前找了个和李密长相酷似的人，安置在了军中。历史证明，命运之神永远都是青睐那些有准备的人。

九月十一日，驻扎在偃师城北的单雄信和王世充爆发军事冲突，单雄信军大败，裴行俨和程知节赶来支援，还没发挥任何作用，就被王世充的士兵射成了重伤。一场战役下来，瓦岗军十多位高级将领集体挂彩。

当天晚上，王世充带着精骑偷偷进入邙山潜伏起来。第二天清晨，王世充告诉大家，这是一场生死之战，有进无退，有战无敌。王世充说完之后，便下令向李密的大营发起进攻。

李密毫无准备，任由敌军横冲直撞。混战之中，王世充带出了那个很像李密的人，高声喊道："李密已经被擒住了，投降者一概不杀。"谣言止于智者！可面对有图有"真人"的谣言，谁还能淡定。王世充宣布李密"死亡"之后，洛阳军士口口相传、欢呼不已，以至于瓦岗将士都知道了这个"噩耗"。主帅"不在"，军心溃散，瓦岗军一败涂地。

有时候，人生的重大机遇只有一次，错过了就是永远。李密坐拥三十万大军，可自从翟让被杀后，瓦岗军就有了裂痕。但他根本没意识到军队的问题，依旧唯我独尊，不顾别人的利益，刚愎自用，我行我素，情绪大于理智，拿着一手好牌，最终却满盘皆输。

李密战败后投降了李渊。李渊封他为光禄卿、邢国公，还把表妹独孤氏嫁给了他，称呼其为弟。可李密毕竟是三十万大军的一把手，不甘心屈居人下，又遭到了武德朝臣的羞辱，最终逃离长安，李渊派人将其擒杀。秦叔宝、徐世勣、罗士信、程咬金等猛将悉数进了秦王府，成了日后改天换地的中坚力量。

李密败走后，王世充在洛阳一带再无敌手，回洛仓、兴洛仓重新回到他的手中，王世充再也不用为饿肚子的事发愁了。洛阳的包围解除后，王世充再无大患。此时，各地势力都在称王称帝，能代表大隋政权的只有杨侗了。可他是个傀儡，尤其是李密死后，王世充对他的态度越来越跋扈，谁都知道王世充也有称帝的想法。

在王世充的疯狂催促下，杨侗不情愿地下了一道诏书，封王世充为太尉、尚书令，许王世充节制内外诸州的军政大事。

王世充终于走向了人生的巅峰。可很多朝臣都不买他的账，因为他过于虚伪，喜欢猜忌，骨子里残暴，还喜欢阿谀奉承。最核心的一点，王世充的根在江南，和关陇集团、山东士族出来的朝臣们走不到一起去。

为了巩固自己的权力，王世充学起了隋文帝杨坚，大肆提拔亲信，重用愿意依附他的人，最后在太尉府搞了个小朝廷，彻底架空了杨侗。

唐高祖武德二年，也即隋恭帝杨侑义宁二年（619年）一月，王世充在太尉府门前竖起了三个牌子，第一块：求文学才识，堪济时务者；第二块：求武勇智略，能摧锋陷敌者；第三块：求身有冤滞，拥抑不申者。只要符合这三条中的一条，就可以给王世充上书陈事。

在王世充"求贤若渴"的姿态下，太尉府的大门被挤爆了，场面之火爆，群情之激动，用文字难以形容。不管是谁前来投书，王世充都是笑脸相迎，嘘寒问暖。

权臣想谋朝篡位，要么走王霸路线，控制军权，碾压一切，比如东汉末年的董卓和曹操；要么走和暖路线，给自己立圣贤招牌，收买人心，比如西汉末年的王莽。王世充的面子功夫做到位了，可这个状态很难持续下去。堂堂太尉天天和一群无名百姓待在一起算怎么回事儿？王世充很快就装不下去了。而且他天天开空头支票，承诺这承诺那的，到头来落实的事情没几件，大家对他有了质疑。

按正常流程，接下来应该会出现各种祥瑞，然后群臣劝进，给王世充加九锡，总百揆，再经历杨侗禅让帝位，王世充三次辞让，最终登基称帝。没想到，这反倒让更多的朝臣们看清了他的嘴脸，很多人都逃离了洛阳。这时候，谁都不愿提起劝进的事。

王世充称帝心切。他派兄长王世恽将杨侗软禁起来，于四月五日发布诏书，宣布杨侗将帝位禅让给他。四月七日，王世充在洛阳登基称帝，定国号为"郑"，大赦天下。没过多久，杨侗就被王世充杀害。

被低估的短命王朝：隋朝37年

　　大隋王朝历经二世，延续了三十七年。虽然是个短命的王朝，光辉也常被后来的唐朝掩盖，却在中国古代历史中起到承上启下的重要作用，两代帝王的话题热度更是千年不衰。

　　在隋之后，大唐王朝建立，继承了大隋的经济、制度、文化，一定程度上可以说是大隋王朝的延续。不同的是，唐高祖李渊、唐太宗李世民亲眼见证的大隋王朝的失败，明白隋朝二世而亡的原因，因此选择了更温和的执政手段。

　　在朝廷层面上，杨广替唐朝解决掉了尾大不掉的关陇集团，所以唐朝皇室最大的敌人是门阀世家。唐朝的帝王们深知门阀世家的恐怖力量，选择和平共存的同时普及科举制度，提拔寒门学子，慢慢积蓄力量与之对抗。

　　在民间，唐太宗李世民那句"水能载舟，亦能覆舟"被奉为圭臬，让百姓休养生息的国策给大唐王朝奠定了雄厚的基础，最终迎来一个最耀眼的盛世。